新时代诉讼法学创新文库（9）

总主编　卞建林

“教育部人文社科重点研究基地自设课题”结项成果

# 民事检察监督的技术规则研究

胡思博　著

中国人民公安大学出版社

群众出版社

·北　京·

**图书在版编目（CIP）数据**

民事检察监督的技术规则研究/胡思博著．—北京：中国人民公安大学出版社，2018.3

（新时代诉讼法学创新文库）

ISBN 978-7-5653-3049-0

Ⅰ.①民… Ⅱ.①胡… Ⅲ.①民事诉讼—司法监督—司法制度—研究—中国 Ⅳ.①D925.104

中国版本图书馆 CIP 数据核字（2017）第 221357 号

新时代诉讼法学创新文库

**民事检察监督的技术规则研究**

胡思博 著

出版发行：中国人民公安大学出版社
地 址：北京市西城区木樨地南里
邮政编码：100038
经 销：新华书店
印 刷：北京市泰锐印刷有限责任公司

版 次：2018 年 3 月第 1 版
印 次：2018 年 3 月第 1 次
印 张：8.25
开 本：880 毫米×1230 毫米 1/32
字 数：222 千字

书 号：ISBN 978-7-5653-3049-0
定 价：32.00 元

网 址：www.cppsup.com.cn www.porclub.com.cn
电子邮箱：zbs@cppsup.com zbs@cppsu.edu.cn

营销中心电话：010-83903254
读者服务部电话（门市）：010-83903257
警官读者俱乐部电话（网购、邮购）：010-83903253
法律图书分社电话：010-83905745

# 总　序

党的十九大作出了中国特色社会主义进入新时代、我国社会主要矛盾转化为人民日益增长的美好生活需要和不平衡不充分的发展之间的矛盾等重大政治论断，深刻阐述了新时代中国共产党的历史使命，确定了全面建成小康社会、全面建设社会主义现代化国家的奋斗目标，对新时代推进中国特色社会主义伟大事业和党的建设新的伟大工程作出了全面部署。

全面依法治国是新时代中国特色社会主义的本质要求和重要保障，而法学研究是社会主义法治建设的重要组成部分，肩负着为法治建设提供理性解读与智识支撑的重要任务。诉讼法学作为与法治实践密切相关的应用性学科，面对新时代法治建设的新任务，更需要深入自觉地回应实践发展需求。只有建立能够适应我国国情、符合社会发展趋势的诉讼法学理论学说与制度体系，才能满足司法实践的需要。新时代推进中国特色社会主义法治建设面临的新问题，为诉讼法学研究提供了新的机遇，也使诉讼法学研究面临前所未有的挑战与压力。面对这种挑战与压力，我们有必要重点强调“创新”二字。创新是学术研究与理论发展之魂，是推动诉讼法学研究不断发展的最大动力。创新诉讼法学研究，可以从以下几个方面理解：

首先是学术研究领域的创新。研究领域的创新并不意味着否定、抛弃过去的研究成果，而是在此基础上往更广、更深、更符合实践需要的方向拓展。这不仅需要我们在今后的研究中进一步加强基础性研究，争取在原有研究范畴上获得更高层次、更有深度的学术成果，并不断挖掘、开发新的理论研究范畴，同时也需要我们进一步加强应用性研究，特别是法律实施问题的研究，从而使得诉讼法学理论研究的成果能够顺利转化到实践中去，能够真正引导国家司法制度的变革与发展。此外，社会的发展是一个系统工程，各个部分、环节与层面的发展都是相互影响与相互制约的，这种影响与制约的关系越来越紧密，因此，诉讼法学的发展要想跟上社会发展的步伐并充分发挥其作用，也必须加强对社会科学及自然科学中相关研究成果的吸收、借鉴，进一步开展跨学科、交叉学科、边缘学科的探索研究。

其次是学术研究思路的创新。过去，诉讼法学研究存在较明显的功利化倾向，同时也难以摆脱条文的限制，从而缺乏研究的深度和新意。从规范诉讼法学走向理论诉讼法学，是诉讼法学发展的必然趋势。加强对诉讼原理、诉讼规律的研究，有助于诉讼立法的科学化，也对正确开展司法活动具有重要的指导作用。在这个过程中，不仅需要我们积极借鉴法制发达国家丰富的研究成果和宝贵的实践经验，也需要我们深刻解读、准确把握中国法治实践与法治道路的客观规律，重点解决国际司法准则的本土化问题，努力打造具有中国特色的诉讼法治话语体系。

再次是学术研究方法的创新。长期以来，我国学者在诉讼法学研究方法的运用上偏重于采用概念推理、理论辨析等传统方法，缺乏实践调查与数据分析，以致产生理论设想与实践操作之间的偏离与脱节。面对新时代司法实践中出现的诸多问题，我们有必要进一步加强探索实证研究方法，积极开展各种形式的实践调查和试点实验，加强数据采集与定量分析，不断总结、推广试点经验与实证成果，回答和检验理论研究中的特定问题。实证研究方法的运用有利于实现理论法学与应用法学的衔接、法学理论与司法实践的衔接，也有助于将法学研究成果及时地投入到司法实践中加以检验和修正。

最后是学术研究队伍的创新。以往，诉讼法学研究大都局限于自身学科领域，在研究队伍的组建上存在成员单一、结构固定等普遍问题。在中国特色社会主义新时代，面对不同性质、不同诉求的社会矛盾相互交织、共同作用的现实情况，突破学科壁垒与部门围墙，实现多学科、多部门之间的协同创新势在必行。协同创新理念的实施，要求诉讼法学科在自身优势与特色的基础上紧密联系其他学科，在学术研究队伍的搭建与研究项目的设计上努力实现高校、科研院所、司法实务部门以及企事业单位等不同学科、不同主体之间的资源集成与共享，以此消除诉讼法学科与其他学科、理论研究与司法实践之间的脱节现象。

中国政法大学诉讼法学研究院是从事诉讼法学研究的新型综合性研究机构。2000 年 10 月，诉讼法学研究院入选教育部普通高等学校人文社会科学百所重点研究基地，成为全国法学专业九个重点研究基地之一。诉讼法学研究院以中国政法大学雄厚的法学专业为基础，以国家级重点学科诉讼法学科为依托，集中开展诉讼法学、证据法学与司法制度研究，下设刑事诉讼法学研究所、民事诉讼法学研究所、行政诉讼法学研究所和证据法学研究所。自成立以来，诉讼法学研究院坚持以科研为立院之本，积极承担多个国家级、省部级重大攻关项目，注重人才培养与团队建设，广泛开展多层次学术交流与合作，为国家立法完善作出重要贡献，很好地发挥了重点研究基地的引领与示范作用。

面对新时代涌现的诸多研究课题，在学术研究方面不断创新，积极进取，充分展现重点研究基地的学术影响力，是诉讼法学研究院长期建设、发展的主要目标。为了达此目标，诉讼法学研究院专门创办了“新时代诉讼法学创新文库”这一系列著作项目，用以汇集、总结和展示研究院各位研究人员围绕新时代中国特色社会主义诉讼法治理论与实践中的热点、重点、难点问题而形成的各项学术研究成果。这一文库的出版领域涵盖刑事诉讼法学、民事诉讼法学、行政诉讼法学、证据法学、司法制度等多个方面，以有新意、有深度、有分量的专著、译著为主要形式。我们希望能通过这个文库鼓励学术创新，积累学术成果，并为繁荣、深化和开拓诉讼法领域的学术研究积极贡献力量。

中国政法大学诉讼法学研究院院长

卞建林

2018年3月于北京

# 导师序

2012年修改《民事诉讼法》后，民事诉讼中的检察监督在观念上得到了社会和学界广泛的认可和接受，在制度上得到了空前强化，原来局限于事后抗诉监督的唯一方式，一变而为贯彻于民事诉讼全过程的多样化监督，不仅传统的监督方式得到了保持和优化，而且新型的监督方式也进入民事诉讼法的辞典之中，在司法实践中发挥出了愈发重要的作用，为提升司法公正、强化司法权威从而确保当事人在每一个案件中都能感受到公平正义提供了可靠的保障。

制度确定后，最为关键的就是让制度落地，让制度落地的关键又在于技术规则的支撑，而关于检察机关进行法律监督所需要的技术性规则，尤其是对这种规则的理论研究，则是较为缺乏的。胡思博的这本书就是在这方面所做出的一种努力。本书的特色是在对理论问题的思考中紧紧把握检察实务中的相关实际情况，将对宏观理论问题的分析建立在微观技术建构的基础上，凸显理论引导实务、实务反向推动理论的研究理路。同时在研究的对象上呈现出广泛性，除对抗诉、对调解书的检察监督等传统制度进行改造性研究外，对近年来建立的检察建议、对违法审判行为的检察监督等新兴制度也进行了完善性研究，同时还对民事检察监督的证据规则、检察机关对恶意诉讼的查处等尚未在立法中树立的制度进行了探索性研究，具有一定的创新性和理论价值。

胡思博是我与最高人民检察院原副检察长姜建初共同指导的国家检察官学院和中国人民大学法学院联合培养的博士后，其以专业的民事诉讼法学科背景为依托，专攻民事检察监督制度。思博在站期间发挥脱产学习的时间优势，借助检学联合培养的优势平台，运用理论与实务相结合的研究方法，先后发表了一系列以民事检察监督制度为主题的水平较高的学术论文、主持了国家博士后管理委员会和检察系统设立的有关科研课题、多次参与对地方各级民行业务口检察官的培训工作，最终完成了出站报告《对民事裁定的检察监督》，顺利通过出站答辩，成为第一批出站的检学联合培养博士后。出站后，思博调入教育部人文社科重点研究基地——中国政法大学诉讼法学研究院，专职从事对民事诉讼法的科研和教学工作，并继续对民事检察监督制度进行更为深入的研究，创造出进一步的研究成果。

本书是思博自 2013 年 9 月入站直至在中国政法大学工作至今对民事检察监督制度的所有研究成果的集中整理、再次修改和全新编排，其中部分内容已经在许多核心刊物发表，部分内容则属于首次付诸出版，相信其中的某些探索会给司法操作带来指引，也能为相关的检察监督理论的精细化发展提供诸多启迪。

“小荷才露尖尖角，早有蜻蜓立上头。”本书作为思博学术生涯的第二本专著，标志着其在学业、事业等多方面进入崭新阶段。期盼思博持之以恒、细致观察、缜密思索、动中取静，在未来民事诉讼法学研究的奋进之路上精进学术，取得更大的收获。

中国人民大学法学院教授、博士生导师
中国民事诉讼法研究会副会长
中国检察学研究会副会长
汤维建
2017 年 10 月 6 日

# 自　序

与民事检察监督制度的结缘源于我的博士后工作经历和学习生活。2013年7月我从中国政法大学民事诉讼法专业博士毕业后，主动放弃前往某法学知名高校工作的难得机会，做出一个在旁人看来实属“鬼迷心窍”，时至今日仍属大胆、前卫而新潮的决定——直接全脱产“攻读”博士后，因为内心深处期盼以此获得更大的发展机会。由于我的博士论文为《民事裁定研究》，故在其基础上将研究题目进一步深化为《对民事裁定的检察监督》，以此申报最高人民检察院直属国家检察官学院与中国人民大学法学院联合培养博士后。幸运的是，作为检察系统的非在编人员，在不符合基本招录条件的情况下（事前不知，现在回想起来不禁后怕），经过联合导师组的面试与筛选，有幸破格成为第二届检学合作培养的六名博士后中的一员，也是第一位学民事诉讼法专业出身、专攻民事检察监督制度的博士后。非常感谢两位博士后合作导师对我的提携与帮助：最高人民检察院原副检察长姜建初主持分管民行检察工作，我至今还记得他在博士后面试现场曾对我的选题和讲解不足之处的直接点明，以及之后在百忙之中抽空授课时的鼓励；中国人民大学法学院的汤维建教授作为民事诉讼法学界对检察监督制度最具研究实力的专家和时任最高人民检察院民事行政检察厅挂职副厅长，给予我一系列学习的机会。师恩之情无以回报，唯有继续努力。

在我惴惴不安地迈入风景宜人的国家检察官学院学习之初，自己对未来的生活充满了迷惑甚至是阵阵恐惧，殊不知日后一年零九个月的生活体验竟能如此丰富多彩。攻读博士期间正值《民事诉讼法》的修改，其中民事检察监督得到进一步的发展与完善；博士后入站以后，正值《人民检察院民事诉讼监督规则（试行）》、《最高人民法院关于适用〈民事诉讼法〉的解释》的制定和宣讲（当时检察机关提起民事公益诉讼制度尚未展开），我在学术研究上遇到了大好时机。难忘民事行政检察教研部的领导和诸位前辈们提携新人，在2013年11月以来连续开办的八期“全国检察系统修改后《民事诉讼监督规则》专题研修班”中，给予我极多的锻炼机会：策划组织、单独授课、集体研讨、广泛交流；难忘科研部暨《国家检察官学院学报》编辑部的领导和诸位同事给予我进行专项课题研究和发表文章的机会。期间在与高检院民行厅、控告厅和全国各地各级检察院民行科、控申科检察官的交流中，我不断地观察、感悟与总结：一方面在西学东渐的整体学术环境下时刻调整和更新自己对难有国外经验直接借鉴的我国本土性、原创性制度的研究方法和研究角度，从对细微性操作技术的分析、设计入手，反证和推动基础理论，力图以中立、客观的视角把各级各层检察院所总结出来的实务经验在分析利弊的基础上提升到理论高度并返回指导检察实践；另一方面把其中的所思、所想、所感、所惑都一一转化为文字，融入我的单篇学术论文、综合性的出站报告和授课PPT之中，并扩大对其的宣传和讲解力度，至今仍能不时地收到各地检察官的咨询电话。2015年7月我的博士后研究报告顺利通过了由民事诉讼法学界教授和检察系统专家组成的联合评委会的答辩，成为第一批正式出站的检察系统培养的博士后，可叹此后依依不舍地再次离开检察系统，但又有幸重回母校中国政法大学任教，就职于诉讼法学研究院，期间的分分合合无疑成为人生的历练。

国家检察官学院作为我学生时代的最后一所母校，在其间的生活和工作是那么的令人难以忘怀，这绝对是我人生中最为重要的经历之一，直至今日许多愉悦的场景仍历历在目，那里的一草一木、一湖一屋以及水甜饭香早已镌刻于我内心最深处。虽然同在一座城市，但出站后我仅在刚搬离不久时短暂地回去过一次，且平日疏于与从前日日嬉笑的同事们的联系，其原因并非不愿更非不想而是不敢，在情非得已的矛盾心理下寄予“纵然不能常相聚，也要长相忆”。

重回法大虽“师兄”之称依旧，但自己已然经历了角色的实质性转变。诉讼法学是中国政法大学规模最大、最具有历史传统和影响力的法学专业之一，老、中、青、少四代学人共建此团体。诉讼法学研究院是教育部人文社科重点研究基地、国家重点学科基地、“2011 计划”国家司法文明协同创新中心组建团队，加之泰斗的提携、领导的关心和师友的爱护，使我有着良好的工作环境；民事诉讼法学科的二十余位教授均是我的老师，自读博时起便给予我无限关怀，至今与他们一起工作时自己仍略有拘束。

以此纪念自己学术生涯中第二本个人专著的出版。

**涉检工作日记**

一、学术论文

1.《民事检察监督的载体对象研究》，载《中国法学》（英文版）2013 年第 5 期。

2.《论民事诉讼中当事人之主观心理状态的查明》，载《法学论坛》（CSSCI）2017 年第 5 期。

3.《我国当前司法环境下民事诉讼程序性价值的保障力度与限度》，载《法学杂志》（CSSCI）2017 年第 7 期。

4.《民事检察监督证据的运用规则》，载《当代法学》（CSSCI）2017 第 1 期。

5.《论对民事违法审判行为实施检察监督的措施》，载《中州学刊》（CSSCI）2015 第 6 期。

6.《论民事裁判的不可再审性》，载《中国政法大学学报》（CSSCI）2014 年第 4 期。全文转载于《中国人民大学复印报刊资料：诉讼法学 · 司法制度》2015 年第 1 期。

7.《再审型民事检察监督的法律规制评析》，载《国家检察官学院学报》(CSSCI)2014 第 4 期。

8.《论对民事裁定实施检察监督的时间界限》，载《中共浙江省委党校学报》(CSSCI)2015 第 2 期。

9.《论民事检察监督的客体——民事裁判》，载《澳门法学》2014 年第 10 期。

10.《民事检察监督证据的运用规则》，载《中国民事诉讼法学研究会 2015 年年会论文集》。

11.《论民事再审检察建议柔中带刚的效力本质》，载《探求》2015 年第 2 期。

12.《民事检察监督的裁判客体研究》，载孙谦主编:《检察论丛》(第十九辑)，法律出版社 2014 年版。

13.《论民事检察监督申请权》，载最高人民检察院民事行政检察厅编:《民事行政检察指导与研究》(第十三辑)，中国检察出版社 2014 年版。

14.《论民事纠违检察建议的复合性纠错方式》，载《中国民事诉讼法学研究会 2014 年年会论文集》。

15.《民事诉前检察监督的缺失与展望》，载《中国检察官》2014 年第 2 期。

16.《论民事检察监督的对象与民事裁判种类的关联》，载中国检察学研究会检察基础理论专业委员会编:《诉讼法修改与检察制度的发展完善——第三届中国检察基础理论论坛文集》，中国检察出版社 2014 年版。

17.《论检察机关对民事裁定的检察监督》载陈桂明主编:《中国民事诉讼法学六十年专论——中国法学会民事诉讼法学研究会年会论文集 2009 年卷》，厦门大学出版社 2009 年版。

二、主持课题

1. 2016 年度教育部人文社科重点基地自设项目《民事检察监督的技术规则研究》。

2. 2015 年度司法部国家法治与法学理论研究项目中青年课题

《对民事违法审判行为的检察监督》。

3. 2017 年度北京市法学会青年研究项目《对虚假诉讼的检察监督》。

4. 2015 年度中国博士后科学基金第 8 批面上特别资助课题《对民事违法审判行为的检察监督》。

5. 2014 年度中国博士后科学基金第 55 批面上二等资助课题《对民事裁定的检察监督制度研究》。

6. 2014 年度国家检察官学院科研基金资助一般项目《对民事裁定的检察监督制度研究》。

三、学术活动

1. 2017 年 6 月参加国家检察官学院、耶鲁大学法学院蔡中曾中国中心主办的“检察机关提起公益诉讼有关问题研讨会”，并就检察机关提起公益诉讼的诉讼请求与裁判执行问题进行发言。

2. 2017 年 4 月参加北京市石景山区人民检察院民事检察处主持的北京市法学会课题《〈民事诉讼法〉修改前后北京市民事诉讼监督制度运行实证对比分析》的论证座谈。

3. 2017 年 3 月就“《民法总则》的出台对民事检察制度的影响”接受《检察日报》的采访。

4. 2017 年 3 月为中国政法大学民商经济法学院 2016 级民事诉讼法专业硕士研究生、中央民族大学法学院 2016 级诉讼法专业硕士研究生讲授《民事检察监督制度的中国式构建》。

5. 2016 年 12 月在首都师范大学法学院参加燕京法学学术沙龙第九期“检察机关提起行政公益诉讼的实践状况与理论问题”。

6. 2016 年 12 月为中国政法大学证据科学研究院 2016 级证据法专业硕士研究生讲授《民事检察监督制度的中国式构建》。

7. 2015 年 12 月参加中国政法大学民商经济法学院主办的“法大民商经济法第六十一期学术沙龙：新民事诉讼司法解释理解与适用、存在的问题及完善系列专题之再审程序”，讲授《对民事裁判的检察监督申请权》。

8. 2015 年 11 月在福建泉州参加由中国法学会主办、华侨大学法学院协办的中国民事诉讼法学研究会 2015 年年会，在“检察监督”议题小组担任评议人并发言。

9. 2015 年 11 月中国政法大学科研部门工会 2015 年青年教师教学基本功选拔赛二等奖，主讲题目为《对民事裁判的检察监督申请权》。

10. 2015 年 6 月在国家检察官学院为全国检察系统第 57、58 期西部地区检察官专业培养工程培训班讲授“民事诉讼检察监督的证据审查与运用”。

11. 2015 年 5 月在内蒙古通辽市人民检察院讲授“《最高法院民诉法解释》下民事检察工作的新发展”。

12. 2015 年 5 月在中国人民大学参加最高人民检察院导师组（朱孝清、姜建初、张智辉、石少侠）为博士后的集体授课。

13. 2015 年至 2016 年期间，先后在北京大成律师事务所、北京普华律师事务所、北京盈科律师事务所讲授“民事检察监督制度新发展为诉讼代理工作创造的契机”专题。

14. 2014 年 10 月在北京市石景山区人民检察院讲授“民事诉讼检察监督的证据审查与运用”。

15. 2014 年 4 月作为点评专家参加最高人民检察院影视中心法制节目《法治中国》的录制。

16. 2013 至 2016 年期间在国家检察官学院为全国检察系统“修改后《民事诉讼监督规则》专题研修班”（共五期）授课，讲授《民事检察建议》、《民事检察监督的证据审查与判断》。

2017 年冬于蓟门法大

# 目　录

# 导　论

民事检察权近年来处于不断发展的过程中，中国特色的民事检察权包括公诉权和监督权两大部分，将检察机关单纯定位于“法律监督机关”的说法显然有失偏颇。其中，民事检察监督权作为中国检察权中特有的一项功能性权力，在当前西学东渐的整体环境下，其源于我国的现实国情需要和长期的司法实务积累，是司法领域中国诉讼制度本土化的代表性举措，是中国民事司法实践在长期发展过程中自然衍生出的原创制度，其在保留了既有的中国检察特色的同时，将中国的司法国情充分体现和运用其中，而非当下盛行的法律移植。就民事公诉权和监督权的关系而言，检察机关应否并如何对自身提起的民事公益诉讼实施检察监督，是当前公益诉讼在构建中尚存争论并引起热烈讨论的问题之一。

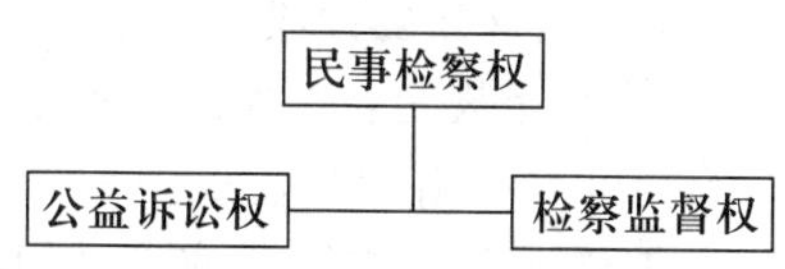


**中国特色民事检察权的构成**

《民事诉讼法》在 2012 年的修改、《人民检察院民事诉讼监督规则（试行）》（以下简称《监督规则》）在 2013 年的制定、《最高人民法院关于适用〈民事诉讼法〉的解释》（以下简称《民诉法解释》）在 2015 年和《最高人民法院、最高人民检察院关于民事执行活动法律监督若干问题的规定》在 2017 年的出台，以及《民事诉讼法》在 2017 年的再次修改，为民事检察监督制度带来了新发展，创建了全面监督的新体系，具有诸多开创性意义。在法律技术层面，首创同级检察监督、诉前—诉中—诉后—执行全方位检察监督、程序—动态—全过程检察监督、刚性和柔性相结合的多元化检察监督；在政治意义层面，首创外力监督下自我纠错与和谐法检关系。司法权运行过程中的每个环节都有权力滥用出现的可能，全过程监督的必要性不言而喻。“检察院有权对民事诉讼活动实行全面的监督，尽可能覆盖审判权行使的所有领域，包括从立案到执行的整个程序阶段。权力必须受到监督和制约，审判权亦不例外，只要有审判权行使的空间，就有监督权发挥作用的余地。”①

就民事检察监督的功能定位而言，“民事检察监督应定位于对诉讼公正的保障，建立起民事检察监督的开放性体系。检察机关的性质决定了它的监督应当是多方位、立体化的。同时民事检察案件的复杂多样性要求工作方式必须多样化”。② 民事检察监督的功能不限于对诉讼中个案的监督。首先，民事检察监督具备社会事务管理监督的功能。《人民检察院检察建议工作规定（试行）》（以下简称《检察建议规定》）第1条规定：“检察建议是人民检察院为促进法律正确实施、促进社会和谐稳定，在履行法律监督职能过程中，结合执法办案，建议有关单位完善制度，加强内部制约、监督，正确实施法律法规，完善社会管理、服务，预防和减少违法犯罪的一种重要方式。”第5条规定：“人民检察院在检察工作中发现有下列情形之一的，可以提出检察建议……（二）行业主管部门或者主管机关需要加强或改进本行业或者部门的管理监督工作的；（三）民间纠纷问题突出，矛盾可能激化导致恶性案件或者群体性事件，需要加强调解疏导工作的……（六）其他需要提出检察建议的。”其次，民事检察监督具备对诉讼类案件检察监督的功能。改进工作型检察监督是在定期统计归纳的基础上进行的，其针

① 汤维建：《挑战与应对：民行检察监督制度的新发展》，载《法学家》2010年第3期，第44页。

② 徐燕平主编：《法律监督热点问题研究》，上海交通大学出版社2011年版，第323页。

对的是一段时期的工作情况，具有宏观性、整体性和普遍性。《监督规则》第112条规定："有下列情形之一的，人民检察院可以提出改进工作的检察建议：（一）人民法院对民事诉讼中同类问题适用法律不一致的；（二）人民法院在多起案件中适用法律存在同类错误的；（三）人民法院在多起案件中有相同违法行为的；（四）有关单位的工作制度、管理方法、工作程序违法或者不当，需要改正、改进的。"《检察建议规定》第5条规定："人民检察院在检察工作中发现有下列情形之一的，可以提出检察建议……（四）在办理案件过程中发现应对有关人员或行为予以表彰或者给予处分、行政处罚的；（五）人民法院、公安机关、刑罚执行机关和劳动教养机关在执法过程中存在苗头性、倾向性的不规范问题，需要改进的；（六）其他需要提出检察建议的。"

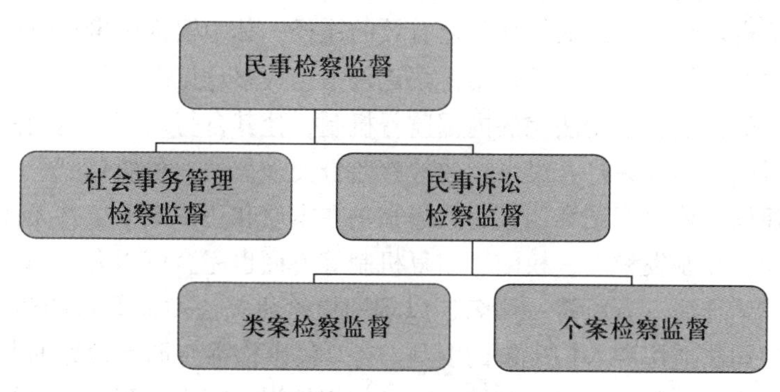


现行法下民事检察监督的种类

就诉讼个案民事检察监督的监督结果和监督方式而言，其可分为再审型检察监督和纠违型检察监督。其中，再审型检察监督的监督对象为生效的判决、裁定和调解书，监督方式为抗诉或再审检察建议，其旨在通过引发审判监督程序对生效民事裁判和调解书进行以再审程序为依托的纠错，是与法院自行提起和当事人申请并存的三大再审程序提起方式之一。纠违型检察监督的监督对象为审判行为和执行行为，监督方式为纠违检察建议，其旨在要求对违法诉讼行为直接进行救济，无须为此启动新的审判程序。再审检察建议和纠违检察建议虽在监督对象和监督手段上存在差异，但二者在效力上的一致性又促进了新型监督方式——检察建议的发展。“检察建议可以弥补现行民事检察监督方式的单一和不全面，弥补民事行政抗诉在实体上存在的不足，丰富民事行政检察监督方式。”① 此种监督方式的创建是建立在整合、规范之前检察实践中广泛、类似但又存在混乱的一系列试点型监督方式（检察意见、纠正违法通知书、更换办案人员建议书）基础上的，将其统一上升至立法层面，并将纠正违法行为和更换办案人纳入检察建议的内容，解决了之前存在的混用、彼此之间的相互关系并不明晰、套用同一个模式、适用范围部分重叠、界限不清、称谓混乱、文书相仿、制发程序雷同、回复机制无异、法律效果并无任何区别等问题。“强化民事行政检察监督，可采取各种行之有效的途径，其中根据民事行政检察机关的工作实践，灵活运用检察建议书、检察意见书、纠正违法通知书的方法，启动法院的内部监督机制，让其自行纠正，达到监督的目的，不失为打开民事行政检察监督突破口的一种尝试。”② “检察建议、检察意见和纠正违法通知书在本质和法律效果上并无任何区别，在制发程序、权限、回复机制等方面也完全可以套用同一个模式。今后三者可统一命名，以理顺检察机关法律监督权的体系，避免司法适用和人们理解的混乱。”③ “民事检察与刑事检察的监督措施应统一起来，对审判结果统一使用抗诉，对审判程序和执行程序中的裁判活动统一使用纠正意见，对审判人员统一使用检察意

---

① 上海检察官协会编：《当代检察理论研究》，上海交通大学出版社 2006 年版，第 76 页。

② 韩杼滨检察长在广州市人民检察院视察工作时的讲话，转引自许海峰主编：《法律监督的理论与实证研究》，法律出版社 2004 年版，第 517 页。

③ 参见王学成主编：《法律监督权研究新视野》，中国检察出版社 2010 年版，第 302 页。

见，对执行措施统一使用纠正违法通知。”[①] 通过横向比较可知，《刑事诉讼法》仅规定检察意见而未涉及检察建议，该法第173条第3款规定：“人民检察院决定不起诉的案件，应当同时对侦查中查封、扣押、冻结的财物解除查封、扣押、冻结。对被不起诉人需要给予行政处罚、行政处分或者需要没收其违法所得的，人民检察院应当提出检察意见，移送有关主管机关处理。有关主管机关应当将处理结果及时通知人民检察院。”

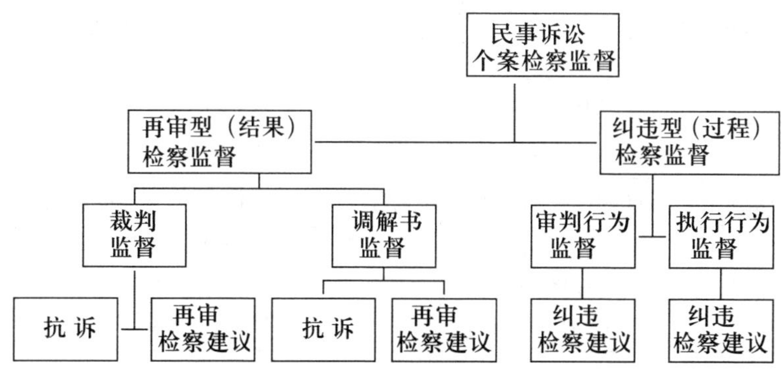


**民事诉讼个案检察监督制度体系**

**表1　现行法下检察监督方式的比较**

| | 抗诉 | 检察建议 | |
|---|---|---|---|
| | | 再审检察建议 | 纠违检察建议 |
| 适用阶段 | 诉后监督 | | 诉前监督<br>诉中监督<br>诉后监督 |
| 事由类型 | 实体性事由<br>程序性事由 | | 程序性事由 |

① 孙加瑞：《民事检察制度新论》，中国检察出版社2013年版，第241页。

续表

<table>
<tr><td rowspan="2"></td><td rowspan="2">抗诉</td><td colspan="2">检察建议</td></tr>
<tr><td>再审检察建议</td><td>纠违检察建议</td></tr>
<tr><td>监督对象</td><td colspan="2">生效判决、裁定<br>生效调解书</td><td>审判中的违法行为<br>执行中的违法行为</td></tr>
<tr><td>事由范围</td><td colspan="2">有限性</td><td>无限性</td></tr>
<tr><td>启动方式</td><td colspan="2">依诉权<br>依职权</td><td>依诉权</td></tr>
<tr><td>法律效力</td><td>程序上刚性效力<br>实体上刚性效力</td><td colspan="2">程序上刚性效力<br>实体上柔性效力</td></tr>
<tr><td>救济方式</td><td>直接引发再审程序</td><td>法院自行启动再审程序</td><td>撤销、更正</td></tr>
<tr><td>检法级别</td><td>下级法院错误<br>上级检察院监督<br>上级或下级法院纠正</td><td colspan="2">下级法院错误<br>下级检察院监督<br>下级法院纠正</td></tr>
</table>

就民事检察权的启动而言，该制度在其创建和发展的过程中一直受到相关质疑，其中的主要质疑点在于检察机关作为公权力对私权处分进行主动干涉的合理性、对生效裁判既判力的冲击和对法律监督机关的监督及再监督。笔者认为，上述质疑具有一定的合理性，并非不可改进，中国特色的民事诉讼制度的整体构建需保持民事检察监督的谦抑性，民事检察监督的提起应以当事人的申请为原则，将监督申请权纳为诉权的组成部分，从而继续贯彻民事诉讼中的“不告不理”原则。“目前检察监督事由与申请再审事由是一致的，但再审事由关于事实认定和法律适用问题，涉及公民的私权利，检察院不宜主动抗诉，否则会影响法院的自由裁量权。”① 但

① 全国人大常委会法制工作委员会民法室编：《民事诉讼法立法背景与观点全集》，法律出版社 2012 年版，第 62 页。

是，检察机关的公权性决定了其对涉及公共权益的案件应亦具有主动监督权，这与检察机关提起民事公益诉讼的角色定位具有本质上的共通性。《监督规则》的一大创新之处在于将监督案件的形式性受理与实质性审查相分离，分别由控告检察部门和案件管理部门负责受理案件，民事检察部门负责审查案件，一来实现监督的内部分工，力图达到案件办理的精细化和专业化，二来促进监督的内部制约，同时赋予法院对检察机关监督的异议权（相关论述详见本书第一章《再审型民事检察监督》第三节《再审检察建议柔中带刚的本质效力》中的“审判机关违规层面的刚性效力”和“检察机关违规层面的刚性效力”）。《监督规则》第 5 条规定：“民事诉讼监督案件的受理、办理、管理工作分别由控告检察部门、民事检察部门、案件管理部门负责，各部门互相配合，互相制约。”其中，监督在受理上实行监督启动主体的二元化，将诉权型监督和职权型监督并列。就诉权型监督而言，《监督规则》第 34 条规定：“当事人根据《中华人民共和国民事诉讼法》第二百零九条第一款的规定向人民检察院申请检察建议或者抗诉，由作出生效民事判决、裁定、调解书的人民法院所在地同级人民检察院控告检察部门受理。当事人认为民事审判程序中审判人员存在违法行为或者民事执行活动存在违法情形，向人民检察院申请监督的，由审理、执行案件的人民法院所在地同级人民检察院控告检察部门受理。”就职权型监督而言，《监督规则》第 42 条规定：“下级人民检察院提请抗诉、提请其他监督等案件，由上一级人民检察院案件管理部门受理。依职权发现的民事诉讼监督案件，民事检察部门应当到案件管理部门登记受理。”官方数据显示，2014 年 1 至 11 月，各级控告检察部门审查民事行政监督案件 40197 件，受理后移送民事行政检察部门 21433 件。[①]

---

① 数据来源于 2015 年 2 月最高人民检察院控告检察厅厅长在“最高检厅局长系列访谈”中的谈话，载正义网，http：//www. jcrb. com/talk/2015tjzft/kgjcttz/index. html。

**表 2　现行法下民事检察监督的启动类型**

<table>
<tr><th colspan="2" rowspan="2">监督对象</th><th colspan="2">启动方式</th></tr>
<tr><th>诉权型检察监督</th><th>职权型检察监督</th></tr>
<tr><td rowspan="2">再审型检察监督</td><td>裁　判</td><td>√（为主）</td><td>√（为辅）</td></tr>
<tr><td>调解书</td><td>√（间接）</td><td>√（直接）</td></tr>
<tr><td rowspan="2">纠违型检察监督</td><td>审判行为</td><td>√</td><td>×</td></tr>
<tr><td>执行行为</td><td>√</td><td>×</td></tr>
</table>

# 第一章　再审型民事检察监督

再审型检察监督作为程序引发性监督，其对生效民事裁判和调解书的纠错是以再审程序的运行为依托的。“为了保持法律裁判的稳定性和权威性，作为一种事后的补救措施，再审的启动应有严格的限制，这是再审制度的本质属性。离开这一点，也就无所谓再审。”①

再审型检察监督就对象客体而言，包括实体性法律决策和程序性法律决策两类。法定的实体性法律决策包括判决和调解，法定的程序性法律决策包括裁定和决定，此外在司法实践中，通知、命令和处分也常被用于对某些诉讼程序事项的处理。其中，决定、通知、命令和处分主要用于对相关诉讼程序事项依职权作出判断的情形，其遗留着社会主义法制早期发展阶段的时代烙印，虽为法院判案过程中的意志体现，但在运用层面上的随意性和政策性使其带有明显的行政色彩，极易将其与法院所实施的内部管理行为相混淆，因而其没有单独设立的必要，可一并被裁定所吸收。“通知等裁判形式亦属于民事裁定的范畴。”② 根据《民事诉讼法》第 208 条的规定，可纳入再审型检察监督的法律决策仅限于判决、裁定和调解书，为此形成了对再审检察监督对象的不合理限制。笔者认为，在现行法未将民事裁定的适用范围进行合理扩展，以致决定、通知、命令和处分均独立存在的情况下，应将此四类程序性法律决策一并纳入再审检察监督的范畴，进而实现对程序性决策进行监督的全面

① 张卫平：《再审事由构成再探析》，载《法学家》2007 年第 6 期。
② 刘学在：《民事裁定上诉审程序之检讨》，载《法学评论》2001 年第 6 期。

性。《监督规则》第 28 条规定："本规则第二十五条规定的相关法律文书是指人民法院在该案件诉讼过程中作出的全部判决书、裁定书、决定书、调解书等法律文书。"

再审型检察监督就实施阶段而言，包括诉中型和诉后型两类。再审型检察监督的开展既然以再审程序为手段，则需以法律决策的生效为前提。全案判决的唯一性、结案性使其成为对审判程序乃至整个诉讼程序的划分依据，是诉中阶段和诉后阶段的划分标志，对其所实施的监督只能是诉后监督。但是，裁定、决定、通知、处分、命令等程序性法律决策种类多样、数量庞杂，且要么在判决作出之前既已作出，要么作为结案方式取代判决（诸如不予受理裁定等）。为此，对程序性法律决策所进行的再审型检察监督既可以发生在判决作出之前，也可以发生在判决作出之后，形成诉中监督与诉后监督的并存。

再审型检察监督就方式种类而言，包括抗诉和再审检察建议两种。二者虽均以再审程序作为监督效力的实现手段，但在适用范围、法检等级、效力刚柔性、再审程序的提起方式等方面存在一定的差异，而向上一级法院提请抗诉则成为连接和转换两种方式的纽带。《民事诉讼法》第 208 条第 1 款规定："最高人民检察院对各级人民法院已经发生法律效力的判决、裁定，上级人民检察院对下级人民法院已经发生法律效力的判决、裁定，发现有本法第二百条规定情形之一的，或者发现调解书损害国家利益、社会公共利益的，应当提出抗诉。"《民事诉讼法》第 208 条第 2 款规定："地方各级人民检察院对同级人民法院已经发生法律效力的判决、裁定，发现有本法第二百条规定情形之一的，或者发现调解书损害国家利益、社会公共利益的，可以向同级人民法院提出检察建议，并报上级人民检察院备案；也可以提请上级人民检察院向同级人民法院提出抗诉。"《民事诉讼法》未将抗诉和再审检察建议的事由加以区分，但《监督规则》予以变化性规定。《监督规则》第 83 条规定："地方各级人民检察院发现同级人民法院已经发生法律效力的民事判决、裁定有下列情形之一的，可以向同级人民法院提出再审检察建议：（一）有新的证据，足以推翻原判决、裁定的；（二）原判决、裁定认定的基本事实缺乏证据证明的；（三）原判决、裁定认定事实的主要证据是伪造的；（四）原判决、裁定认定事实的主要证据未经质证的；（五）对审理案件需要的主要证据，当事人因客观原因不能自行收集，书面申请人民法院调查收集，人民法院未调查收集的；（六）审判组织的组成不合法或者依法应当回避的审判人员没有回避的；（七）无诉讼行为能力人未经法定代理人代为诉讼或者应当参加诉讼的当事人，因不能归责于本人或者其诉讼代理人的事由，未参加诉讼的；（八）违反法律规定，剥夺当事人辩论权利的；（九）未经传票传唤，缺席判决的；（十）原判决、裁定遗漏或者超出诉讼请求的；（十一）据以作出原判决、裁定的法律文书被撤销或者变更的。”《监督规则》第 84 条规定：“符合本规则第八十三条规定的案件有下列情形之一的，地方各级人民检察院应当提请上一级人民检察院抗诉：（一）判决、裁定是经同级人民法院再审后作出的；（二）判决、裁定是经同级人民法院审判委员会讨论作出的；（三）其他不适宜由同级人民法院再审纠正的。”《监督规则》第 85 条规定：“地方各级人民检察院发现同级人民法院已经发生法律效力的民事判决、裁定具有下列情形之一的，应当提请上一级人民检察院抗诉：（一）原判决、裁定适用法律确有错误的；（二）审判人员在审理该案件时有贪污受贿、徇私舞弊、枉法裁判行为的。”

需要特别区分的是，2015 年 12 月 16 日最高人民检察院第十二届检察委员会第四十五次会议通过的《人民检察院提起公益诉讼试点工作实施办法》将抗诉设置为公益诉讼中检察机关提起二审程序的方式，其与检察监督案件中的抗诉存在属性上的区别。该办法第 25 条规定：“地方各级人民检察院认为同级人民法院未生效的第一审判决、裁定确有错误，应当向上一级人民法院提出抗诉。”第 26 条规定：“地方各级人民检察院对同级人民法院未生效的第一审判决、裁定的抗诉，应当通过原审人民法院提出抗诉书，并且将抗诉书抄送上一级人民检察院。上级人民检察院认为抗诉不当的，可以向同级人民法院撤回抗诉，并且通知下级人民检察院。”第 27 条规定：“对人民检察院提出抗诉的二审案件或者人民法院决定开庭审理的上诉案件，同级人民检察院应当派员出席第二审法庭。”

**表 3 《民事诉讼法》修改前全国检察机关民事行政抗诉与再审检察建议实施对比①**

| 年　份 | 抗　诉 | 再审检察建议 |
| --- | --- | --- |
| 2003 年 | 13120 件 | 3316 件 |
| 2004 年 | 13218 件 | 4333 件 |
| 2005 年 | 12757 件 | 5192 件 |
| 2006 年 | 12669 件 | 5949 件 |
| 2007 年 | 11898 件 | 5992 件 |
| 2008 年 | 11459 件 | 5222 件 |
| 2009 年 | 11556 件 | 6714 件 |
| 2010 年 | 12139 件 | 未予公布 |
| 2011 年 | 10332 件 | 未予公布 |
| 2012 年 | 10506 件 | 未予公布 |

① 数据来源于 2004 年至 2013 年最高人民检察院检察长在全国人民代表大会上所作的《最高人民检察院工作报告》。

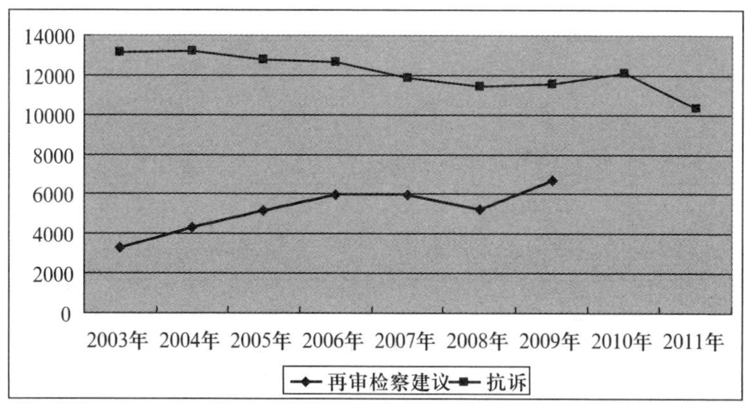


再审检察建议与抗诉案件数量变化

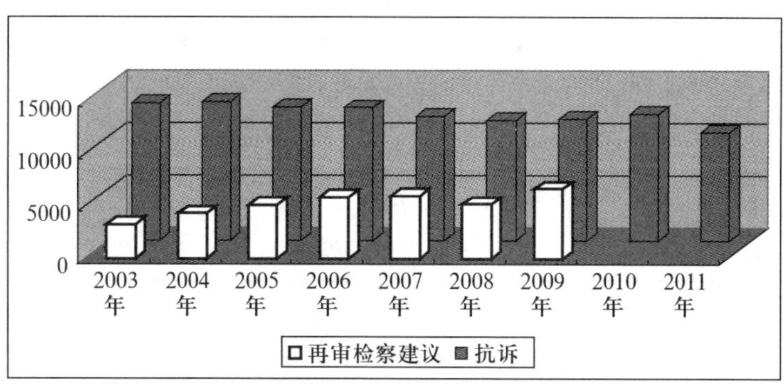


再审检察建议与抗诉案件数量对比

表 4　再审检察建议所占法院审结数的比例

| 年　度 | 法院审结<br>一审民事行政案件 | 再审检察建议<br>占法院审结数的比例 |
|---|---|---|
| 2007 年 | 4619788 件 | 0.13% |
| 2006 年 | 4477459 件 | 0.13% |
| 2005 年 | 4455891 件 | 0.12% |

续表

| 年　度 | 法院审结<br>一审民事行政案件 | 再审检察建议<br>占法院审结数的比例 |
|---|---|---|
| 2004 年 | 4395936 件 | 0.10% |
| 2003 年 | 4949246 件 | 0.07% |
| 合计 | 22898320 件 | 0.11% |

**表 5　《民事诉讼法》修改后全国检察机关民事行政抗诉与再审检察建议实施对比**

2013 年基本情况

<table>
<tr><th rowspan="2">监督措施</th><th colspan="2">2013 年 1 月至 11 月全国检察机关办理民事行政案件基本情况①</th><th>2013 全年全国检察机关办理民事行政案件基本情况②</th></tr>
<tr><th>提　出</th><th>采　纳</th><th>提　出</th></tr>
<tr><td>抗　诉</td><td>5323 件</td><td>——</td><td rowspan="2">15538 件</td></tr>
<tr><td>再审检察建议</td><td>8061 件</td><td>5076 件<br>（采纳率 62.97%）</td></tr>
</table>

① 数据来源于 2014 年 2 月最高人民检察院民事行政检察厅厅长在“最高检厅局长系列访谈”中的谈话，载正义网，http：//live. jcrb. com/html/2014/905. htm。

② 数据来源于 2014 年 3 月最高人民检察院检察长在第十二届全国人民代表大会第二次会议上所作的《最高人民检察院工作报告》，载最高检网站，http：//www. spp. gov. cn/tt. 201403/t20140318_ 69216. shtml。

2014 年基本情况

<table>
<tr><td rowspan="2">监督措施</td><td>2014 年 1 月至 11 月全国检察机关办理民事行政案件基本情况①</td><td>2014 全年全国检察机关办理民事行政案件基本情况②</td></tr>
<tr><td>提　出</td><td>提　出</td></tr>
<tr><td>抗　　诉</td><td>3312 件</td><td rowspan="2">9378 件</td></tr>
<tr><td>再审检察建议</td><td>3975 件</td></tr>
</table>

2015 年基本情况

<table>
<tr><td rowspan="2">监督措施</td><td colspan="3">2015 年 1 月至 11 月全国检察机关办理民事行政案件基本情况③</td><td>2015 全年全国检察机关办理民事行政案件基本情况④</td></tr>
<tr><td>提　出</td><td>改变量</td><td>改变率</td><td>提　出</td></tr>
<tr><td>抗　　诉</td><td>2832 件</td><td rowspan="2">1398 件</td><td rowspan="2">70. 4%</td><td>3548 件</td></tr>
<tr><td>再审检察建议</td><td>3224 件</td><td>3874 件</td></tr>
</table>

① 数据来源于 2015 年 2 月最高人民检察院民事行政检察厅厅长在“最高检厅局长系列访谈”中的谈话，载正义网，http://www.jcrb.com/talk/2015tjzft/ZXJFT/index.html。

② 数据来源于 2015 年 3 月最高人民检察院检察长在第十二届全国人民代表大会第三次会议上所作的《最高人民检察院工作报告》，载最高检网站，http://www.spp.gov.cn/gzbg/201503/t20150324_93812.shtml。

③ 数据来源于 2016 年 2 月最高人民检察院民事行政检察厅厅长在“最高检厅局长系列访谈”中的谈话，载正义网，http://www.jcrb.com/xztpd/gxzt/2016TJZFT/vdvgndkg/index.html。

④ 数据来源于 2016 年 3 月最高人民检察院检察长在第十二届全国人民代表大会第四次会议上所作的《最高人民检察院工作报告》，载最高检网站，http://www.spp.gov.cn/zdgz/201603/t20160313_114325.shtml。

2016年基本情况

| 监督措施 | 2016年1月至11月全国检察机关办理民事行政案件基本情况① | | | | |
|---|---|---|---|---|---|
| | 不支持监督申请 | 提　出 | 法院再审 | 撤销原判发回重审、和解撤诉 | 改变率 |
| 抗　诉 | 22469件 | 2839件 | 1333件 | 999件 | 74.94% |
| 再审检察建议 | | 2432件 | —— | —— | —— |

| 监督措施 | 2016全年全国检察机关办理民事行政案件基本情况② |
|---|---|
| | 提　出 |
| 抗　诉 | 3282件 |
| 再审检察建议 | 2851件 |

## 第一节　再审型民事检察监督的启动

### 一、依职权提起再审型民事检察监督

职权型检察监督以职能纠错为主，仅限于对民事裁判和调解书的再审。就职权型检察监督的线索来源而言，其通常包括：通过审查卷宗发现案件线索；从对某一刑事案件、民事案件的审理中发

① 数据来源于2017年2月最高人民检察院民事行政检察厅厅长在“最高检厅局长系列访谈”中的谈话，载正义网，http://www.jcrb.com/xztpd/gxzt/2017TJZFT/zxjftzt/index.html。

② 数据来源于2017年3月最高人民检察院检察长在第十二届全国人民代表大会第四次会议上所作的《最高人民检察院工作报告》，载最高检网站，http://www.spp.gov.cn/gzbg/201703/t20170320_185861.shtml。

掘；通过其他相关民事案件中的错误判决进而发现本案线索；通过媒体、舆论等途径获取相关信息；通过人大、纪委、党委、政府等国家权力机关转办等。

(一) 职权型民事检察监督的提起范围

《监督规则》第41条规定："具有下列情形之一的民事案件，人民检察院应当依职权进行监督：(一) 损害国家利益或者社会公共利益；(二) 审判、执行人员有贪污受贿、徇私舞弊、枉法裁判等行为；(三) 依照有关规定需要人民检察院跟进监督。" 但是从《民事诉讼法》的立法体例上看，既然第209条规定的是诉权型检察监督，那么与之并列的第208条第1款和第2款则应解读为对职权型检察监督的规定，其和申请再审事由具有一致性。《民事诉讼法》第208条第1款规定："最高人民检察院对各级人民法院已经发生法律效力的判决、裁定，上级人民检察院对下级人民法院已经发生法律效力的判决、裁定，发现有本法第二百条规定情形之一的，或者发现调解书损害国家利益、社会公共利益的，应当提出抗诉。" 第208条第2款规定："地方各级人民检察院对同级人民法院已经发生法律效力的判决、裁定，发现有本法第二百条规定情形之一的，或者发现调解书损害国家利益、社会公共利益的，可以向同级人民法院提出检察建议，并报上级人民检察院备案；也可以提请上级人民检察院向同级人民法院提出抗诉。" 显然《监督规则》和《民事诉讼法》的规定出现了冲突，目前在实务中业已引发混乱。上述乱象的产生绝非仅仅因为法律技术问题，而是由于目前我国的立法体制、司法解释的制定和效力等权力分属所造成的。

(二) 职权型民事检察监督的提起次数

"如果抗诉机关再次提出抗诉，难免会使已经发生效力的判决、裁定处于不断受到质疑、不断被再次审查的境地，这势必会损害法院裁判的稳定性和权威性；原抗诉机关再次提出抗诉会加剧司法资源供求之间的矛盾，使之难以得到有效配置。”① 依职权抗诉的次数有限性不容置疑，但如何执行尚存多种方案。方案一源于《最高人民法院关于人民检察院提出抗诉按照审判监督程序再审维持原裁判的民事、经济、行政案件，人民检察院再次提出抗诉应否受理的批复》的规定：“上级人民检察院对下级人民法院已经发生法律效力的民事、经济、行政案件提出抗诉的，无论是同级人民法院再审还是指令下级人民法院再审，凡作出维持原裁判的判决、裁定后，原提出抗诉的人民检察院再次提出抗诉的，人民法院不予受理；原提出抗诉的人民检察院的上级人民检察院提出抗诉的，人民法院应当受理。”此外，方案二主张每级检察机关只能行使一次抗诉权，且逐级抗诉应以两次为限。《最高人民法院全国审判监督工作座谈会关于当前审判监督工作若干问题的纪要》第 14 条规定：“同一检察院提出过抗诉的案件，人民检察院提出抗诉的，人民法院不予受理。”方案三主张抗诉案件如由原审法院再审，检察机关如果认为该再审结果仍存错误，可再抗诉一次；如由上级法院再审，检察机关即使认为该再审结果仍存错误，也不能再次提起抗诉。方案三主张基于救济的附条件性和有限性，检察机关应当尊重法院对抗诉案件的再审结果。检察监督型再审只要未违反法定的诉讼程序，无论检察机关是否认同再审结果，都不得就该案再次行使检察监督权。如若其对再审结果仍存异议，可报请最高人民检察院，直至提请全国人大常委会裁决。

(三) 职权型民事检察监督和当事人申请再审的竞合

检察机关作为独立的法律监督机关，其依职权主动启动外部救济措施在启动时间上具有任意性，视案件的进展情况自行决定，可在法定条件下随时启动救济措施，不受其他先行救济的限制。内部救济和依职权提起的外部救济在主体上相对分离且在终端救济方式上具有同一性，两类主体提起再审时并未相互沟通，因而可能同时

① 李浩：《民事诉讼检察监督若干问题研究》，载《中国法学》1999 年第 3 期。

提起，为此当事人申请再审和检察机关依职权提起的再审型检察监督可能会在时间上发生碰撞，进而形成再审启动方式的竞合。首先，就再审启动方式的效力而言，抗诉的刚性效力必将引发再审程序，而再审检察建议的柔性效力和当事人申请再审的诉权行为使二者均需经过法院审查和决定，为此再审启动方式存在效力的级别差异和强弱碰撞。其次，就当事人认同生效裁判方面而言，当事人不希望再审或提起再审后要求撤回再审可能与检察机关坚持抗诉发生冲突。最后，就再审的对象和事由而言，检察机关依职权监督的事项与当事人申请再审的范围可能不一致并会发生冲突。

就上述竞合问题，“新一元论”观点认为：“不同的再审主体提出的再审声请构成不同的诉，在不同主体提出再审声请的情况下，不管其再审理由是否相同，都应当视为同诉的合并。在检察机关抗诉的情况下，法院可以决定再审，而法院决定再审也不影响检察院的抗诉，只不过此两种情况下法院都必须通知检察院派员出庭支持抗诉。”① 为此，应将申请再审的事由和职权型检察监督事由相结合，统一纳入再审审理的范畴。笔者认为，上述观点有失偏颇，应将申请再审之诉的进展阶段作为排除竞合妨碍的基本标志。若尚处在再审申请的审查阶段，职权型检察监督具有排除当事人申请再审的效力；若已处在再审请求的审理阶段，此时再审申请已然得到准许，即使审理尚未完全展开，此时检察机关提出的再审型检察监督也不具备任何意义并失去进展效力，同时监督事由不得纳入再审审理的范畴。《最高人民法院关于适用〈中华人民共和国民事诉讼法〉审判监督程序若干问题的解释》第 26 条规定：“人民法院审查再审申请期间，人民检察院对该案提出抗诉的，人民法院应裁定再审。申请再审人提出的具体再审请求应纳入审理范围。”《最高人民法院全国审判监督工作座谈会关于当前审判监督工作若

① 赵信会：《论再审事由的程序地位——以新一元论的诉讼标的为基础》，载《政法论丛》2008 年第 4 期。

干问题的纪要》第 14 条规定："人民法院已经决定再审的案件，人民检察院提出抗诉的，人民法院不予受理。"

（四）针对调解的职权型民事检察监督

1. 对调解进行职权型检察监督的限制

首先，调解的载体限制。就调解结案的表现形式而言，其具有多样性，包括调解书、调解笔录和人民调解协议确认裁定。《民事诉讼法》规定检察机关的调解监督对象仅为"调解书"，将调解笔录和人民调解协议确认裁定排除在外，笔者认为此处的再审监督限制具有合理性。其中，某些无须制作调解书而只制作调解笔录的案件，鉴于其案情简单、争议不大并已即时给付，其具有案结事了的特性，在生效方式上也简便易行，因此不具有实施再审型检察监督的空间和必要。《民事诉讼法》第 98 条规定："下列案件调解达成协议，人民法院可以不制作调解书……（三）能够即时履行的案件；（四）其他不需要制作调解书的案件。对不需要制作调解书的协议，应当记入笔录，由双方当事人、审判人员、书记员签名或者盖章后，即具有法律效力。"此外，人民调解协议确认案件适用特别程序审理，实行一方参与、独任审判（重大、疑难的案件除外）、一审终审、间接审理和自由证明，与再审程序的主旨存在差距。

其次，调解书的事由限制。就调解书的救济缘由而言，基于对调解书所涉及的违法事由的区分，现行法规定检察机关仅有权对损害国家利益、社会公共利益的调解书直接提起职权型检察监督。《监督规则》第 86 条规定："地方各级人民检察院发现民事调解书损害国家利益、社会公共利益的，可以向同级人民法院提出再审检察建议，也可以提请上一级人民检察院抗诉。"如此一来，现行法将损害第三人利益、违反自愿原则和合法原则的调解书均排除在职权型检察监督的范围之外。若调解书损害到案外第三人的利益，第三人除提起撤销之诉外，还可向检察机关提起控告、举报。《监督规则》第 23 条规定："民事诉讼监督案件的来源包括……二、当事人以外的公民、法人和其他组织向人民检察院控告、举报……”“在立法存在局限的情况下，为了保护案外第三人合法权益不因生效裁判而受损，作为法律监督机关的人民检察院应有权依职权提出抗诉。”[①] 若调解书违反自愿原则和合法原则，当事人对违反两项原则的调解书可申请再审。《民事诉讼法》第 201 条规定：“当事人对已经发生法律效力的调解书，提出证据证明调解违反自愿原则或者调解协议的内容违反法律的，可以申请再审。经人民法院审查属实的，应当再审。”事实上，调解书违反自愿原则和损害第三人利益存在一定程度上的竞合。当事人之间恶意串通、有意制造虚假调解的行为是以合法的调解形式掩盖非法占有财产的目的，在违反自愿原则的同时造成危害后果的涉他性，使相关财产所有人的权益受到侵害。

传统观点认为，对损害国家利益、社会公共利益的判断应以合法性为标准。“在实体合法方面，调解协议的内容不得违反法律、行政法规禁止性规定，不得侵害国家利益、社会公共利益及第三人合法权益。”[②] 但现行法实际将调解不当划分为四种情形，其中损害国家利益、社会公共利益与违反合法原则处于并列而非包含关系，为此不能从抽象层面理解《民事诉讼法》第 201 条所界定的“法律”。现行规定的出发点在于，检察院是国家机关，公权力过多介入平等主体之间的私权诉讼会使主体之间的对抗关系失衡。“通过第三人撤销之诉、当事人申请再审以及法院自我监督，完全可以应对诉讼调解损害当事人利益及第三人权益的各种问题。”[③] 笔者认为，将违反两原则的调解书排除在监督范围之外的做法有失偏颇。自愿与合法是调解的本质属性和首要特征，是对调解正当性

---

① 汤维建：《民事诉讼法的全面修改与检察监督》，载《中国法学》2011 年第 3 期。

② 蔡涛：《民事调解的检察监督》，载《国家检察官学院学报》2009 年第 2 期。

③ 张剑文、李清伟：《对调解书的检察监督：角色、范围及实现》，载《时代法学》2013 年第 2 期。

的基本判断标准，是当前调解滥用的主要表现形式，将自愿与合法纳入检察监督的基本审查方能体现出检察机关应有的职能本色。在判决和裁定的申请再审事由和职权型检察监督事由设置同一的情况下，将调解的两项事由相剥离，打破了调解和判决相同的结案效力和强制执行力。此外，调解书损害国家利益、社会公共利益与其违反自愿原则、合法原则之间也存在一定的联系，不能截然分离。

2. 将违反自愿、合法原则的调解书纳入再审型检察监督的有效途径

首先，以当事人申请检察监督的方式将违反自愿、合法原则的调解书纳入再审型检察监督的范畴。调解书是当事人申请再审和申请检察监督的客体，在不同的阶段中具有递进关系。根据现行法的规定，对调解书申请再审的理由为其违反自愿原则或合法原则，这正好是依职权对调解书提起抗诉和再审检察建议的事由空白处。《民事诉讼法》第209条规定："有下列情形之一的，当事人可以向人民检察院申请检察建议或者抗诉：（一）人民法院驳回再审申请的……"《监督规则》第24条规定："有下列情形之一的，当事人可以向人民检察院申请监督：（一）已经发生法律效力的民事判决、裁定、调解书符合《中华人民共和国民事诉讼法》第二百零九条第一款规定的……"为此，违反自愿原则或合法原则的调解书在经历申请再审未被接受之后，可通过驳回再审申请裁定申请检察监督的方式，纳入抗诉或再审检察建议的范畴。对救济方式的再救济扩大了救济对象的范围，以间接救济的形式突破了直接救济的对象限制。特别要强调的是，当事人在向检察机关申请检察监督时应提交法院驳回再审申请的裁定。"驳回当事人申请再审裁定是2007年《民事诉讼法》再审诉权化改造的产物。"① 在申请再审阶段，法院的审查对象应为再审事由是否存在，并不审查原审生效调解书是否应当改判；但在申请检察监督阶段，检察机关的审查对象

① 江必新主编：《民事诉讼新制度讲义》，法律出版社2013年版，第344页。

并非驳回再审申请的裁定，而是符合监督条件的原生效调解书本身。《最高人民法院、最高人民检察院关于对民事审判活动与行政诉讼实行法律监督的若干意见》第8条规定："人民法院裁定驳回再审申请后，当事人又向人民检察院申诉的，人民检察院对驳回再审申请的裁定不应当提出抗诉。人民检察院经审查认为原生效判决、裁定、调解符合抗诉条件的，应当提出抗诉。"此外，在检察监督型再审的审理阶段，仍应强调和首选调解结案，这维系了本诉的结案方式，体现出对调解解决纠纷方式的传承。

其次，通过纠违型检察监督的方式将违反自愿、合法原则的调解书纳入再审型检察监督。现行法将违反自愿原则或合法原则的调解书以审判人员违反审判程序为由，纳入纠违检察建议的适用范畴，但并未对纠违检察建议的效力实现途径即具体的纠错方式和方法作出明确的规定。《监督规则》第99条规定："人民检察院发现同级人民法院民事审判程序中有下列情形之一的，应当向同级人民法院提出检察建议……（二）调解违反自愿原则或者调解协议的内容违反法律的……"笔者认为，就纠违检察建议的效力而言，"指令再审"应为其效力作用方式之一。对于违反自愿原则或合法原则的调解书，检察机关可在纠违检察建议书中明确要求法院对其自行提起再审，法院具有对违反自愿原则和合法原则的调解书自行提起再审的权利。《最高人民法院关于民事调解书确有错误当事人没有申请再审案件人民法院可否再审问题的批复》规定："对已经发生法律效力的调解书，人民法院如果发现确有错误，而又必须再审的，当事人没有申请再审，人民法院根据民事诉讼法的有关规定精神，可以按照审判监督程序再审。"

## 二、依诉权提起再审型民事检察监督

诉权型再审检察监督以当事人提出申请为基础，适用于对民事裁判、调解书的再审。《监督规则》第34条规定："当事人根据《中华人民共和国民事诉讼法》第二百零九条第一款的规定向人民检察院申请检察建议或者抗诉，由作出生效民事判决、裁定、调解书的人民法院所在地同级人民检察院控告检察部门受理。”

（一）申请再审型民事检察监督的次数

基于一事不再理原则，当事人不可在检察机关就初次检察监督申请作出处理后，就同一事由再次向检察机关申请再审检察监督，仅以一次为限，以申请检察监督方式产生的民事再审裁判不再具备实施诉权型再审监督的可行性。《民事诉讼法》第209条第2款规定：“……当事人不得再次向人民检察院申请检察建议或者抗诉。”《监督规则》第31条规定：“当事人根据《中华人民共和国民事诉讼法》第二百零九条第一款的规定向人民检察院申请监督，有下列情形之一的，人民检察院不予受理……（六）民事判决、裁定、调解书是人民法院根据人民检察院的抗诉或者再审检察建议再审后作出的……”此举将当事人的诉权拆分为再审申请权和检察监督申请权两个部分，由当事人先后依次行使。在检察机关就当事人的检察监督申请作出不予提出检察监督的决定时，当事人的诉权已经消耗完毕，无权再进行救济。“由于民事诉讼是平等主体之间的诉讼，公权力的介入一定要慎之又慎，要适当有限，否则会加重诉讼负担、打破当事人主体之间的平等地位，加长司法腐败链条。”①制度如此设计可防止当事人因反复无休止的申请所造成的重复审查和司法资源浪费，通过一次性救济解决部分当事人反复缠诉、终审不终的问题，因此对申请监督的次数限制具有合理性。

就再审检察监督申请权唯一性的确定标准而言，其在行使过程中可能面临各方主体的“多次”申请，进而形成申请的竞合，这给对唯一性的判断带来一定的难度。目前根据最高人民检察院民事行政检察厅的意见，鉴于民事检察监督的有限性和对监督人员力量、监督成本、诉讼资源和诉讼效率的综合考虑，“唯一性”应针

① 扈纪华：《民事诉讼中的检察监督张弛有度》，载《检察日报》2012年9月14日第3版。

对案件整体进行认定。首先，检察监督方式的竞合。当事人在申请再审检察建议遭拒后，不得再次申请抗诉；同理，当事人在申请抗诉遭拒后，亦不得再次申请再审检察建议。其次，申请主体与事由的竞合。一案中双方当事人并非分别拥有一次申请再审检察监督的机会，不可同时或相继提出内容相同或不同的监督申请。因此，一方申请监督，检察机关决定不予监督的，其不可再次申请监督，而对方亦不可对原裁判申请监督；一方申请监督，检察机关决定并启动监督，最终再审结果为维持原判的，其不可再次申请监督，而对方既不可对原裁判申请监督，也不可就检察监督型再审的审理结果即维持原判的裁定申请监督；一方申请监督，检察机关决定并启动监督，最终再审结果为人民法院改判的，其不可再次申请监督，而对方亦不可就检察监督型再审的审理结果即新判决申请监督；一方申请监督，检察机关决定并启动监督，最终再审结果为人民法院撤销原判、发回重审的，其不可再次申请监督，而对方既不可对原裁判申请监督，也不可就重审后作出的判决、裁定或调解书申请监督。需要特别注意的是，制度如此设计的弊端在于双方当事人在共同拥有一次申请监督机会的情况下，一方可能为了防止对方正当行使该项权利而抢先恶意滥用此项权利，以造成对方的失权。

唯一性仅是针对当事人申请监督而言的，在监督申请权使用完毕后，检察机关可再次依职权提起检察监督。“不能再次申请只能作为一般原则要求，而不能过于僵化和绝对，有必要开个‘再审判决仍然确有重大错误的除外’作为口子，并向上提升对再审判决再提起建议和抗诉的检察机关级别，排除原建议或抗诉机关的再建议或抗诉权。”① 申请检察监督和作为职权检察监督类型之一的通过提供案件线索材料引发监督虽是各自独立的案件线索来源，但二者之间的形式界限却并非绝对明显，可在一定程度上实现转换。

---

① 李强：《民事再审检察建议制度的立法完善》，载《人民检察》2012 年第 16 期。

在当事人申请因受次数限制而不被支持时，必然为检察机关提供了线索，为其依职权监督创造了可能。《监督规则》第23条规定："民事诉讼监督案件的来源包括：（一）当事人向人民检察院申请监督；（二）当事人以外的公民、法人和其他组织向人民检察院控告、举报；（三）人民检察院依职权发现。"

此外，《民诉法解释》对重复起诉和再次起诉两项制度作出了全新规定。就民事纠纷的解决而言，对"一事不再理"的宽松界定在一定程度上使检察监督不再是《民事诉讼法》修改时所被定位的终端性纠纷解决途径，而只是该纠纷在某一解决方案下的终端性权利救济途径。该解释第247条规定："当事人就已经提起诉讼的事项在诉讼过程中或者裁判生效后再次起诉，同时符合下列条件的，构成重复起诉：（一）后诉与前诉的当事人相同；（二）后诉与前诉的诉讼标的相同；（三）后诉与前诉的诉讼请求相同，或者后诉的诉讼请求实质上否定前诉裁判结果。当事人重复起诉的，裁定不予受理；已经受理的，裁定驳回起诉，但法律、司法解释另有规定的除外。"该解释第248条规定："裁判发生法律效力后，发生新的事实，当事人再次提起诉讼的，人民法院应当依法受理。"

（二）申请再审型民事检察监督的前置程序

顺序纠错是民事诉讼应遵循的基本原理，其是指某些纠错措施之间不是并存关系，而是有先后的逻辑关系，即一项措施实施完毕是另一项措施启动的先决条件。

首先，就审判救济的内部顺位关系而言，各国立法在再审程序设立问题上普遍采取慎重态度，对明知一审裁判有瑕疵却故意不以异议、复议和上诉的方式主张者一律不得赋予其申请再审的权利，严格规范异议、复议、上诉等未生效裁判救济和再审这一生效裁判救济的先后顺序，有效减少了对生效裁判既判力的冲击。在当事人能够通过异议、复议和上诉进行救济却没有及时提出的情况下会发生失权的法律后果，使当事人丧失再审之诉的主体资格。在德国，再审之诉分为回复原状之诉和取消之诉。《联邦德国民事诉讼法》

第 582 条明确规定："回复原状之诉，只有在当事人非因自己的过失而不能在前诉讼程序中，特别是不能用声明异议或控诉的方法，或者不能用附带控诉的方法提出回复原状的理由时，才准提起。"第 597 条第 2 款规定："尽管有提起取消之诉的情形，但当事人如果可以通过上诉而主张原判决无效时，不能提起取消之诉。"《日本民事诉讼法》第 338 条规定："当事人明知再审的理由未以上诉方式主张时，不得提起再审之诉。无疑，强化上诉纠错的广泛功能有助于提高司法效率。"但是，我国现行法并未将异议、复议和上诉设置为申请再审的强制前置程序，这在一定程度上引发了审判救济的秩序混乱。"再审程序并不是对法院作出的每一个裁判都适用的程序，而是对法院审判结果是否正确进行事后监督和对错误的裁定进行补救的程序，同时也是相对于民事裁判上诉程序的一种补充性救济方式。"①

其次，就审判救济和检察监督的顺位关系而言，二者存在一定的先后关系。当事人纠错方式应以审判救济为首要，检察监督则是对审判救济的一种监督和补充，旨在防止审判救济中可能发生的拖延、懈怠或进一步错误。"检察监督要在穷尽法院自身救济的情况下方能启动。"② 审判救济权和检察监督权的行使存在一定的权利顺位关系，二者在制度设计和具体应用上应处于层层递进关系，包括异议、复议、上诉、申请再审在内的审判救济是实施检察监督的前提和基础。检察监督应遵循监督节制主义，其是以审判救济的穷尽为开展前提的，应遵循法院救济先行、检察监督断后的基本原则。在权利人自愿放弃先纠错措施或因违反时效规定而丧失开展先措施的权利后，其就不再享有通过后措施进行纠错的权利。

① 李浩：《再审的补充性原则与民事再审事由》，载《法学家》2007 年第 6 期。

② 蒋琪、秦增光：《新民事诉讼法重大修改之民事抗诉》，载《中国律师》2013 年第 3 期。

1. 再审与就诉讼结果申请检察监督的顺位关系

就再审程序中产生的再审审理结果的终局性而言，一方面要承认救济因主观或客观原因的存在难免发生错误，应为其设置进一步的救济，另一方面又必须杜绝救济循环现象的产生，为此应对初次再审审理结果的再次再审设置严格的条件。我国台湾地区“民事诉讼法”第486条规定：“对于抗告法院之裁定，得向再上级法院为再抗告者，限于抗告法院之裁定，以抗告无理由而驳回，或以抗告有理由而废弃或变更裁定者为限，此制度被称为再抗告。”《德国民事诉讼法》第568条规定：“对于抗告法院的裁判，如果其中没有新的独立的抗告理由，不允许提起再抗告。”《日本民事诉讼法》第300条规定：“对于抗告法院的裁定，只有以该裁定对宪法的解释有错误或有其他违背宪法的事项，或使裁定受到影响的事项是明显违背法律事项为理由时，才可以再提起抗告。”我国再审提起主体的多样性，使第一次再审和第二次再审在提起主体上形成交叉和竞合。就诉权型再审检察监督而言，其能否成为第二次再审提起主体，关键在于何为第一次再审提起主体。第一次再审提起主体的资质决定该再审结果是否具备诉权型再审检察监督的可行性。

就申请再审与就诉讼结果申请检察监督的顺位关系而言，《民事诉讼法》第209条规定：“有下列情形之一的，当事人可以向人民检察院申请检察建议或者抗诉：（一）人民法院驳回再审申请的；（二）人民法院逾期未对再审申请作出裁定的；（三）再审判决、裁定有明显错误的。”根据上述规定，申请检察监督的对象可以是当事人申请再审中的再审审查行为、再审审查结论及其审理结果和法院依职权提起再审的审理结果。从顺向视角而言，诉权型检察监督是对当事人申请再审及法院依职权提起再审的补充和递进，旨在对经过上述两种方式再审的案件再次进行检察监督型再审；从逆向视角而言，申请再审及法院依职权提起再审成为申请检察监督的强制前置程序，此时申请再审的性质从诉讼权利演变为诉讼义务，申请再审在一定程度上成为一种“强迫”。由此，检察监督成为再审多次进行的介质，但多次进行的再审在属性类别上有所不同。“当事人申请再审的案件，经过法院审查未发现问题，待当事人向检察机关申请抗诉后再审纠正的，法院可据此建立问责机制对原审查或再审法院及有关人员予以问责，能够从根本上提升法院纠错的主动性、有效性，从而有力地促进再审案件质量的提高。”[①]遗憾的是，现行法及相关司法解释在上述制度的设计中，对某些重要问题有所遗漏：一为对再审裁判明显错误的界定。笔者认为“明显错误”应参照再审事由，即再审之后原错误继续存在或原错误虽已纠正但又出现属于再审事由的新错误时，应将其认定为再审裁判明显错误。二为对当事人申请检察监督的时间没有作出明确规定。笔者认为申请检察监督的时间可参照再审申请时间，即不予再审的裁定作出后、再审申请提出后（置之不理）、再审裁判生效后6个月内。

2. 上诉与就诉讼结果申请检察监督的顺位关系

“如果说上诉制度蕴涵着通过构筑正当诉讼程序保证私权争议获得正当裁判的诉讼理念，故将上诉制度成为对受法院未生效瑕疵民事裁定所确定私予以普通救济的话，那么再审制度则是以对因受生效瑕疵民事裁判损害的当事人私权利益进行特殊救济为程序目的而设置的。”[②]从当事人寻求救济的角度而言，不服一审判决的常规救济方式应为上诉，此举在保障当事人诉讼权利的同时又将上诉制度的功效充分发挥，使当事人获得了最为直接的救济，此外还将诉讼风险的负担降到了最低程度，减少了国家所负担的司法成本。在将上诉与申请检察监督的下级顺位关系置于审判救济和检察监督救济的上位顺位的视角之下，在通过检察监督型再审予以救济之前，应穷尽所有的审判救济，否则外部救济就失去了特别存在的价

① 奚晓明：《〈中华人民共和国民事诉讼法〉修改条文理解与适用》，人民法院出版社2012年版，第493页。

② 杨秀清：《民事再审制度的理论阐述》，载《河北法学》2004年第5期。

值和意义，并造成司法资源的浪费。通过补充性再审的设置，使检察监督型再审成为真正意义上的极端慎用程序，将通过检察监督型再审所获得的救济限定在较小范围之内。在现行法对“再审的补充性”的规定缺失的情况下，《监督规则》进行了“违法性”弥补。该规则第32条规定：“对人民法院作出的一审民事判决、裁定，当事人依法可以上诉但未提出上诉，而依照《中华人民共和国民事诉讼法》第二百零九条第一款第一项、第二项的规定向人民检察院申请监督的，人民检察院不予受理，但有下列情形之一的除外：（一）据以作出原判决、裁定的法律文书被撤销或者变更的；（二）审判人员有贪污受贿、徇私舞弊、枉法裁判等严重违法行为的；（三）人民法院送达法律文书违反法律规定，影响当事人行使上诉权的；（四）当事人因自然灾害等不可抗力无法行使上诉权的；（五）当事人因人身自由被剥夺、限制，或者因严重疾病等客观原因不能行使上诉权的；（六）有证据证明他人以暴力、胁迫、欺诈等方式阻止当事人行使上诉权的；（七）因其他不可归责于当事人的原因没有提出上诉的。”其中，可上诉的一审裁定除包括地方各级人民法院所作的不予受理诉讼裁定、驳回起诉裁定、诉讼管辖权异议裁定外，还包括执行管辖权异议裁定、[①]不予受理破产申请裁定[②]和上级向下级转移管辖权裁定。[③]不可上诉的一审判决包括按照小额诉讼程序、特别程序、督促程序、公示催告程序所作的判决，即最高人民法院所作的判决。但是，只要一审生效裁判存在损害国家利益和社会公共利益的情形，无论其是依照一审普通程序、简易程序还是小额诉讼程序作出，均应纳入职权型检察监督的范畴。

---

① 参见《最高人民法院关于审理民事级别管辖异议案件若干问题的规定》第4条。

② 参见《企业破产法》第12条。

③ 参见《最高人民法院关于审理民事级别管辖异议案件若干问题的规定》第4条。

（三）申请再审型民事检察监督的方式选择

根据《民事诉讼法》第209条的规定，在依诉权提起的再审型检察监督中，对于抗诉或再审检察建议的具体方式选择，当事人拥有自行决定权。笔者认为，在再审检察建议的柔性效力因素下，法律的此种设置可能面临被虚设的困境，再审检察建议效力中的柔性因素将会对当事人申请监督的方式产生影响。

1. 受理抗诉申请与再审检察建议申请的检察机关的统一

就监督机关的级别而言，抗诉实行的是犯错主体和纠错主体分离与统一相结合的原则，而再审检察建议实行的是犯错主体与纠错主体统一的原则，即抗诉是作出生效诉讼结果的法院的上一级检察机关向其同级或下级（原审）法院提出，再审检察建议是作出生效诉讼结果的法院的同级检察机关向该法院提出。《民事诉讼法》第211条规定："人民检察院提出抗诉的案件，接受抗诉的人民法院应当自收到抗诉书之日起三十日内作出再审的裁定；有本法第二百条第一项至第五项规定情形之一的，可以交下一级人民法院再审，但经该下一级人民法院再审的除外。"在当事人就诉讼结果申请检察监督的情况下，根据《监督规则》第34条的规定，当事人向检察机关申请检察建议或者抗诉，由作出生效民事判决、裁定、调解书的法院所在地同级检察机关控告检察部门受理。如若与作出生效诉讼结果的法院同级的检察机关受理了抗诉申请，其应向上级检察机关提请抗诉。此举对当事人行使监督申请权提供了便利，减少了因级别管辖所产生的地域方面的困难。

2. 当事人选择申请再审检察建议的可能性大小

鉴于再审检察建议的柔性效力所带来的不确定性，当事人是否会一味地看重抗诉的刚性效力而放弃对再审检察建议的申请，进而在司法实践中出现当事人一律自行选择抗诉的单一局面？笔者认为，当事人对申请方式拥有的仅为初步选择权，检察机关对申请的审查使其对具体适用何种监督方式享有最终决定权，因此可不以当事人的申请为限，检察机关可以根据具体案情更改当事人所申请的监督方式。

3. 上级法院驳回再审申请的裁定对下级法院采纳再审检察建议的影响

目前在我国，上下级法院之间属于领导与被领导的关系，独立审判尚未得到准确实施，下级法院在审判之前往往要提前请示上级法院的意见，以免自行审判之后上级再改判。当然，面对上级法院的审判结论，下级法院更难有更改的意愿和动力。因此，如果当事人向上一级法院申请再审被驳回申请，再就该驳回裁定向原审法院的同级检察院申请再审检察建议，即便检察机关予以制发，鉴于再审检察建议的柔性效力，原审法院在上一级法院的驳回裁定的压力之下，仍可能拒绝采纳同级检察院的再审检察建议。“原审法院考虑到上级法院已驳回了当事人的再审申请，较难作出与上级法院相违背的裁判。这将使得再审检察建议发挥的作用有限，削弱检察机关的监督功能。”①《民诉法解释》对上述问题作出了有“正能量”的规定，该解释第420条规定：“人民法院审理因人民检察院抗诉或者检察建议裁定再审的案件，不受此前已经作出的驳回当事人再审申请裁定的影响。”该解释第418条规定：“当事人的再审申请被上级人民法院裁定驳回后，人民检察院对原判决、裁定、调解书提出抗诉，抗诉事由符合民事诉讼法第二百条第一项至第五项规定情形之一的，受理抗诉的人民法院可以交由下一级人民法院再审。”尽管法院的上述规定体现出一定的积极性，但在实践中各级各地法院的操作效果如何还有待于进一步观察。

4. 对由原审生效裁判作出法院进行再审后所得的“存在明显错误”裁判不易适用再审检察建议

《民事诉讼法》第211条规定：“人民检察院提出抗诉的案件，接受抗诉的人民法院应当自收到抗诉书之日起三十日内作出再审的

① 全国人大常委会法制工作委员会民法室编：《民事诉讼法立法背景与观点全集》，法律出版社2012年版，第102页。

裁定；有本法第二百条第一项至第五项规定情形之一的，可以交下一级人民法院再审，但经该下一级人民法院再审的除外。”分析该做法的立法精神可知，对于先后经历第一次的当事人申请型再审和第二次的检察监督型再审的原生效裁判和调解书，鉴于在当事人申请型再审中审理法院的级别和检察机关受理监督申请的管辖规定，在第二次的检察监督型再审中，作出第一次再审裁判的法院不能对其自行所作的存在明显错误的该裁判实施第二次再审。就再审的申请主体而言，《民事诉讼法》第199条规定：“当事人对已经发生法律效力的判决、裁定，认为有错误的，可以向上一级人民法院申请再审；当事人一方人数众多或者当事人双方为公民的案件，也可以向原审人民法院申请再审。当事人申请再审的，不停止判决、裁定的执行。”就再审的审理主体而言，《民事诉讼法》第204条第2款规定：“因当事人申请裁定再审的案件由中级人民法院以上的人民法院审理，但当事人依照本法第一百九十九条的规定选择向基层人民法院申请再审的除外。最高人民法院、高级人民法院裁定再审的案件，由本院再审或者交其他人民法院再审，也可以交原审人民法院再审。”为此，对由原审生效裁判作出法院进行再审后所得的“存在明显错误”的裁判，基于再审检察建议制发主体的同级对应性，检察机关亦不宜向作出明显错误的再审裁判的人民法院制发再审检察建议，进而造成错判与纠错的主体同一化。

**表6　现行法下向生效裁判的上一级法院申请再审后的再审审理法院**

| 再审申请法院：原审法院的上一级法院（裁定再审法院） | 再审审理法院 |
| --- | --- |
| 当事人向最高人民法院申请再审 | 1. 提审（适用二审程序）：由最高人民法院再审。<br>2. 指令再审：<br>（1）由原审人民法院（高级）再审；<br>（2）由其他高级人民法院法院再审 |

续表

| 再审申请法院：原审法院的上一级法院（裁定再审法院） | 再审审理法院 |
| --- | --- |
| 当事人向高级人民法院申请再审 | 1. 提审（适用二审程序）：由高级人民法院再审。<br>2. 指令再审：<br>(1) 由原审人民法院（中级）再审；<br>(2) 由其他中级人民法院法院再审 |
| 当事人向中级人民法院申请再审 | 提审（适用二审程序）：由中级人民法院再审 |
| 当事人向基层人民法院申请再审 | 基层人民法院（适用一审程序） |

## 第二节　部分民事裁判的不可再审性

民事再审的运行除要求受审裁判存在再审事由外，还必须具备再审可行性，二者共同构成民事再审的实施基础。民事裁判的不可再审性包括客观和主观两个方面的形成原因，其中部分适用于所有的再审提起方式，部分适用于个别的再审提起方式。鉴于现行法对民事裁判的不可再审性未作全面和具体的规定，本节旨在剖析不可再审性民事裁判的形成原因、表现形式和救济途径，力图完善民事再审程序的又一运行前提。

### 一、部分民事裁判不可再审的意义

民事再审程序的运行除受再审事由的限制与制约外，还要求待审的民事裁判具备可再审性，二者均为实施再审的必备条件，缺一不可，且在一定层面上相互印证和支持。只有具备可再审性的民事审判存在再审事由时，方能对其启动再审。民事裁判具备再审可行性标志着其本身具有被再审的价值和可操作性，进而可以获得再审资格，这是启动再审的第一前提和基础，某一裁判只有具备了再审可行性，才能进一步谈及对再审事由的判断。就再审可行性与再审事由的关系而言，再审可行性针对的是再审对象，具有客观性、通用性；再审事由针对的是再审理由，具有主观判断性、个案性。现行法对再审可行性和再审事由的规定存在一定的混同，即再审事由中包含着某些本属于再审可行性的问题，如漏判、管辖错误（2012年《民事诉讼法》修改时删除）。鉴于不可再审的民事裁判的范围有限性，应对其实施排除性规定，凡是不具备再审可行性的民事裁判，均不应纳入再审的对象范畴。“抗诉的程序限制要求只有当错误裁判落入审判监督程序的范围，可以适用这一程序再审的，检察机关才能够提起抗诉。”①

与再审事由受到热烈关注相比，待审民事审判的可再审性问题一直未能受到足够的重视。《民事诉讼法》在2007年和2012年的两次修改均涉及再审监督事由，② 体现出其被重视的程度。但就民事裁判的不可再审性而言，一直处于受冷落的状态，部分司法解释有零星的涉及但明显不足，理论界也尚未对其有足够的关注。现行法对再审事由规定的概括性、模糊性和不宜识别性使得再审的裁判

① 王德玲：《民事检察监督制度研究》，中国法制出版社2006年版，第228页。

② 根据2012年《民事诉讼法》第200条和208条的规定，申请再审事由与检察监督事由包括：（1）有新的证据，足以推翻原判决、裁定的；（2）原判决、裁定认定的基本事实缺乏证据证明的；（3）原判决、裁定认定事实的主要证据是伪造的；（4）原判决、裁定认定事实的主要证据未经质证的；（5）对审理案件需要的主要证据，当事人因客观原因不能自行收集，书面申请人民法院调查收集，人民法院未调查收集的；（6）原判决、裁定适用法律确有错误的；（7）审判组织的组成不合法或者依法应当回避的审判人员没有回避的；（8）无诉讼行为能力人未经法定代理人代为诉讼或者应当参加诉讼的当事人，因不能归责于本人或者其诉讼代理人的事由，未参加诉讼的；（9）违反法律规定，剥夺当事人辩论权利的；（10）未经传票传唤，缺席判决的；（11）原判决、裁定遗漏或者超出诉讼请求的；（12）据以作出原判决、裁定的法律文书被撤销或者变更的；（13）审判人员审理该案件时有贪污受贿，徇私舞弊，枉法裁判行为的。

范围形成开放性界定，此时对民事裁判不可再审性的准确把握便更为急迫和关键。就立法体例而言，对民事裁判的不可再审性应规定在前，对再审事由应规定在后。《民事诉讼法》目前并未对民事裁判的不可再审性直接作出规定，相关司法解释零散和片面地进行了以申请再审和抗诉的对象为出发点的规定。现有规定就实质内容而言，基本遵循诉讼规律；就立法体例而言，分散和凌乱增加了对该问题的认识难度；就完整性而言，现有的规定并不全面，只涉及该问题的一小部分。首先，部分司法解释从正面直接明确规定可申请再审的裁判，如《民诉法解释》第381条规定："当事人认为发生法律效力的不予受理、驳回起诉的裁定错误的，可以申请再审。"其次，部分司法解释从反面直接明确规定不可申请再审或提起抗诉的裁判。第一，非普通诉讼程序所形成的裁判。《民诉法解释》第380条规定："适用特别程序、督促程序、公示催告程序、破产程序等非讼程序审理的案件，当事人不得申请再审。"《民诉法解释》第414条规定："人民检察院对已经发生法律效力的判决以及不予受理、驳回起诉的裁定依法提出抗诉的，人民法院应予受理，但适用特别程序、督促程序、公示催告程序、破产程序以及解除婚姻关系的判决、裁定等不适用审判监督程序的判决、裁定除外。"此外，在《民事诉讼法》于2012年修改之前，最高人民法院曾制定了一系列司法解释以明确不可抗诉的范围。

1996年8月8日《最高人民法院关于检察机关对先予执行的民事裁定提出抗诉人民法院应当如何审理问题的批复》规定，人民检察机关只能对人民法院已经发生法律效力的判决、裁定按照审判监督程序提出抗诉。人民法院对其抗诉亦应当按照审判监督程序进行再审。这种监督是案件终结后的"事后监督"。因此，对于人民法院在案件审理过程中作出的先予执行的裁定，因案件尚未审结，不涉及再审，人民检察机关提出抗诉，于法无据。如其坚持抗诉，人民法院应以书面通知形式将抗诉书退回提出抗诉的人民检察机关。

1996年8月13日《最高人民法院关于在破产程序中当事人或人民检察机关对人民法院作出的债权人优先受偿的裁定申请再审或抗诉应如何处理问题的批复》规定，在破产程序中，债权人根据人民法院已发生法律效力的用抵押物偿还债权人本金及利息的判决书或调解书行使优先权时，受理破产案件的人民法院不能以任何方式改变已生效的判决书或调解书的内容，也不需要用裁定书加以认可。如果债权人据以行使优先权的生效法律文书确有错误，应由作出判决或调解的人民法院或其上级人民法院按照审判监督程序进行再审。如果审理破产案件的人民法院用裁定的方式变更了生效的法律文书的内容，人民法院应当依法予以纠正。但当事人不能对此裁定申请再审，亦不涉及人民检察机关抗诉的问题，对于人民检察机关坚持抗诉的，人民法院应通知不予受理。

1997年7月31日《最高人民法院关于对企业法人破产还债程序终结的裁定的抗诉应否受理问题的批复》规定，检察机关对人民法院作出的企业法人破产还债程序终结的裁定提出抗诉没有法律依据。检察机关对前述裁定提出抗诉的，人民法院应当通知其不予受理。

1998年7月21日《最高人民法院关于人民法院不予受理人民检察机关单独就诉讼费负担裁定提出抗诉问题的批复》规定，人民检察机关对人民法院就诉讼费负担的裁定提出抗诉，没有法律依据，人民法院不予受理。

1998年7月30日《最高人民法院关于人民法院发现本院作出的诉前保全裁定和在执行程序中作出的裁定确有错误以及人民检察机关对人民法院作出的诉前保全裁定提出抗诉人民法院应当如何处》规定，人民法院院长以本院已经发生法律效力的诉前保全裁定和在执行程序中作出的裁定，发现确有错误，认为需要撤销的，应当提交审判委员会讨论决定后，裁定撤销原裁定。人民检察机关对人民法院作出的诉前保全裁定提出抗诉，没有法律依据，人民法院应当通知其不予受理。

1999年9月10日《最高人民检察机关关于对已生效的中止诉讼的裁定能否提出抗诉的答复》规定，民检察机关对人民法院生效的判决、裁定提出抗诉，其后果是引起法院对案件的再审。你院请示中所述人民法院作出的中止诉讼裁定并不是对案件的最终处理，也不是诉讼程序的终结，人民法院无法进行再审。人民检察机关对人民法院已经生效的中止诉讼的裁定，不宜提出抗诉。但是，人民法院已经生效的中止诉讼的裁定确属不当的，可采用检察意见的方式向人民法院提出。

2000年7月10日《最高人民法院关于人民检察机关对撤销仲裁裁决的民事裁定提起抗诉人民法院应如何处理问题的批复》规定，检察机关对发生法律效力的撤销仲裁裁决的民事裁定提起抗诉，没有法律依据，人民法院不予受理。依照《中华人民共和国仲裁法》第九条的规定，仲裁裁决被人民法院依法撤销后，当事人可以重新达成仲裁协议申请仲裁，也可以向人民法院提起诉讼。

2000年12月13日《最高人民法院关于人民检察机关对不撤销仲裁裁决的民事裁定提出抗诉人民法院应否受理问题的批复》规定，人民检察机关对发生法律效力的不撤销仲裁裁决的民事裁定提出抗诉，没有法律依据，人民法院不予受理。

上述规定属于被监督者对监督范围的自行限制，暂且不谈其中的内容是否得当，仅就立法模式而言，学界给予其否定性评价。“最高法院作为国家的最不危险部门，它行使司法解释权时所表现出的权力本位的特征，往往引不起人们的足够重视。但从客观方面看，我国司法解释权的运行状况有违法治原则，不利于依法治国方略的实施。”① “尽管我国一直有着司法解释修补法律的特色，但司法解释对法律所起的作用应当是细化、修补而非缩小甚至颠覆。故当前这些涉及对民事裁定进行抗诉的司法解释有违法律基本原则，且因为各自为政，不仅使其法律效力受到质疑，而且引发了司法实

① 刘风景：《裁判的法理》，人民出版社2007年版，第156页。

践中对法律理解、运用的混乱”,[①] “造成合法性危机、损害法律权威、法律适用的混乱和不统一、法院不当利益的扩张。”[②] 第二，执行程序中所形成的裁定。[③] 第三，涉及人身关系的裁判。该类裁判在客观上已无纠错的可能或一旦纠错将明显违背社会公共道德，如对婚姻关系的处理，当事人可以重新在民政部门办理离婚登记手续，恢复以前的人身关系。[④] 最后，鉴于明确规定的有限性，在正面和反面规定之外，“关于人民检察院对人民法院的哪些裁定可以依照审判监督程序提起抗诉，本次公布的《草案》（2012 年），仍然没有对这一重要问题作出规定（修改后第 206 条，修改前第 187 条），而不解决这一问题，即意味着人民检察院的民事抗诉的范围是不明确的。所以，《草案》不应对这一问题熟视无睹，而应对民事诉讼法的全部裁定进行检索、分析，合理地确定哪些是可以提出民事抗诉的，哪些不可以提出民事抗诉”。[⑤]

某一民事审判不具备可再审性可能由主客观多种因素所决定。民事再审的启动主体类型包括法院职权型再审、当事人申请型再

---

① 参见拙著：《论检察机关对民事裁定的检察监督》，载陈桂明主编：《司法改革与民事诉讼监督制度完善》（中国法学会民事诉讼法学年会论文集 2009 年卷），厦门大学出版社 2009 年版，第 250 页。

② 洪浩：《造法性民事诉讼司法解释研究》，载《中国法学》2005 年第 6 期，第 125 页。

③ 参见《最高人民法院关于对执行程序中的裁定的抗诉不予受理的批复》。

④ 《人民检察院民事诉讼监督规则（试行）》第 31 条规定：“当事人……向人民检察院申请监督，有下列情形之一的，人民检察院不予受理……（四）判决、调解解除婚姻关系的，但对财产分割部分不服的除外……”《最高人民法院关于规范人民法院再审立案的若干意见》第 14 条规定：“人民法院对下列民事案件的再审申请不予受理……（三）人民法院判决、调解解除婚姻关系的案件，但当事人就财产分割问题申请再审的除外。”《最高人民法院全国审判监督工作座谈会关于当前审判监督工作若干问题的纪要》第 14 条规定：“……涉及婚姻关系和收养的案件……人民检察院提出抗诉的，人民法院不予受理。”

⑤ 刘学在：《关于〈民事诉讼法修正案（草案）〉的若干修改建议》，载《公民与法（法学版）》2012 年第 6 期。

审、包含抗诉和再审检察建议在内的检察监督型再审、案外人申请再审和执行异议型再审五种，尽管各方面对上述前三种再审在事由上是否应该一致存在一定争议，但客观因素所致的民事裁判不可再审通用于各类再审提起方式，对五者统一适用，而主观因素所致的民事裁判不可再审则部分通用于各类再审启动方式，部分只适用某类再审启动方式。

## 二、客观因素所致部分民事裁判的不可再审

民事裁判的客观性不可再审源于诉讼法理和再审程序的基本构造，是本质意义上的无法再审。再审程序作为非常态性救济程序，理应受到严格的限制，以维护生效裁判的既判力和司法的权威性，这是客观性不可再审的根源。

### （一）非讼程序所形成的裁判

案件的性质及其形成程序决定其所产生的判决是否具备可再审性。“认真看待和研究各种不同诉讼程序的相异规律和运作特点，将民事检察监督制度有效地配置和运用到各种不同的诉讼程序的监督中来。”① 适用非讼程序审理的案件实行一方参与、独任审判（选民资格案件或者重大、疑难的案件除外）、一审终审、间接审理和自由证明，与再审程序的主旨存在差距。首先，选民资格争议不属于民事争议，鉴于我国在当前司法体制下并未设立专门的宪法法院及相应的审判程序，因此在《民事诉讼法》中设置特别程序用以审理。由于选举活动的开展有一定的时间要求，而准许起诉人和利害关系人对选举诉讼进行救济又是对其政治权利充分完全保障的必要方式，因此对判决结果可不必采用二审乃至再审，而是通过较为快捷的撤销、变更方式加以救济。其次，包括宣告公民失踪、死亡案件，认定公民无行为能力、限制行为能力案件和认定财产无

① 汤维建：《民事检察监督制度的定位》，载《国家检察官学院学报》2013 年第 2 期。

主案件在内的非讼案件，通常采职权探知主义而非辩论主义，所产生的裁判一般不具备羁束力和既判力，为此法院可以依职权变更或者撤销非讼裁判。

（二）程序推进型裁判

1. 基于处理事项和诉讼作用方面的属性所形成的类型

程序推进型裁判包括程序指挥裁定、决定、通知、处分、命令等。《监督规则》第25条规定："当事人向人民检察院申请监督，应当提交监督申请书、身份证明、相关法律文书及证据材料。"《监督规则》第28条规定："本规则第二十五条规定的相关法律文书是指人民法院在该案件诉讼过程中作出的全部判决书、裁定书、决定书、调解书等法律文书。"首先，程序指挥裁定作为与不予受理、驳回起诉等程序关口裁定①相对应的裁定类型，具有中间性、非终局性、非结案性、非终结诉讼性和随附性，形成于诉讼程序运行中，在功能上与案件实体问题的处理并不直接挂钩，往往体现出临时性。"诉讼程序进行中作出的裁定是指诉讼程序中法院就程序事项以及就其职权指挥诉讼的事项所作出的裁定。此类裁定的性质或者不涉及本案的实体判断，或者单纯依法院职权的行使和裁量，所以对当事人的利益并没有重大的损害。"② 其次，决定有限适用于回避、拘留、罚款、顺延期限和诉讼费用的减免缓等体现出较强法院职权色彩的程序性事宜，结论会对民事诉讼的进程产生不同程度的影响，但一般不会直接影响案件的实体结果。最后，通知、处分、命令作为在司法实践中广泛习惯性运用的非法定裁判方式，是

---

① 程序关口裁定即诉讼要件裁定，在大陆法系国家被称为诉讼判决，其并非针对诉讼请求或单纯程序事项的判断，也未直接涉及当事人的实体权利义务关系，但其作用对象为诉讼标的，是对原告起诉是否符合诉讼要件的判断，而诉讼的进行与否将直接作用于当事人实体权利义务关系的分配，因此能够产生既判力。程序关口裁定一经作出，要么启动某一诉讼程序进而开启法院对案件的实体审理，要么否定当事人对启动某一诉讼程序的意愿从而使其丧失诉权，因此其本身具备再审可行性。程序关口裁定包括立案通知、不予受理、驳回起诉、准予再审、驳回再审申请等。

② 齐树洁主编：《台港澳民事诉讼制度》，厦门大学出版社2010年版，第135页。

我国长期司法行政化的产物。就性质而言，“通知等裁判形式亦属于民事裁定的范畴”。[①]

2. 形成程序

我国现行法没有设置双方当事人在开庭审理过程中对程序性争议进行辩论的程序，程序推进型裁判的形成基本不以辩论为生成要件，法官可通过审查书面相关材料而径行作出。“裁定只有在例外情况下基于必要的言词辩论作出，通常情况下无言词辩论或在任意可选择的言词辩论之后作出。”[②] 对程序推进型裁判进行书面审理的优势在于提高诉讼效率，避免程序性裁判过程的繁杂冗长，对程序性争议的尽快解决有利于为程序救济留下了程序空间。程序指挥性问题的复杂、零散和绵长使某些程序性争议在一次开庭中未必能一次性、集中性解决，而特地单独、多次开庭势必会加大对诉讼资源的消耗。特别是双方对程序性问题不持异议的情况下，法庭没有必要举行庭审和言词辩论程序。“对于大多数程序性争议问题，法院通常按照行政审批的方式加以裁决，而没有给予控辩双方加以举证、质证和辩论的机会。结果，在程序性争议的解决方面，法院只给出程序性裁判的结果，而没有举行程序性听证的过程。”[③] 在我国台湾地区，“有无行言词辩论，或命关系人以书面或言词陈述之必要，由为裁定之法院、审判长、受命法官或受托法官，依其自由意见为之”。[④]“裁定原则上不经言词辩论，由法官或审判长，受命法官就当事人或其他关系人非实体上争点或其他程序事项，不须经一定程式或书面为之意思表示。”[⑤]

与之相比，现行法赋予了对程序关口性裁定的再审权，并且呈

---

① 刘学在：《民事裁定上诉审程序之检讨》，载《法学评论》2001 年第 6 期，第 59 页。

② 赵蕾：《非讼程序论》，中国政法大学出版社 2013 年版，第 155 页。

③ 陈瑞华：《程序性裁判中的证据规则》，载《法学家》2011 年第 3 期。

④ 陈计男：《民事诉讼法论》，台湾三民书局 2009 年版，第 401 页。

⑤ 庄柏林：《民事诉讼法概要》，台湾三民书局 2010 年版，第 85 页。

现出相关规定的变迁与进步。首先，《民事诉讼法》在2012年的修订中对程序性关口裁定的保护和救济问题进行了关注并有所改善，但是《民事诉讼法》第209条的规定只赋予当事人对再审程序中程序关口裁定的诉权型再审检察监督权。对于一审原告向法院起诉或被告提起反诉，法院无故不接收起诉材料却又不出具书面证明，或在审查期限届满后迟迟对起诉不予书面答复的，《民事诉讼法》以强制书面裁定作为对当事人起诉权的保护手段，由此促进对上诉权行使的有效落实。《民事诉讼法》第123条规定："人民法院应当保障当事人依照法律规定享有的起诉权利。对符合本法第一百一十九条的起诉，必须受理。符合起诉条件的，应当在七日内立案，并通知当事人；不符合起诉条件的，应当在七日内作出裁定书，不予受理；原告对裁定不服的，可以提起上诉。"随后，《监督规则》第99条的规定："对于符合法律规定的起诉和受理条件，应当立案而不立案的情形，人民检察院应当向同级人民法院提出检察建议。"此处"应当立案而不立案"的表述仅指违法审判行为，即法院对于一审原告向法院的起诉或被告提起的反诉无故不接收起诉材料却又不出具证明，或在审查期限届满后迟迟不予答复。对于这类就当事人的起诉置之不理，既不立案也不裁定的不予受理的行为，检察机关有权对该违法审判行为进行纠违型检察监督。之后，当事人若对不予受理裁定不服，可通过申请型再审或检察监督型再审予以救济。《民诉法解释》第381条规定："当事人认为发生法律效力的不予受理、驳回起诉的裁定错误的，可以申请再审。"《民诉法解释》第414条规定："人民检察院对已经发生法律效力的判决以及不予受理、驳回起诉的裁定依法提出抗诉的，人民法院应予受理，但适用特别程序、督促程序、公示催告程序、破产程序以及解除婚姻关系的判决、裁定等不适用审判监督程序的判决、裁定除外。""人民法院受理原告的起诉材料后，逾期不立案也为裁定不予受理的，可比照《民事诉讼法》第209条第2项的相关规定进行监督即可，不必通过支持起诉或者其他方式来保护当事人的合法权益。”[①] 从审级比较的角度考察，《民诉法解释》的规定具有进步意义，其与《民事诉讼法》第 209 条相衔接赋予了当事人对再审程序中人民法院逾期未对再审申请作出裁定及人民法院驳回再审申请的情形申请抗诉或再审检察建议的权利，实现了各审级下对程序性关口裁定进行再审救济的统一。

笔者认为，将诉权型再审检察监督的对象限制在再审申请结果和再审审理结果的范围内具有合理性。尽管一审无故不予立案的现象需要加以监督，但直接以再审的方式进行实为不当，为此可纳入纠违检察监督的范畴。《监督规则》第 99 条规定：“人民检察院发现同级人民法院民事审判程序中有下列情形之一的，应当向同级人民法院提出检察建议……（三）符合法律规定的起诉和受理条件，应当立案而不立案的……”

3. 表达形式

现行法除对民事判决和不予受理裁定进行强制书面要求外，还赋予法官对其他裁定、决定、通知、处分、命令等程序决策型法律文书在表达形式上的自由选择权。《民事诉讼法》第 123 条规定：“人民法院应当保障当事人依照法律规定享有的起诉权利。对符合本法第一百一十九条的起诉，必须受理。符合起诉条件的，应当在七日内立案，并通知当事人；不符合起诉条件的，应当在七日内作出裁定书，不予受理；原告对裁定不服的，可以提起上诉。”笔者认为，鉴于口头程序决策型法律文书的制发与形成过程常与民事审判行为的实施相混同，呈现出隐蔽性、不规范性和难以证明性，因此难以具备再审性，无法通过再审予以纠错。

4. 救济程度

就程序推进型裁判而言，对程序性争议的处理是解决实体性问题的辅助，异议、复议、上诉和再审的依次进行将会产生巨大的诉讼成本。以对管辖权错误的救济为例，对管辖错误的纠正不容置

---

① 参见孙加瑞：《民事检察制度新论》，中国检察出版社 2013 年版，第 301 页。

疑，《民事诉讼法》第127条和第154条已就该问题设置了对象不同且具有层次的双重救济，第一重救济为就管辖行为在本诉法院内部所实施的异议，第二重救济为就管辖异议裁定向上一级法院所实施的上诉。“管辖错误对公正的实质影响要小些，管辖上的一般错误对实质上公正行使审判权没有直接的联系，且法律已专门对管辖权异议赋予了当事人的上诉权，给予当事人提供了较为充分的救济。”① 若将管辖错误纳入再审范畴，则要么允许对管辖权异议裁定进行再审，要么对存在管辖错误的全案进行再审。“如果对管辖权异议提出抗诉并得到法院支持的话，就没有必要再对判决提出抗诉。但若法院并不支持管辖权异议的抗诉，那对判决提出抗诉就有必要了。”② 笔者认为，一个就管辖争议已经历过异议和上诉、实体争议已经历过一审和二审的案件，在再审中被裁定撤销原审判、指定有管辖权的一审法院重新审理，将耗费巨大的诉讼资源。“如果允许就管辖错误提起再审，将导致很高的诉讼成本，已经进行的诉讼程序都可能因为并不影响实质公正的形式错误而无效。”③ 2007年《民事诉讼法》第179条第1款第7项将“违反法律规定，管辖错误的”纳入再审事由，而之后的2012年《民事诉讼法》将此项规定取消。

5. 效力

程序推进型裁判产生于诉讼启动之前或诉讼进行之中，旨在指挥诉讼，其既非对实体性法律关系的决断，也非法院对当事人请求的回应，而是为了保障诉讼顺畅进行。当影响诉讼进行的原情形消失或新情形产生时，法院应及时自行变更、撤销或重新作出裁判以维护新的诉讼进程。“对实体事项所为之裁定，其效力与判决相同，具有羁束力与既判力，惟对程序事项所为之裁定，原则上无羁

① 江必新主编：《新民事诉讼法专题讲座》，法律出版社2012年版，第226页。

② 王水明：《民事抗诉事由解析》，载《法治研究》2008年第7期。

③ 参见张卫平：《管辖错误不宜作为民事再审的事由》，载《人民法院报》2007年9月18日。

束力，亦无既判力。”① “不具有既判力的裁定不应通过再审程序救济，是基本的法理。”②

（三）缺席审理所形成的裁判

对席审理作为开庭审理的形态之一，要求法院双方当事人以及其他诉讼参与人必须亲自到庭，法官必须亲自直接从事法庭调查并采纳证据，其为诉讼的常态。“当事人虽于言辞辩论期日不到场，或到场不为辩论，仍得专据卷宗，而为裁定。即两造迟误此项期日，亦不生合意停止问题。”③ 缺席审理是开庭审理的另一种形态，指被告（包括反诉中的原告）一方在言词辩论日没有出庭应诉或虽出庭但没有进行实质的辩论，因而缺席判决在事实认定上必然只吸收原告一方的证据材料，法庭审理对立辩论性的缺失将带来对事实认定片面的可能性，最终导致判决结果发生客观偏移。但是，这种有违客观现实、对缺席方不利的判决结果可以得到法律认同，理由在于其包含着对被告违反诉讼程序、拒绝参加诉讼的惩罚性制裁，且事前已给予风险提示和预警。为此，被告对缺席判决的否认与救济，首要依据在于对缺席审理的否认，即案件没有达到应该使用缺席审理的程度，特别是在我国目前公告送达制度存在缺陷和频繁滥用的情况下。此种争议属于基础性程序争议，针对的是案件的审理方式，并非实体审理结果，因此不能对案件的审理结果直接通过上诉和再审予以救济。现行法将缺席判决与对席判决同等对待，赋予当事人对实体审理结果的上诉权和再审申请权。在二审中，法官可以根据《民事诉讼法》第 170 条的规定，以原判决遗漏当事人或者违法缺席判决等严重违反法定程序为由，裁定撤销原判决，发回原审人民法院重审，这将影响到诉讼效率。此外，《民事诉讼

---

① 陈荣宗、林庆苗：《民事诉讼法》，台湾三民书局 2005 年版，第 576 页。

② 王林清、刘鹏飞：《民事裁定再审问题研究》，载《法学评论》2012 年第 4 期。

③ 王甲乙、洪慧慈、郑健才：《民事诉讼法新论》，台湾三民书局 2007 年版，第 247 页。

法》经过2012年的修改，在第200条所规定的再审事由中，将“违反法定程序可能影响案件正确判决、裁定”这一款删除，由此造成不能再审。

综观域外相关规定，《德国民事诉讼法》第338条规定：“受缺席判决的宣誓的当事人，可以对判决提出异议。”①《法国民事诉讼法》第476条规定：“对缺席所作出的判决，可以提出取消缺席判决的异议，但如此种途径经明文规定属于被排除的情形时，不在此限。”②《美国联邦民事诉讼规则》第60条规定：“在法官作出缺席判决后，如未应诉的被告有如下情形，可以提出缺席判决无效的申请：其一，作出缺席判决在事务上有错误；其二，由于被告疏忽或者突然袭击等具有能被原谅的过失；其三，对方当事人欺诈或违法行为；其四，判决无效；其五，在作出判决之前有关债务已经偿还；其六，其他正当理由。在上述情形中凡以第二和第三种情形为理由提出缺席判决无效申请的，必须在作出判决后一年内提出，其他的则在相应适当的期间内提出即可。”③

就缺席判决的救济途径而言，笔者认为，当事人请求救济的对象应为缺席判决启动的程序性要件，而非当事人之间的实体权利义务关系。因此，首先，应以民事裁定的形式确定缺席判决的启动。法官凡是决定采取缺席判决的，都应先行作出缺席判决启用裁定，在该裁定中应对缺席的事实和原因予以记载和证明，这将有利于保护缺席方的诉讼权益并便于其后救济的开展。其次，在缺席判决形成后的一段时间内，缺席方对缺席判决的适用不服且存在正当理由的，可就缺席判决启用裁定申请复议，请求予以撤销。缺席方申请复议时，应对不可抗力、遭受欺诈等确实不能出庭的客观理由承担

① ［德］奥特马·尧厄尼希：《民事诉讼法》，周翠译，法律出版社2003年版，第344页。

② ［法］让·文森、塞尔日·金沙尔：《法国民事诉讼法要义》，罗结珍译，中国法制出版社1999年版，第734页。

③ 白绿铉：《美国民事诉讼法》，经济日报出版社1996年版，第73页。

证明责任。复议请求一旦得到支持，法院应作出恢复原诉讼程序的裁定，原缺席判决启用裁定和缺席判决即失去法律效力，此时诉讼恢复到缺席前的状态，原缺席方获得重新参与一审审理的机会，加入诉讼中的对抗并行使言词辩论权。此种程序设计可以有效地防止在恶意缺席的预谋下，利用审级制度实施二审突袭并直接获取终审结果。

（四）裁判存在非实质性的表述错误

裁判的表述错误是指裁判在具体表述时出现违背法官真实意思的明显错误，从而导致法官的正确意志与裁判书所表达的意思不相一致，出现偏差。该错误的恶劣影响在于不正当地复述法官的意志，其源于裁判者的疏忽大意或过失，属于表达性、技术性、显著性、外在性、可感知性和未产生重大影响的轻微错误，一般会直接在裁判文书中体现出来，裁判文书是呈现裁定表述错误的主要载体。裁判表述错误不同于错案。“裁判表述错误是指裁判的实质内容是正确的，在具体表述时出现明显差错，它是裁判文书记载的内容歪曲了裁判者的真实意思而产生的技术性错误。错案是裁判实质内容上的错误，既包括实体性错误，又包括程序性错误；既涉及案件事实认定错误，又涉及适用法律错误。”① 就裁判形式错误的种类而言，其以笔误为基本特征，包括个别文字或数字的误写、误算，法律条文引用不当但未影响裁判结果，裁判项目的技术性遗漏，以及语法、结构、逻辑存在瑕疵等。

综观域外相关规定，《日本民事诉讼法》第 257 条第 1 款规定：“判决如有误算，误记或其他类似明显的错误时，法院根据申请或依职权，随时可以作出更正裁定。”《法国新民事诉讼法典》第 462 条规定：“判决在具体表述事实方面有错误或有遗漏时，即使其已经产生既判力，仍可由作出判决的法院进行补正，或者依据

① 胡夏冰：《裁判表述错误及其补正》，载《法律适用》2009 年第 10 期，第 70 页。

案卷所表明的问题或依道理，由已接受案卷的法院补正。即使已经向最高司法法院提出上诉，原作出判决的法院仍然可以受理补正判决的请求。裁判出现表述错误时，法院可以依一方当事人或双方当事人提出的申请，或者依职权受理。”①

笔者认为，对民事裁判进行形式补正的具体措施因发现错误的时间不同而有所不同。首先，对于制成之后、送达之前发现裁判书存在文字错漏的，法院应依职权以重新打印的方式主动予以补救，无须单独制作补正裁定。其次，对于送达之后发现裁判书存在文字错漏的，法院应当依职权或依申请及时制作补正裁定，并将其与原裁判文书一并再送达给当事人，此时不以送达后的裁判生效为要件。《最高人民法院关于人民法院在互联网公布裁判文书的规定》第 10 条第 2 款规定：“人民法院对送达当事人的裁判文书进行补正的，应当及时在互联网公布补正裁定。”补正裁定溯及于原裁判形成时发生法律效力，原裁判的效力不因补正裁定受影响。“法院以裁定形式对裁判表述错误进行补正后，对法院和当事人即具有法律约束力。作为对原裁判客观存在的外在错误的修补，裁判表述错误的补正裁定所具有的效力，应当溯及到原裁判形成之时，而不是补正裁定作出之日，即原裁判自始就应当被认为具备补正裁定作出后的内容。”② 对于裁判中的表述错误，在重新制作该裁判或通过补正裁定对其进行形式上的瑕疵补正时，若在新裁判或补正裁定中出现新的或进一步的表述错误，构成循环错误，此时需要进一步进行补正，进而形成循环补正。表述错误的出现应归结于法官的工作失误，频繁出现本可通过责任心避免的表达错误，特别是出现循环错误，法官难推其责，此时需要法院对相关法官进行管理性追责，实施内部处罚。

---

① ［法］让·文森、塞尔日·金沙尔：《法国民事诉讼法要义》，罗结珍译，中国法制出版社 2001 年版，第 261 页。

② 胡夏冰：《裁判表述错误及其补正》，载《法律适用》2009 年第 10 期，第 70 页。

综上，民事裁判补正程序并非独立的新程序，也不是二审程序、再审程序，只是原审程序的继续，其作为原审程序的辅助程序、新的子流程，附随于原审程序，是对原审程序的延续和辅助，旨在对原审程序的缺陷进行审查式的修补。“从案件流程管理上看，它是原审程序系统中的子系统，它在原审程序的系统内作为一个相对完整和半封闭式的子系统存在。因此，补正程序不构成对原审程序破与废的威胁，相反它旨在尽力维护原审程序的稳定性，使之更具彻底地完成终结目标。”① 凡是法院基于一般程序审理的民事案件所产生的裁判均适用补正程序，并无一审、二审或者再审程序的区别。对适用补正程序的案件无须再单独进行立案，案号即为原审案号。对于应属另行请求法院处理的争议性事宜，不能通过补正程序处理，而需由当事人向法院提出新的处理申请。

(五) 裁判脱漏

裁判脱漏是指法官对当事人提出的诉讼请求或者其他应当裁判的事项因疏忽而发生遗漏，进而未作出完整的裁判。裁判脱漏作为审判错误的一种，错在没有对应当裁判的所有事项进行审理和裁判，形成不完整裁判，其发生的前提在于待判事项的可分性。

《民事诉讼法》第200条规定：“当事人的申请符合下列情形之一的，人民法院应当再审……（十一）原判决、裁定遗漏或者超出诉讼请求的。”笔者认为，漏判发生后，依再审程序对民事裁定的脱漏予以救济并不符合民事诉讼之法理，不符合对再审程序的定位。此时受诉法院应依当事人申请或依职权对脱漏部分作出追加判决，该补充判决与先前所作判决共同构成对整个诉讼请求的处理。补充判决的范围和判决脱漏的范围是一个问题的两个方面，由于追加判决属于个别独立的判决，因此法院不能在追加判决中变更先前判决中所确定的内容。如果漏裁的诉讼请求在先前的庭审中经

① 陈晓君：《缺陷的弥补与权利的补充救济——民事裁判瑕疵补正程序》，载《法律适用》2008年第9期，第49页。

过双方当事人的言词辩论并已达到可以作出裁定判决之程度，那么受诉法院可直接作出追加判决而无须重新组织言词辩论。

追加判决与先前判决的效力相同，且生效时间具有溯及力，效力应追加到先前判决生效之日而非作出之日，即先前判决自始就具备追加判决的内容。先前判决与追加判决所适用的救济措施是同一类型的，当事人可在追加判决作出后将两个判决视为整体申请救济，也可依照两个判决作出时间的先后分别申请救济。当事人分别请求救济时，救济期间应分别单独计算，此时若当事人先后提出的救济申请出现时间上的竞合，救济法院可以将两者合并审理。

### 三、主观因素所致部分民事裁判的不可再审

民事裁判的主观不可再审状态源于立法机关对民事诉讼制度的整体构建、价值定位、模式选择以及当事人在诉讼中的人为处分。对再审制度的设计要秉持实体正义与程序正义并重的理念，不能仅考虑实体正义。处于主观不可再审状态之下的民事裁判在客观上仍有进行再审的可操作性，只是这种再审没有实际法律意义。此种人为设置的优势在于限制了再审制度的无限扩张，平衡了诉讼正义与诉讼效率、诉讼成本等多种法律价值，体现出再审制度作为非常规、特殊、极端救济程序的构造理念；弊端在于可能存在诸多诉讼价值选择下的搭配不协调，造成再审整体制度的设计瑕疵。

民事裁判在多重救济体系中的救济顺位是影响其不可再审的主观原因之一，具体包括审判救济内部的顺位关系和审判救济与检察监督的顺位关系，相关论述详见本书第一章“再审型民事检察监督”第一节“再审型民事检察监督的启动”中的“申请再审型民事检察监督的前置程序”。

#### （一）包含尚未损害实体公正的不可逆性程序违法的裁判

某些程序性违法审判在作出之后，鉴于诉讼程序的不可逆性，难以发生程序回转，因而该程序错误地处于于事无补的状态，无法直接更改纠正。此类包含尚未损害实体公正的不可逆性程序违法的

裁判包括存在送达程序违法但未影响公正的判决、存在回避不当但未影响公正的判决、违反法庭审理程序但未影响公正的判决以及违反法定审限、逾期所作的公正的判决等。

在德国和日本所规定的取消之诉中，该诉的提起应以原审判违反诉讼程序性规定为由，可推翻在实体上处理无误的原判决。《德国民事诉讼法》所规定的取消之诉的再审事由包括：作出判决的法院的组成不合法；依法不得执行法官职务的法官参与裁判；法官因有偏颇的嫌疑应当进行回避，并且当事人的回避申请已经被宣告有理由，而该法官仍然参与裁判以及一方当事人在诉讼中未经合法代理。

再审纠错属于事后救济，实施再审纠错即意味着需要重头审理。虽可对存在轻微程序瑕疵的全案判决予以再审，但仅为当事人在对其实体权益的保护没有任何作用的再次审判中的“空走程序”，以正当的诉讼程序取代之前所存在的程序瑕疵。“空转现象是指虽然判决的程序存在一定的违法性或者不规范，但案件的实体判决结果并无错误。如果按照这些再审事由启动再审程序，将有相当一部分案件的再审结果是维持原裁判。”① 对于此种情况，即使法院在再审中认为原判决的实体内容无误，也不能简单维持原判，而应撤销原判决、重新作出判决，尽管新旧两份判决在内容上无差异。此种再审将面临诉讼周期长、诉讼成本高等情形，影响实际诉讼效果，产生巨大的诉讼成本。“违反程序规定并不是一律导致行为的无效，因为如果违反程序规定一律导致行为无效的将可能影响诉讼的其他价值追求，如诉讼效率。”② 基于程序公正的实现成本与诉讼效率、诉讼价值的平衡，对部分轻微的程序瑕疵已无再审必要，以此保障诉讼效率，平衡诉讼公正和诉讼成本之间的矛盾，维

---

① 参见江必新：《民事再审事由——问题与探索》，载《法治研究》2012 年第 1 期。

② 张卫平：《再审事由规范的再调整》，载《中国法学》2011 年第 3 期。

护司法秩序。因此，并非所有的程序性错误均需纳入再审的范畴，可将尚未损害实体公正的轻微性程序违法排除在外。只有在其已严重到对诉讼公正产生实质性危害时，方可对其提起再审。就单个规定而言，2007 年《民事诉讼法》第 179 条第 1 款第 7 项将“违反法律规定，管辖错误的”纳入再审事由，而后 2012 年《民事诉讼法》将此项规定取消，因此当事人既不能对管辖权异议裁定申请再审，也不能对存在管辖错误的生效判决申请再审。《民诉法解释》对此问题再次予以正面规定，该解释第 381 条规定：“当事人认为发生法律效力的不予受理、驳回起诉的裁定错误的，可以申请再审。”该解释第 414 条规定：“人民检察院对已经发生法律效力的判决以及不予受理、驳回起诉的裁定依法提出抗诉的，人民法院应予受理，但适用特别程序、督促程序、公示催告程序、破产程序以及解除婚姻关系的判决、裁定等不适用审判监督程序的判决、裁定除外。”此外，就整体规定而言，根据 2007 年《民事诉讼法》第 187 条和第 179 条之规定，对于人民法院“违反法定程序可能影响案件正确判决、裁定”，即程序违法直接引发实体违法的，可以实施再审，而《民事诉讼法》在 2012 年的修改过程中将此种情形删除。

对于存在轻微程序瑕疵的裁判的救济，若在诉讼过程中及时发现，当事人可适时提出异议；若在诉讼结束后发现或虽在诉讼过程中发现，但在案件审结时仍未得到有效救济的，可实施替代性救济。首先，发挥纠违检察建议的审后效力。某些程序性错误只能在诉讼过程中通过纠违检察建议及时予以纠正，若其未能被及时纠正或纠正效果不佳的，在诉讼结束后可对其再次制发纠违检察建议。该检察建议虽然本身不再具备执行可行性，但其标志着对法院行为的否定性评价，重点在于要求其今后避免类似情况的再次发生。其次，可通过实施惩戒获取变相救济。该类裁判对当事人的人身或财产造成损害的，法院应对承担国家赔偿责任，其后再责令存在故意或重大过失的相关责任人员承担全部或部分赔偿费用，并按照违纪情况予以相应的行政处分。

（二）时效性强、已经及时履行完毕的裁判

执行是审判的后续环节，对于紧急案件和简单案件都应强调执行的高效性，以缩短审理和执行之间的间隔来确保针对案件特点所进行的有效处理。但是，高效执行并不等于否定救济，此类案件虽然发生错误的可能性较小，但执行回转制度的存在使其具备小概率纠错的可行性。因此，对于时效性强、已经及时履行完毕的裁判不必通过再审程序予以救济，可为其设置相应的便利救济手段。

1. 实体性裁定

包括行为保全、财产保全、证据保全和先予执行在内的实体性裁定即便不是在诉前或仲裁前紧急情况下作出的，本身也呈现出一定的时间紧迫性，旨在禁止侵害和固定财产、防止诉讼标的物的隐匿和转移，使将来生效的判决能够有效实现。

1996 年 8 月 8 日《最高人民法院关于检察机关对先予执行的民事裁定提出抗诉人民法院应当如何审理问题的批复》规定，人民检察机关只能对人民法院已经发生法律效力的判决、裁定按照审判监督程序提出抗诉。人民法院对其抗诉亦应当按照审判监督程序进行再审。这种监督是案件终结后的“事后监督”。因此，对于人民法院在案件审理过程中作出的先予执行的裁定，因案件尚未审结，不涉及再审，人民检察机关提出抗诉，于法无据。如其坚持抗诉，人民法院应以书面通知形式将抗诉书退回提出抗诉的人民检察机关。

1998 年 7 月 30 日《最高人民法院关于人民法院发现本院作出的诉前保全裁定和在执行程序中作出的裁定确有错误以及人民检察机关对人民法院作出的诉前保全裁定提出抗诉人民法院应当如何处》规定，人民法院院长以本院已经发生法律效力的诉前保全裁定和在执行程序中作出的裁定，发现确有错误，认为需要撤销的，应当提交审判委员会讨论决定后，裁定撤销原裁定。人民检察机关对人民法院作出的诉前保全裁定提出抗诉，没有法律依据，人民法院应当通知其不予受理。

开庭审理与其紧迫性是直接冲突的，开庭审理有可能导致审理的本案化，致使法院无法及时作出裁定。实体性裁定涉及实体问题但不解决实体问题，其虽关系到实体权利和义务的实现，但旨在保障诉讼的顺利进行，并非终局性的解决实体问题，不具有结案意义和既判力，而是“对民事权利和义务的临时行为，最后仍需服从判决，所以仍属程序问题”。[①]“民事保全裁定程序欠缺诉讼程序特性，保全程序性质具有司法行政性，保全裁定并非确定的具有实质意义的裁判，只是一时应急处置，并且只具有暂定性。因此应否认其既判力。”[②] 在德国，“由于假扣押诉讼不是对需要保障的权利，而是对强制担保的合法性进行裁判，因此，以裁定或者判决拒绝扣押或者假执行申请不会对于本案发生既判力效力”。[③] 在法国，“具有对审保全性质的紧急审理程序，紧急裁决令对本案不具有既判力，本案法官作出的本案判决在内容上也不必受紧急裁决令内容的约束。不过紧急裁决令的内容对担任紧急审理的法官本人有约束力，紧急裁决令只有在出现新的情况时才可以被修改或撤销”。[④]鉴于实体性裁定只是假定的、临时的和中间性的手段，当事人可通过申请撤销、作出新的裁定以解除原裁定或通过本案判决予以否定。

2. 调解笔录

对于某些只制作调解笔录而无须制作调解书的案件，鉴于其案情简单、争议不大并已即时给付，且具有案结事了的特性，在生效方式上也简便易行，因此不具备实施再审的空间和必要。《民事诉

---

① 杨荣馨主编：《民事诉讼法学》，中央广播电视大学出版社 1995 年版，第 321 页。

② 李木贵：《民事诉讼法》，台湾三民书局 2006 年版，第 54 页。

③ ［德］罗森贝克：《德国民事诉讼法》，中国法制出版社 2007 年版，第 1157 页。

④ 张卫平、陈刚：《法国民事诉讼法导论》，中国政法大学出版社 1997 年版，第 274 页。

讼法》第 98 条规定："下列案件调解达成协议，人民法院可以不制作调解书……（三）能够即时履行的案件；（四）其他不需要制作调解书的案件。对不需要制作调解书的协议，应当记入笔录，由双方当事人、审判人员、书记员签名或者盖章后，即具有法律效力。"

（三）裁判的再审期限

若法院的裁判一直处于可更改的状态，将直接使当事人之间有争议的民事法律关系长期处于不稳定状态，进而造成社会关系的不稳定，因此需要对再审的启动期限予以限制。就当事人申请再审的期限而言，《法国新民事诉讼法》第 596 条第 1 款规定："当事人等适格主体申请再审的法定不变期限为两个月。该期间自当事人知道其可援用的再审事由之日起算。"《日本民事诉讼法》第 342 条第 1 款规定："再审之诉，当事人应当在判决被确定之后，得知再审的事由之日起 30 日的不变期间内提起。判决被确定之日（再审的事由在判决被确定之后发生时，为该事由发生之日）起经过 5 年时，不得提起再审之诉。"《民事诉讼法》第 205 条规定："当事人申请再审，应当在判决、裁定发生法律效力后六个月内提出；有本法第二百条第一项、第三项、第十二项、第十三项规定情形的，自知道或者应当知道之日起六个月内提出。"就检察机关依职权提起检察监督的期限而言，笔者认为检察机关就人民法院所作的裁判提出抗诉或再审检察建议的，应当自裁判生效之日起 2 年内提出。就检察机关依诉权提起检察监督的期限而言，笔者认为当事人的申请期限为不予再审的裁定作出后、再审申请提出后（置之不理）、再审裁判生效后 6 个月内。

（四）裁判的再审次数

再审次数事关再审裁判的最终确定效力和整体效益，尽管经再审所得裁判仍有存在错误的可能，对再审次数的限制将导致再审效能的减弱，不利于再审功能的充分发挥，但对再审次数的无限制放宽又可能导致审判权、检察监督权的失控进而损害司法权的权威。

无限再审与反复再审易制造多个不尽相同乃至相互矛盾的再审结果，一方面使再审程序这一特殊、非常规救济程序沦落为普通救济程序，损害司法权威；另一方面破坏裁判的既判力，使当事人和法院付出高额的诉讼成本，因此需要对再审的次数予以限制。再审程序要发挥出良好的纠错作用不能单纯依赖于增加再审的次数，关键在于提高再审程序的质量。启动再审主体、再审理由、再审法院及案件本身都可成为确定再审次数的标准。

1. 同一主体启动再审的次数

检察机关提起再审次数的相关论述详见本书第一章“再审型民事检察监督”第一节“再审型民事检察监督的启动”中的“职权型民事检察监督的提起次数”和“申请再审型检察监督的次数”。

就当事人申请再审的次数而言，应遵循再审申请不重复原则和再审一审终审制。再审申请不重复原则要求，某一已经发生法律效力的裁判申请再审被驳回或获得再审审理、取得再审裁判后，无论再审结果如何，当事人均不得以同一理由重复申请再审，但可通过其他的法定再审理由申请再审；上一级人民法院指令下级人民法院再审的，对同一个案件只能指令再审一次。《法国民事诉讼法》第603条第1款规定：“当事人一方已经通过再审之诉的途径表示不服判决，如果他对此项判决重新提出再审之诉则不预受理，除非此后发现新的诉因。”再审一审终审制要求无论原审生效裁判是一审裁判还是二审裁判，经再审所得裁判均为生效裁判，不得对其再次申请再审。《民诉法解释》第383条规定：“当事人申请再审，有下列情形之一的，人民法院不予受理：（一）再审申请被驳回后再次提出申请的；（二）对再审判决、裁定提出申请的；（三）在人民检察院对当事人的申请作出不予提出再审检察建议或者抗诉决定后又提出申请的。前款第一项、第二项规定情形，人民法院应当告知当事人可以向人民检察院申请再审检察建议或者抗诉，但因人民检察院提出再审检察建议或者抗诉而再审作出的判决、裁定除外。”但是如果再审结果为撤销原判、发回重审的，则可以对新裁判再次申请再审。《民事诉讼法》第207条规定：“人民法院按照审判监督程序再审的案件，发生法律效力的判决、裁定是由第一审法院作出的，按照第一审程序审理，所作的判决、裁定，当事人可以上诉；发生法律效力的判决、裁定是由第二审法院作出的，按照第二审程序审理，所作的判决、裁定，是发生法律效力的判决、裁定；上级人民法院按照审判监督程序提审的，按照第二审程序审理，所作的判决、裁定是发生法律效力的判决、裁定。”因此，我国应为再审设置独立的审判程序，以此实现独立的审级。

2. 同一法院进行再审审理的次数

各级人民法院对本院已经发生法律效力的民事判决、裁定，不论基于何种方式启动审判监督程序，均只能再审一次。首先，对于下级人民法院已经再审过的民事案件，上一级人民法院认为需要再审的，应当依法提审，提审的人民法院对该案件只能再审一次。其次，若当事人因“再审裁判明显有错误”而向法院申请抗诉的，无论该再审裁判所包含的错误为何种类型，该案均不能由提起抗诉的检察机关的下一级法院审理，相关论述详见本书第一章“再审型民事检察监督”第一节“再审型民事检察监督的启动”中的“对由原审生效裁判作出法院进行再审后所得的‘存在明显错误’裁判不易适用再审检察建议”。

（五）当事人主动放弃诉讼权利

当事人在民事审判过程中享有以处分权为基础的程序选择权，其在主动放弃相关诉讼权利后，因权利丧失所产生的诉讼状态不能成为再审程序的对象，这是当事人遵循诚实信用原则的体现。首先，就程序启动权而言，当事人主动撤诉后，当事人不得对此申请再审，但可就该诉讼请求再次起诉。《民诉法解释》第214条规定：“原告撤诉或者人民法院按撤诉处理后，原告以同一诉讼请求再次起诉的，人民法院应予受理。”撤诉包括撤回起诉、撤回上诉、撤回再审申请和撤回检察监督申请，该类诉讼行为需受审判权的审查，不得损害国家利益和社会公共利益。若撤诉行为存在损害“两益”的情况，则检察机关可就该案件提起抗诉或再审检察建议。《最高人民法院全国审判监督工作座谈会关于当前审判监督工作若干问题的纪要》第 14 条规定：“……当事人撤诉或者按撤诉处理的案件……人民检察院提出抗诉的，人民法院不予受理。”其次，就程序参与权而言，但凡当事人在立案阶段主动放弃答辩权、在庭审阶段主动放弃陈述权、在举证期限内主动放弃提交相关证据特别是主要证据的，其均不能对因权利放弃所产生的法律事实与客观事实的认定偏差申请再审。这种偏差源于对程序选择权和处分权的怠于行使，体现出诉讼程序的价值。

## 第三节　再审检察建议柔中带刚的本质效力

再审检察建议作为静态性结果监督，其进步意义主要体现在两个方面：一是开创同级监督之先河，扭转检察机关业务量的“倒三角”与人员配置的“正三角”之间的矛盾。二是开创协同性监督之先河，减少监督机关与被监督机关之间的对抗，符合并体现出民事检察权的谦抑性。“现代型协同检察监督更加注重合作监督，更加崇尚民事诉讼各参与主体之间关系的协同运转。”[①] 再审检察建议作为一种外部监督，其不能直接启动审判监督程序，而重在为法院提供发现错误的线索，旨在引发法院的自行纠错，而非检察机关直接更正错误。此举的目的在于降低监督机关的高压性，避免检法两家的相互抵触、直接碰撞和彼此对立，使受监督机关相对易于接受。受监督法院具有自行判断和自主选择的权利，不受强迫。对再审检察建议的构建目标在于在创建社会主义和谐社会的大背景下，将处于监督与被监督地位的检法两家置于和谐关系的目标统领

① 刘立霞、刘阳：《民事再审检察建议的法理转向》，载《上海政法学院学报》2013 年第 5 期，第 96 页。

之下，以缓和、协商的方式实现法律监督，将最终的纠错矫正权交还至错误制造者本身，实现审判机关在外力监督下的自我纠错，维护和谐检法关系。再审检察建议所体现出的柔性，使其有了一种协商性特征，旨在提供一种实体问题判断和错误纠正的方案与可能，重点在于通过建议本身唤起法院的注意。“在司法共同体的维度内，审判权和法律监督权应当是同一的，其最根本目的都是增加司法共同体在国家生活当中的地位，强调的是两者之间‘和’。”①

但是，再审检察建议在之前的立法过程和当下的司法实践中均受到一定的质疑，质疑焦点在于《民事诉讼法》中对民事再审检察建议效力的缺失，作为其优点的柔性监督本身也具有一定的局限性。在理论界，不少学者认为再审检察建议属于政治性、形式性、非强制的监督方式，其所区别于抗诉的软弱效力使其监督力度难以保证，无法达到威严的监督效果，有失检察监督的权威，与检察机关的国家公权属性不符，容易引发申诉人对检察机关的信任危机，且现行法并未对仅有的软弱效力进行明确规定。在实务界，不少检察机关的办案人员在实际工作中忽略了再审检察建议的刚性效力的保障性作用，一味地抗诉而忽略对再审检察建议的使用，宁可承受抗诉上所带来的审级负担，也不愿面对“柔性风险”。最终致使再审检察建议的效能未能充分发挥，进而质疑该制度本身。“作为一种方式和手段，检察建议没有自己独立的法律品格。”②

笔者认为，只强调再审检察建议柔性效力的观点属于管中窥豹，对再审检察建议的本质认识呈现片面化。再审检察建议作为协同性监督方式，在效力上具有刚柔并济的复合性，而非单纯的柔性，不属于软法的范畴。其中，柔性效力虽为再审检察建议的特色，具有开创性，但绝非主导，更非唯一。只柔不刚的民事检察监

① 夏蔚、范智欣：《论民事执行检察监督的理论基础》，载《政法学刊》2011 年第 3 期，第 11 页。

② 李学林：《检察建议在司法实践中的困境与出路》，载《中国检察官》2006 年第 6 期。

督方式必然是不科学的，这绝非再审检察建议的本质内涵。柔性效力存在的合理性必然是以刚性效力为依托的，刚性效力作为柔性效力的后盾，呈现出隐形、补充性的特征，使再审检察建议呈现外柔内刚的状态。再审检察建议只有在强制性效力的保障下，方可在实践中进一步广泛运用。再审检察建议作为法定监督方式，必然以刚性效力作为主要的效果形式。为此，“零和博弈”与“互利双赢”是民事再审检察建议所追求的价值和目标，法律应对民事再审检察建议分层、分类规定其法律效力，以下一层的刚性推进上一层的柔性，进而在保证监督效果的基础上发挥出再审检察建议的特色，避免监督流于形式。

**表 7　再审检察建议柔中带刚的复合性效力体系**

| 层　次 | 弹性监督力度 | 具体表现 | |
|---|---|---|---|
| 制发层面 | 刚性效力（强制性） | 对检察建议的接收与审查 | 1. 接收再审检察建议；<br>2. 接收后对再审建议内容的审查 |
| 接纳层面 | 柔性效力（可采性） | 1. 是否接受和采纳检察建议；<br>2. 是否启动纠错程序 | 1. 不予接受和采纳再审检察建议；<br>2. 接受和采纳再审检察建议 |
| 回复层面 | 刚性效力（强制性） | 对检察建议的回复 | 1. 接受和采纳再审检察建议后的回复；<br>2. 拒绝接受和采纳再审检察建议后的回复 |

续表

| 层　次 | 弹性监督力度 | 具体表现 | |
|---|---|---|---|
| 制约层面 | 刚性效力（强制性） | 1. 拒绝接收；<br>2. 接收后拒绝回复或回复不当；<br>3. 接受后怠于整改或整改不力 | 1. 跟进监督：提请上级检察机关提出抗诉，强制启动再审程序；<br>2. 受监督法院的审判委员会予以答复；<br>3. 制发工作改进型检察建议；<br>4. 统计归纳后定期进行通报；<br>5. 报告人大常委会 |

当然，造成对再审检察建议片面化认识的因素包括客观和主观两个方面。就客观因素而言，《民事诉讼法》本身并非未对再审检察建议的效力进行任何规定，《监督规则》虽对再审检察建议的部分刚性效力已作出相关规定，但《民诉法解释》又作了模糊性界定。立法体例的分散致使涉及刚性效力的规定尚不够系统和集中，未能与再审检察建议制度本身充分联系起来，未能明确凸显出来。就主观因素而言，《监督规则》对刚性效力的规定也不尽全面，需要进一步扩大范围和增进强度。再审检察建议的刚性效力包括风险防范型和违规纠错型两类，其中风险防范型刚性效应为再审检察建议的正常运转提供便利和支持，而当再审检察建议的运转遭到违法行为的侵害时，违规纠错型刚性效应为监督秩序的恢复提供强制性保障。

## 一、再审检察建议在正常运转层面的风险防范型刚性效力

"权力运行必然产生一定的程序强制力，以保障权力有效运行。"[1] 再审检察建议的强制性刚性效力主要体现在程序问题上，为防止被监督者对监督活动的不配合，进而为法院设置了义务，最终保障了监督工作的顺利开展。就再审检察建议的运转层次而言，以监督活动的进展为顺序分为收查、受纳、答复三个阶段，每个阶段的活动内容和主要任务不同，但刚性效力均贯穿其中，并具体表现为不同的状态。

### （一）收查层面的刚性效力

#### 1. 对再审检察建议的接收

对再审检察建议的接收和审查是人民法院的基本义务，属于国家司法机关之间的合作工作，法院必须予以积极配合。人民检察院决定提出再审检察建议的，应由案件管理部门以本院名义制作《再审检察建议书》，并将其与案件线索材料、证据材料、调查核实笔录等组成检察卷宗，及时送交被建议的同级人民法院，同时将《决定提出再审检察建议通知书》分别发送给涉及案件线索来源的申请人、举报人、控告人和涉及案件实体权益的各方诉讼当事人。若申请人与一方或双方诉讼当事人竞合，则可合并发送。

《民诉法解释》第 415 条规定："人民检察院依照民事诉讼法第二百零九条第一款第三项规定对有明显错误的再审判决、裁定提出抗诉或者再审检察建议的，人民法院应予受理。"《民诉法解释》第 416 条规定："地方各级人民检察院依当事人的申请对生效判决、裁定向同级人民法院提出再审检察建议，符合下列条件的，应予受理：（一）再审检察建议书和原审当事人申请书及相关证据材料已经提交；（二）建议再审的对象为依照民事诉讼法和本解释规

---

① 廖中洪：《关于完善〈中华人民共和国民事诉讼法修正案（草案）〉有关"检察建议"规定的若干问题》，载《西南政法大学学报》2012 年第 3 期，第 102 页。

定可以进行再审的判决、裁定；（三）再审检察建议书列明该判决、裁定有民事诉讼法第二百零八条第二款规定情形；（四）符合民事诉讼法第二百零九条条第一款第一项、第二项规定情形；（五）再审检察建议经该人民检察院检察委员会讨论决定。不符合前款规定的，人民法院可以建议人民检察院予以补正或者撤回；不予补正或者撤回的，应当函告人民检察院不予受理。”笔者认为，《民诉法解释》上述规定中的“受理”应界定为法院对监督的形式审查，而非实质性判断，这与法院在立案登记制下对当事人起诉的“形式审查后登记—实质审查后受理—立案”中的“受理”并非同一语义。因此，《再审检察建议书》应由法院的立案部门负责接收，立案庭应当在收到《再审检察建议书》之日起 7 日内完成立案登记制中的形式性登记环节。监督案件的案由应区别于普通的诉讼案件，以突出其特别性和重要性。法院拒绝接收是目前在司法实践中出现的乱象之一，“对在落实中可能受到较大阻力的检察建议，选择一种自上而下、由上级检察机关发出的方式。即下级检察院将检察建议制作完成后，报上级检察院，由上级检察院发给其同级单位，再由其向应接收检察建议的下级单位转发，通过这种方式可以增加相关接收单位对检察建议的重视程度”。①

2. 对再审检察建议的审查

《民诉法解释》第 419 条规定：“人民法院收到再审检察建议后，应当组成合议庭，在三个月内进行审查，发现原判决、裁定、调解书确有错误，需要再审的，依照民事诉讼法第一百九十八条规定裁定再审，并通知当事人；经审查，决定不予再审的，应当书面回复人民检察院。”笔者认为，法院立案后，应及时将监督案件移送审判监督庭进行审查。审判监督庭应在 3 日内由 3 名以上审判员组成合议庭，合议庭根据再审检察建议的内容具体审查和判断生效

① 杨震：《优化程序提升检察建议效力》，载《检察日报》2014 年 6 月 16 日第 3 版。

判决、裁定和调解书是否存在该建议所指向的错误，并视案件情况自行决定是否需要通知当事人参加基于审查而举行的听证。审查期限应从立案庭接收再审检察建议之时起计算，最长审查期限可达3个月，审查期限内不应中止对生效判决、裁定和调解书的执行。

（二）受纳层面的刚性效力

法院对于是否接受和采纳再审检察建议、是否启动纠错程序具有可采性，这是再审检察建议柔性效力的主要表现形式。接收再审检察建议的载体不代表接受其内容，法院可在接收再审检察建议后对其内容表示提出具有法定理由的合理反对。“建议”一词本身就包含了自由处分、不可强迫的意思，再审检察建议的名称即起源于此。但是，这种自由处分是建立在遵循实体法规定的基础上的，同时受到相关程序规则的限制，使实体上的柔性处分建立在刚性程序之上。

1. 对再审检察建议受纳与否的可采性不能影响审查判断的独立性

就逻辑关系而言，审查判断的结果决定对再审检察建议受纳与否，并非因知晓再审检察建议的柔性效力而故意弯曲审查。特别是对于上级人民法院裁定驳回再审申请的案件，如若当事人向作出原生效裁判的人民法院的同级检察机关申请再审检察建议并得到支持，接收再审检察建议的原审法院应自行独立判断是否对该案进行再审，而不受上级法院驳回再审申请裁定的影响；决定进行再审的，不需报请上级人民法院同意。对上述问题的相关论述详见本书第一章“再审型民事检察监督”第一节“再审型民事检察监督的启动”中的“上级法院驳回再审申请的裁定对下级法院采纳再审检察建议的影响”。人民法院经过审查，应作出受纳或不受纳该再审检察建议的决定，若认为再审检察建议恰当，应在受纳后及时启动纠错程序；若认为再审检察建议不恰当，可直接不予受纳。若再审检察建议中指明多项错误的，法院可只受纳其中的部分错误；若再审检察建议中既指明错误又提出具体的更正方法的，法院可只受纳错误而另行选择自认为更合适的更正方法。

2. 审判委员会应为再审检察建议受纳与否的决策机构

《监督规则》作为监督者制定的明确监督流程的司法解释，其对再审检察建议制发的严肃性和严谨性进行了明确规定。根据该规则第88条第2款和第100条的规定，检察机关提出再审检察建议和执行再审检察建议应经本院检察委员会决定。[①] 此规定在检察系统内部一度引发争议，部分检察院和办案检察人员认为民事检察工作的及时性要求、在各项检察工作中的重要程度（主观人为认识）及检察委员会召开的频率、参加人员的知识构成使该规定不具有现实性和可能性。《民诉法解释》作为被监督者制定的明确监督效力的司法解释，其对上述问题进行了回应。《民诉法解释》第413条规定："人民检察院依法对损害国家利益、社会公共利益的发生法律效力的判决、裁定、调解书提出抗诉，或者经人民检察院检察委员会讨论决定提出再审检察建议的，人民法院应予受理。"《民诉法解释》第416条规定："地方各级人民检察院依当事人的申请对生效判决、裁定向同级人民法院提出再审检察建议，符合下列条件的，应予受理：（一）再审检察建议书和原审当事人申请书及相关证据材料已经提交；（二）建议再审的对象为依照民事诉讼法和本解释规定可以进行再审的判决、裁定；（三）再审检察建议书列明该判决、裁定有民事诉讼法第二百零八条第二款规定情形；（四）符合民事诉讼法第二百零九条第一款第一项、第二项规定情形；（五）再审检察建议经该人民检察院检察委员会讨论决定。"上述规定将再审检察建议经检察机关检察委员会讨论决定作为法院受理的条件，与《监督规则》的规定保持一致。但是《民诉法解释》第415条规定："人民检察院依照民事诉讼法第二百零九条第一款第三项规定对有明显错误的再审判决、裁定提出抗诉或者再审检察建议的，人民法院应予受理。"此处未将"经检察机关检察委

① 此项规定的合理性尚存争议，本书暂不对该问题进行探讨。

员会讨论决定”作为法院的受理条件，即对检察机关的制发条件未进行相同明确对应或至少是强调。此外，《民诉法解释》第415条和第416条将《民事诉讼法》第209条第1款所规定的3项诉权型再审检察监督事由分为两个部分进行单独且不同的规定，制定者的目的和做法有待商榷。综上，笔者认为，从检法两家的平级对应性、相互尊重性出发，若受监督法院认为再审检察建议不应受纳的，必须通过审判委员会研究决定；若认为应当受纳的，则可视情况决定是否需要上报审判委员会。

3. 强制书面裁定应为再审检察建议受纳与否的决策标志

在《民诉法解释》出台前，司法实践中只能将法院依职权提起再审设置为再审检察建议的效力行使方式。《民事诉讼法》第198条规定：“各级人民法院院长对本院已经发生法律效力的判决、裁定、调解书，发现确有错误，认为需要再审的，应当提交审判委员会讨论决定。”再审检察建议作为柔性再审型检察监督方式，应与人民法院依职权提起再审配合使用，为构建和谐司法创造出典型。现行法对人民法院依职权提起再审的事由没有作出明确规定，“确有错误”这样一个抽象标准使人民法院自行启动再审程序的事由范围较为宽泛，同时对事由的认定拥有较大自由裁量权。“法院依职权启动再审程序的事由与当事人申请再审的法定事由和检察机关的抗诉事由具有明显的区别，没有采用相同的标准，具有非统一性。”① 因此，人民法院经审查认为，若接受和采纳再审检察建议，应由该院院长提交审判委员会后，依职权自行启动审判监督程序，将检察监督这种外部纠错转化为内部纠错。“在我国，尤其应当发挥人民检察院作为国家法律监督机关的职能作用，致力于追求其他监督制约，包括法院内部监督制约所不可替代的作用。”②

① 陈春梅、胡夏冰：《我国民事再审事由的立法完善》，载《法学杂志》2012年第3期。

② 童建明：《加强诉讼监督需要把握好的若干关系》，载《国家检察官学院学报》2010年第5期。

在上述措施之外，笔者主张应为再审检察建议的受纳设置单独的再审提起方式，以裁定的形式统一适用于再审检察建议的受纳，法院应根据合议庭的审查结果分别作出予以再审裁定或不予再审裁定，进一步凸显严肃和规范。此后，《民诉法解释》在第419条规定："人民法院收到再审检察建议后，应当组成合议庭，在三个月内进行审查，发现原判决、裁定、调解书确有错误，需要再审的，依照民事诉讼法第一百九十八条规定裁定再审，并通知当事人；经审查，决定不予再审的，应当书面回复人民检察院。"如此一来，在法院依职权再审、当事人申请再审和法院抗诉引发再审三种现行再审提起方式之外，新增第四种再审提起方式。但是在对再审检察建议不予采纳的情况下，《民诉法解释》并未要求法院出具裁定。笔者认为，受纳与否裁定在形式上可借鉴不予受理裁定的做法，必须为书面裁定。[①] 因此，比照《民事诉讼法》第211条的规定，对于人民检察院提出再审检察建议的案件，接收再审检察建议的人民法院应当自收到《再审检察建议书》之日起3个月内作出予以再审或不予再审的裁定。此举一来打破再审检察建议在效力实现方式上对法院的依赖，确保通过再审检察建议提起再审的权威性和独立性；二来将独立完整的再审检察建议与抗诉这一再审提起方式并行，真正实现再审型检察监督的二元化结构；三来可有效规制和避免法院对再审检察建议置之不理的消极做法。

（三）答复层面的刚性效力

法院无论是否受纳再审检察建议的内容，都必须对相关情况予以书面答复，不能将不予受纳作为拒绝答复的借口。"站在被建议单位的角度，因为检察建议内容是理性的，是对社会疾病的理性诊断，从哲学上讲是类似于理性的命令而不是源于权力的命令，因此

① 根据《民事诉讼法》第123条之规定，对不符合起诉条件的，应当在7日内作出裁定书，不予受理；原告对裁定不服的，可以提起上诉。

需要被建议单位在行政程序上作出刚性回应，即是否采纳需要表示。”① 笔者认为，法院向检察机关所进行的答复不应仅使用予以再审裁定或不予再审裁定。予以再审裁定或不予再审裁定的作用对象是当事人，法院将上述两种裁定依法送达当事人不容置疑，但检察机关作为制发上述两种裁定的引导者，本身并不受裁定内容和效力的直接影响。同时根据《民事诉讼法》的规定，送达活动只是法院向当事人所实施的单方诉讼行为，如若法院将裁定的副本直接抄送检察机关，则在一定程度上未能充分强调和凸显检察机关的监督主体地位。笔者认为，可将现行的《再审检察建议答复书》予以保留，将其作为法院对再审检察建议进行答复的主要法律文书，同时将予以再审裁定或不予再审裁定作为该答复书的附件，二者由人民法院一并送至检察机关。此举能够实现法院就再审监督建议向检察机关进行答复与再审程序启动的一体化，完成强制性答复的诉讼结构化，增强法院对再审检察建议进行答复的义务感，使答复法定化，并为受纳和不受纳两种选择分别设置各自对应、不尽相同而又存在联系的行为模式且使之相互规范。

《再审检察建议答复书》在内容上应具有针对性和说理性，须根据事实和法律对再审检察建议中所提出的问题进行正面回答，对再审检察建议所指出的证据采信、事实认定、法律适用等方面进行逐一解释和说明，并详细阐明相关理由。若法院裁定予以再审，还应对所欲采取的纠错方式和当前纠错进展情况加以详细说明，同时另行裁定中止对生效判决、裁定和调解书的执行，但追索赡养费、扶养费、抚育费、抚恤金、医疗费用、劳动报酬等案件除外。《再审检察建议答复书》应在法院对再审检察建议的审查期限届满前完成，并以法院的整体名义制发，加盖法院印章。

人民法院发送的《再审检察建议答复书》及其所附的相关裁定应由检察机关的案件管理部门负责接收，并在即时登记后移送民

① 罗倩：《检察建议谦抑性的回归》，载《人民检察》2014年第1期，第75页。

事检察部门。法院应在再审开庭前10日通知提出该再审检察建议的人民检察院，该院应当派员出席再审法庭。检察人员出席再审法庭的任务是宣读抗诉书、对依职权调查的证据予以出示和说明。再审审理范围应以再审检察建议所指出的错误为限，但在审理过程中新发现的侵害国家利益和社会公共利益的错误应一并纳入本次再审审理范围。

## 二、再审检察建议在违规运转层面的违规纠错型刚性效力

再审检察建议在正常运转层面的刚性效力如若遭到违反或破坏，则会产生进一步的违规纠错型刚性效力。此种刚性效力属于弥补型，具有制裁性特征。鉴于监督主体和被监督主体均可能违反再审检察建议中的强制性规定，因此违规纠错型刚性效力体现在两个主体层面。

### （一）审判机关违规层面的刚性效力

对于法院针对再审检察建议，拒绝接收和审查、接收后拒绝回复或回复不当、接受后以推诿和搪塞等方式怠于甚至拒绝整改或整改不力致使原错误继续存在或产生新的错误的行为，检察机关均应开展跟进监督。“检察机关若认为人民法院回复不当，理应具备必要的手段进行震慑，否则人民法院不会正视再审检察建议。”[①]《监督规则》第117条规定：“人民法院对人民检察院提出的再审检察建议未在规定的期限内作出处理并书面回复的、人民法院对再审检察建议的处理结果错误的，人民检察院应当按照有关规定跟进监督。”跟进监督在性质上属于人民检察院依职权进行的监督，不以当事人的申请为前提。

1. 提请抗诉

提请抗诉（在司法实务中简称为“提抗”）将同级监督和抗

① 王洪祥、张步洪：《关于对〈民事审判活动与行政诉讼实行法律监督的若干意见（试行）〉解读》，载《人民检察》2011年第17期，第29页。

诉的刚性效力相结合，形成了同级案件线索来源与“下错上抗”制度的匹配。提抗包括两种类型：一为初次监督型提抗，即用于某些重大审判错误的直接监督，其所欲解决的是检察机关不能直接向同级法院进行抗诉的管辖级别问题。根据《监督规则》第 85 条和第 86 条的规定，地方各级人民检察院发现同级人民法院已经发生法律效力的民事判决、裁定适用法律确有错误或审判人员在审理该案件时有贪污受贿、徇私舞弊、枉法裁判行为的，应当提请上一级人民检察院抗诉，即强制适用提抗；发现民事调解书损害国家利益、社会公共利益的，可以向同级人民法院提出再审检察建议，也可以提请上一级人民检察院抗诉，即选择适用提抗。二为跟进监督型提抗，即下文将重点讨论的对再审检察建议初次监督效果的再次监督。因此，提抗不能与跟进监督直接画等号，二者属于包含与被包含的关系。

跟进监督型提抗的本质是提级监督，旨在通过上下级检察机关之间的联动纠错机制使抗诉成为再审检察建议的后盾和保障，再审检察建议的效力借此得到增强。“规范化的再审检察建议制度，必须设置有强制措施予以保障才能够实施；才能够使得被监督对象不遵守法律或者违反法律的问题得到法律上的彻底解决。”[①] 提抗的跟进监督作用使再审检察建议的刚性效力在柔性效力之后得以体现和发挥，是再审检察建议成为国家法律监督机关法定监督方式的保障条件。但是，再审检察建议并非“准抗诉”，应谨防再审检察建议演变为变相的抗诉，沦为抗诉的前置程序、附随程序或必经程序，成为抗诉的附属品，为此应对提抗设置严格条件。

首先，就跟进监督型提抗的事由而言，其通常只涉及对再审检察建议的相关程序性问题的处理结果，而不涉及相关实体性问题的处理结果。因此，法院对再审检察建议置之不理或不予受纳的，即法院对再审检察建议逾期未以裁定的形式回复或检察机关认为人民

---

① 吴春莲主编：《检察权的配置与适用》，浙江大学出版社 2008 年版，第 64 页。

法院裁定不予再审不当的，应当依职权提请上一级人民检察院向同级人民法院提起抗诉，强制启动再审程序。如若法院受纳再审检察建议并裁定再审的，在作出再审判决、裁定或者其他处理决定后，应向提出监督意见的检察机关送达民事判决书、裁定书或者调解书等法律文书，检察机关的案件管理部门在接收后即时登记移送民事检察部门。民事检察部门应对处理结果进行审查，并填写《民事诉讼监督案件处理结果审查登记表》。如若检察机关认为再审审理结果仍存在错误的，其一般不予提抗。此外，《监督规则》第 87 条规定："对人民法院已经采纳再审检察建议进行再审的案件，提出再审检察建议的人民检察院一般不得依职权再向上级人民检察院提抗。"此项规定的目的在于保障再审检察建议制度的纠错独立性，同时保证民事检察监督制度的谦抑性，实行有限监督，禁止循环监督，维护裁判的既判力。"如果抗诉机关再次提出抗诉，难免会使已经发生效力的判决、裁定处于不断受到质疑、不断被再次审查的境地，这势必会损害法院裁判的稳定性和权威性；原抗诉机关再次提出抗诉会加剧司法资源供求之间的矛盾，使之难以得到有效配置。"① 但是，如若再审判决损害国家利益和社会公共利益，则应提抗。同时，当事人也不得就通过再审检察建议得出的再审审理结果申请检察监督。《监督规则》第 31 条规定："当事人根据《中华人民共和国民事诉讼法》第二百零九条第一款的规定向人民检察院申请监督，有下列情形之一的，人民检察院不予受理……（六）民事判决、裁定、调解书是人民法院根据人民检察院的抗诉或者再审检察建议再审后作出的……"

其次，就跟进监督型提抗的程序而言，鉴于审级设置，无法对最高人民检察院制发的再审检察建议实行提抗，进而难以保障再审检察建议的制度完整性和效力发挥的充分性。为此《民事诉讼法》第 208 条第 2 款规定："最高人民检察院不能对同级的最高人民法

---

① 李浩：《民事诉讼检察监督若干问题研究》，载《中国法学》1999 年第 3 期。

院的生效裁判和调解书以再审检察建议的方式进行监督。”检察机关应制作《提请抗诉报告书》，在决定提请抗诉之日起15日内将《提请抗诉报告书》连同案件卷宗报送上一级检察机关，并制作决定提请抗诉的《通知书》，发送当事人。根据《监督规则》第42条的规定，“下级人民检察院提请抗诉的案件，由上一级人民检察院案件管理部门受理”。再审检察建议作为当事人申请检察监督的方式之一，分别由下一级控告检察部门负责对当事人的申请进行受理、下一级民事检察部门负责对案件进行审查、上一级案件管理部门负责对提抗案件进行受理、上一级民事检察部门负责对案件提起抗诉，由此形成了上下级检察机关四大部门之间的分工、协作与配合，其间的相互制约构成了内部监督，这正是对“谁来监督监督者”这一质疑的又一回答。《监督规则》第56条规定：“人民检察院受理当事人申请对人民法院已经发生法律效力的民事判决、裁定、调解书监督的案件，应当在3个月内审查终结并作出决定。”可见，3个月的审查期限是以受理为起算点的，而下级民事检察部门制发再审检察建议和上级民事检察部门提起抗诉分别存在下级控告检察部门和上级案件管理部门的两次受理，因此两级机关分别实施的初次监督和跟进监督分别具有3个月的审查期限。

2. 制发其他类型的检察建议

民事检察建议的类型多样，其他类型的检察建议对再审检察建议效力的发挥和保障具有促进作用。

首先，制发纠违检察建议。《民事诉讼法》第208条第3款规定：“各级人民检察院对审判监督程序以外的其他审判程序中审判人员的违法行为，有权向同级人民法院提出检察建议。”笔者认为，但凡法院对再审检察建议的基本实施规则的违反都应纳入“违法审判行为”的范畴。因此，提出再审检察建议的人民检察院认为同级人民法院处理方式和处理结果不当的，可直接制发纠违检察建议或依职权提请上一级人民检察院向同级人民法院提起纠违检察建议。上级法院应根据检察机关的建议要求进行审查，认为检察机关意见正确、确有必要改正的，应责令和督促下级法院及时纠正，进而通过提级实现法院系统的自行改正。

其次，制发改进工作型检察建议。《监督规则》第112条规定："有下列情形之一的，人民检察院可以提出改进工作的检察建议：人民法院对民事诉讼中同类问题适用法律不一致的；人民法院在多起案件中适用法律存在同类错误的；人民法院在多起案件中有相同违法行为的……"笔者在调研过程中发现，对再审检察建议是否答复在各地的情况不尽相同，但某一地区的情况通常是一致的，要么一律答复，要么一律不答复，不表现为个案化的差异，而是呈现出受制于地域性司法政策的特点，这取决于当地检法两家的关系、检法两家领导人的关系、政法委的居中协调作用等一系列非法律因素。因此，改进工作型检察建议在解决此类问题时应体现出一定的高度，所起的警示作用应具有普遍意义，同时应与通报、纪律处分等制裁性措施相结合，与向同级人大常委会报告相结合，并纳入法官考评的范畴，以综合运用的方式实现效力的最大化。有观点认为，"立法上应当考虑设立拒不整改再审检察建议罪"。[①] 笔者认为，如若单独设立拒不整改再审检察建议罪，该罪作为渎职犯罪，可以以单位为犯罪行为的实施主体，其定罪必然不是以某一次拒不整改的行为为对象。因此，改进工作型检察建议的提出及被拒应作为拒不整改再审检察建议罪在侦查过程中的重要证据。

（二）检察机关违规层面的刚性效力

检察机关在制发再审检察建议时亦可能存在种种不当，为此法院在以正当理由对再审检察建议不予受纳的同时，还可反向提出质疑，以实现审判权对监督权的反作用规制，在一定程度上解决"谁来监督监督者"的质疑。具体而言，法院如果认为人民检察院对其发出的再审检察建议存在错误，应当在收到再审检察建议后的1个月内将其异议书面回复至提出再审检察建议的检察机关，检察

① 吴春莲主编：《检察权的配置与适用》，浙江大学出版社2008年版，第64页。

机关应当在1个月内将处理结果书面回复人民法院。经过复核，检察机关如果认为其发出的再审检察建议确有错误的，应当及时撤销该建议；如果坚持认为该建议正确的，应督促法院及时履行再审检察建议所赋予其的义务。人民法院对回复意见仍有异议的，可通过上一级人民法院向上一级人民检察院提出，上一级人民检察院认为人民法院建议正确的，应当要求下级人民检察院及时纠正。

# 第二章　纠违型民事检察监督

2012 年修改的《民事诉讼法》新增设纠正违法检察建议这一新型检察监督方式，并在 2013 年出台的《监督规则》中将其内容和操作方式进一步细化。纠违型检察监督旨在要求对违法审判行为直接进行救济，无须为此启动新的审判程序，其实现方式为纠违检察建议。《民事诉讼法》第 208 条第 3 款规定，各级人民检察院对审判监督程序以外的其他审判程序中审判人员的违法行为，有权向同级人民法院提出检察建议。根据《监督规则》第 97 条和第 98 条的规定："审判监督程序以外的其他审判程序"包括进行之中的第一审普通程序、简易程序、第二审程序、特别程序、审判监督程序、督促程序、公示催告程序、海事诉讼特别程序和破产程序；"审判人员"包括法官、人民陪审员、书记。《监督规则》第 99 条规定："人民检察院发现同级人民法院民事审判程序中有下列情形之一的，应当向同级人民法院提出检察建议：（一）判决、裁定确有错误，但不适用再审程序纠正的……"此举一改检察机关仅对审判结果进行监督的单一局面，将审判行为一并纳入监督的范畴，极大地丰富了监督对象，拓展了监督阶层，实现了对实体性问题和程序性问题的共同监督、对静态审判结果和动态审判活动的共同监督，实现了对诉讼活动的全方位检察监督。

**表 8　《民事诉讼法》修改后全国检察机关民事行政纠违检察建议实施对比**

2013 年基本情况

| 监督措施 | 2013 年 1 月至 11 月全国检察机关办理民事行政案件基本情况① | | | 2013 全年全国检察机关办理民事行政案件基本情况② |
|---|---|---|---|---|
| | 提　出 | 采　纳 | 采纳率 | 提　出 |
| 审判行为纠违检察建议 | 14085 件 | 11654 件 | 82.74% | 18398 件 |
| 执行行为纠违检察建议 | 32190 件 | 29585 件 | 91.91% | 41069 件 |

2014 年基本情况

| 监督措施 | 2014 年 1 月至 11 月全国检察机关办理民事行政案件基本情况③ | 2014 全年全国检察机关办理民事行政案件基本情况④ |
|---|---|---|
| | 提　出 | 提　出 |
| 审判行为纠违检察建议 | 14379 件 | —— |
| 执行行为纠违检察建议 | 20337 件 | 33107 件 |

① 数据来源于 2014 年 2 月最高人民检察院民事行政检察厅厅长在“最高检厅局长系列访谈”中的谈话，载正义网，http：//live. jcrb. com/html/2014/905. htm。

② 数据来源于 2014 年 3 月最高人民检察院检察长在第十二届全国人民代表大会第二次会议上所作的《最高人民检察院工作报告》，载最高检网站，http：//www. spp. gov. cn/tt. 201403/t20140318_ 69216. shtml。

③ 数据来源于 2015 年 2 月最高人民检察院民事行政检察厅厅长在“最高检厅局长系列访谈”中的谈话，载正义网，http://www.jcrb.com/talk/2015tjzft/ZXJFT/index.html。

④ 数据来源于 2015 年 3 月最高人民检察院检察长在第十二届全国人民代表大会第三次会议上所作的《最高人民检察院工作报告》，载最高检网站，http://www.spp.gov.cn/gzbg/201503/t20150324_93812.shtml。

2015年基本情况

| 监督措施 | 2015年1月至11月全国检察机关办理民事行政案件基本情况① | | | 2015全年全国检察机关办理民事行政案件基本情况② |
|---|---|---|---|---|
| | 提　出 | 采　纳 | 采纳率 | 提　出 |
| 审判行为纠违检察建议 | 11907件 | 9270件 | 77.9% | —— |
| 执行行为纠违检察建议 | 14196件 | 11875件 | 83.7% | —— |

2016年基本情况

| 监督措施 | 2016年1月至11月全国检察机关办理民事行政案件基本情况③ | | | 2016全年全国检察机关办理民事行政案件基本情况④ |
|---|---|---|---|---|
| | 提　出 | 采　纳 | 采纳率 | 提　出 |
| 审判行为纠违检察建议 | 9452件 | 7799件 | 82.51% | 13254件 |
| 执行行为纠违检察建议 | 14313件 | 11650件 | 81.39% | 20505件 |

① 数据来源于2016年2月最高人民检察院民事行政检察厅厅长在“最高检厅局长系列访谈”中的谈话，载正义网，http://www.jcrb.com/xztpd/gxzt/2016TJZFT/vdvgndkg/index.html。

② 数据来源于2016年3月最高人民检察院检察长在第十二届全国人民代表大会第四次会议上所作的《最高人民检察院工作报告》，载最高检网站，http://www.spp.gov.cn/zdgz/201603/t20160313_114325.shtml。

③ 数据来源于2017年2月最高人民检察院民事行政检察厅厅长在“最高检厅局长系列访谈”中的谈话，载正义网，http://www.jcrb.com/xztpd/gxzt/2017TJZFT/zxjftzt/index.html。

④ 数据来源于2017年3月最高人民检察院检察长在第十二届全国人民代表大会第四次会议上所作的《最高人民检察院工作报告》，载最高检网站，http://www.spp.gov.cn/gzbg/201703/t20170320_185861.shtml。

## 第一节　我国当前司法环境下民事诉讼程序性价值的保障力度与限度

普世意义的程序安定性必然有与特定适用范围相对应的“相对度”，而决定“相对度”标准的在于一国现有的法治环境和法治思维，决定我国当前对民事诉讼程序价值的保障力度与限度的法外因素是多元化的。价值取向对诉讼程序的运转具有引领作用，诉讼程序基于一定的价值被设计，又基于该价值而被运作，最后基于该价值而被评价。就程序设计和程序价值的辩证关系而言，一方面程序设计树立、引导程序价值，另一方面现有程序价值决定程序设计的程度。我国的民事诉讼程序经过多年来的发展，中立、平等、自治、效率、公开、秩序、安全、隐私、和平、谦抑、人道、经济等普世性程序价值已然贯彻其中，目前已从宏观上贯穿于法律和司法解释的相关规定。但是，“所有诉讼和司法价值并非等量齐观，而是有轻重位序的。必须综合衡平和统筹兼顾，才能对这些诉讼和司法价值做好排序。随着利益的多元化、观念的多元化，各种不同利益关系的群体以及持各种司法审判观念的人，很难对一个确定裁判完全形成共识”。[①] 程序工具主义、程序本位主义等基本价值理念作为上位的诉讼程序价值取向，呈现出通性；下位的诉讼程序价值取向则依赖于适用的具体环境，呈现出个性。鉴于每个国家传统思想及法律环境的不同，对诉讼程序价值的追求没有固定的内涵，而体现出历史阶段性，只有以该国的实际情况为基础方能完成对相对应民事诉讼程序价值的切实保障。就我国而言，该项任务并非单纯的“西学东渐”所能完成，与社会实际不符的简单法律移植必将水土不服进而流于形式。“中国司法制度以及民事诉讼程序的设置

① 江必新：《程序法治的制度逻辑与理性构建》，中国法制出版社 2014 年版，第 222 页。

缺乏应有的理论基础。所谓理论基础，并非指的是书本上的描述或者学者们的凭空幻想，而是指根植于、源于中国百姓生活土壤之上的细微的分析、思考和概括性的研究。"[①] 此外，社会条件的不同将致使多元化程序价值表现为不同的具体形态，诸多程序价值之间的冲突与碰撞在客观上无法避免进而时常出现利益冲突，因此一项具体诉讼制度的设计仍面临对某些具体价值的择优选择，偏重会有所不同。所以，只有在"西学东渐"的基础上进行本土化再改造，以启发、借鉴功能取代复制功能，方能分化出民事诉讼法学上的判断和民事诉讼规则上的判断，缩小制度形态价值与观念形态价值间的差异，发掘出诉讼程序价值平衡状态的关联点，把握程序科学性的真正含义，进而利用本土资源发展适合我国现状的程序规则，实现诉讼程序的可接受性、可操作性和可参与性，体现出程序价值追求的本土特色和时代特征。

## 一、对我国民事诉讼程序价值进行保障的现实理念基础

诉讼程序的运行依赖于特定的客观环境，环境要素将对诉讼程序的运行产生直接或间接的影响。对于诉讼程序有效运行所依赖的因素，应通过历史唯物主义观点予以辩证看待。目前中国司法环境的形成有着特定的历史背景与文化传统，国家、社会、公众影响着民事诉讼价值的形成和走向。就诉讼程序的观念价值与社会制度的形态价值的吻合程度而言，现实国情、社会实际、文化背景、法律理念、伦理价值、道德依据、认知能力、思维模式和生活方式无疑均是主导民事诉讼程序价值取向的重要因素。目前我国部分程序价值的短缺使民事诉讼的运行受到严重的抑制，部分民事诉讼程序的实际功能已偏离了当初的设置目的，民事诉讼程序运行环境的人为障碍使其扭曲运行、错位运行、变态运行而不得不发生后天性功能异化和短缺。可见，对一种诉讼程序的设计要适应与之配套的主体

① 刘荣军：《程序保障的理论视角》，法律出版社 1999 年版，第 2 页。

认知，否则该制度本身将发生变异，不仅难以发挥出设计者理想中的积极效果，而且将产生难以意料的反作用，需要花费更多的成本进行修复。目前我国司法实践中部分程序规则的“失灵”不完全是规则本身的原因，规则背后那些真正影响其运行的因素乃问题发生的根源。因此，程序规则的设置不应主义化，必须在考虑本国实际的基础上依据现实进行，且不能极端追求程序正义，应对民事诉讼程序的普世性价值在当前中国的司法环境下进行特定解读和专门改造。

### （一）民事权利义务主体的民事诉讼程序价值追求

观念形态的程序价值是影响诉讼功能的重要因素，是诉讼技术的形成基础。并非所有的正当性程序价值都能够被我国普通民众所理解乃至接受，这是与文化水平、道德观念、社会经验、价值追求、诉讼的意识、理念、习惯和文化等因素相关联的。“就解决冲突而言，基于正义策略有效性的范围存在一些限制。这些限制或许是潜在的，因为社会性质的不同可能对于社会冲突解决的影响也不同。例如，潜在的文化背景可能改变人们对程序正义的接受程度或改变人们界定程序公正的标准。”①

当事人在目前的诉讼中普遍存在的心态之一是以一味追逐案件的实体权益为根本目的。“信奉实体权利主要由程序来保障。”② 对诉讼程序的设计本不可能完全脱离案件实体问题，判决的正当性来源于诉讼程序中的理性交流，程序价值本身确实有助于实体正义的实现，可提高公众接受度和履行判决的自觉性，程序规则的设置应兼顾实体正义与程序正义。但是这种价值观念被我国的当事人极端扩大，当事人在诉讼中将程序视为辅助工具，既在诉前缺乏基本的常识，又在诉中不够重视。一来当事人在民事实体活动中的恶意串

① 程波：《程序正义的社会心理学及在纠纷解决中的运用》，载《北方法学》2016 年第 1 期，第 23 页。

② J. Schwarze, European Administrative Law. London: Sweet&Maxwell, 1992, p. 147.

通必将演变为恶意诉讼，二来当事人对程序错误的主张是以推翻实体性裁判为目的的。“诉讼主体之所以能够对自己的情绪进行一定的控制，并采取理性的行动，根源在于诉讼利益的存在。对诉讼利益的追求和对个人理性的运用是推动诉讼程序不断深入的两大动力。而这正是构建诉讼程序的基础。”① 以对一审诉讼中程序错误的救济为例，鉴于上诉救济的非终端性和再审事由的有限性，现行法中二审予以纠正的程序错误与再审事由中的程序错误在种类上基本一致，由此对同一程序错误赋予了两次救济的机会，实现了一定范围内的救济递进。但是，当事人如若对案件的实体审理结果不服，又提不出合理的上诉理由和法定的再审理由，其此时将注意点转移至程序问题，企图以程序错误的存在为由引发二审或再审，进而在程序救济中再次提出相关的实体性争议，以最终通过救济判决改变既有的实体权利义务分配。“相对于那些获得利益、赢得诉讼的一方而言，那些失去利益或败诉的一方对程序的公正性更加重视，并经常以程序不公正为由，挑战司法裁决的合法性和正当性。因此从某种意义上说，程序是给败诉方制定的，程序正义是为被剥夺利益的一方提供的挑战裁决权威的工具。”② 当事人在目前的诉讼中普遍存在的心态之二是主观意志的逐利性，即当事人对程序价值不存在绝对的信仰，其只是根据遵守程序规则的后果预判并决定自己是否可以无所顾虑地违反该规则或违反后对相关利益的承受能力，此业已成为诉讼中主流的观念形态价值。“在估计规范的违反除去所谓风险外仍对自己有利时，人们可能故意违反规范；在判断规范的严格实施给对方带来的不利比给自己带来的更大时，人们会要求执法机关更严格地执行规范。”③ 因此，当事人对程序规则的

① 魏晓娜：《刑事正当程序的理论支点》，载《当代法学》2004年第2期，第153页。

② 陈瑞华：《程序正义理论》，中国法制出版社2010年版，第6页。

③ ［日］棚濑孝雄：《纠纷的解决与审判制度》，王亚新译，中国政法大学出版社1994年版，第40页。

态度会随着时间、地点、场合、情绪等因素的变化而变化，在不同案件或同一案件的不同阶段表现为不尽相同乃至截然不同的主张和看法。即便当事人在特定的情境中主张程序公正，也会强调不同公正要素的重要性。

综上可见，过往的学说过多地抨击法院在民事诉讼中的强势性地位，主张加强对当事人诉讼权利的保护。但是，当下中国的绝大多数民众是否具有诉讼权利维护意识，以及当赋予其诉讼权利时其能否重视并有何种程度的能力正确行使，乃至是否会为了追逐实体性诉讼利益而恶意滥用诉讼权利，这是一个值得从反面进行换位思考的问题。唯当事人主义的程序价值目前在我国显然是无法成立的。就诉讼模式的种类而言，当事人主义诉讼模式偏重于程序正义，职权主义诉讼模式偏重于实体正义，欲在一个更多追求实体正义、诉讼诚信存在严重缺陷及民众法律意识和法律水平较低的国家加强当事人主义诉讼模式的构建，其中的现实性和难度显而易见。在中国当前的司法环境之下，在民事诉讼中纯粹追求程序本位主义不够现实，程序工具主义的理念不得不适度渗入。“程序性正当程序同样是一个利与弊的集合体，它最为致命的缺陷在于无法面对需要加入人性化考虑的各种偶发事件。因此，单纯地追求程序性正当程序仍然有可能导致悖论的产生，导致与其所预设的不一致的结果出现。”①

### （二）审判者的民事诉讼程序价值追求

法院和当事人对民事程序价值的评价存在差异本属正常现象，在根源上是由民事诉讼构造的对抗性和法官对民事诉讼的指挥性所决定的。但是，如若二者的价值评价差异突破了一定的范围、达到了一定的程度，则意味着形成差异的因素偏离了正常状态。一直以来，对不合理的行政考核指标的质疑和批评一直是外界对司法行政

① 张闯、刘福元：《程序性正当程序的悖论与重构》，载《社会科学辑刊》2009年第5期，第70页。

管理制度的态度。目前司法改革的重点之一在于发展和完善现行审判管理和业务考核机制，但其所产生的审判环境和审判心态的变化也会反作用于诉讼程序的运行。“制度变革通常分为正规的制度变革（体制、法规等）和非正规的制度变革（伦理道德、思维方式、生活方式等）。在正规制度变革走在前面，非正规制度变革相对滞后的情况下，很容易产生诸多对新体制的不适应，更有甚者可能导致制度的变异，这种良好的制度设计得不出良好的结果的例证在当下中国是不鲜见的。”① 目前，对结案率的硬性要求和比较的现象在很多法院已得到改善，但由此却引发了当事人及律师的新的不满。在无结案时间的行政性要求下，虽然法院年底不立案等传统弊端有所缓解，但审限的法定附理由延长使其成为助长迟延裁判的工具，消极裁判、拖延裁判和拒判强调的现象进一步增多。可见，在法律约束力的效力明显不如行政约束力的现实情况下，行政化管理在目前司法审判中的适度设置具有一定的现实必要性，这是对目前法官对诉权保护重视不足、对程序价值尊重不足、对程序法遵守不足的变相弥补和促进。因此，行政化管理的程度和标准虽有待于斟酌，但完全摒弃势必不适合现有的国情。

### （三）非民事权利义务主体的民事诉讼程序价值追求

“作为一种价值判断，程序正义的标准应当以特定社会中普通民众的价值观念为基础，在结果的正确性和结果的可接受性之间寻找平衡。”② 非民事权利义务主体作为民事争议的局外人，其要么与诉讼无直接关联，或完全不知晓封闭的诉讼，或仅以旁观者的身份见证诉讼；要么以协助人的身份参加诉讼，以中立的身份在诉讼中发挥相应的作用并承担一定的义务。非民事权利义务主体从局外人转变为诉讼协助人，既需要具备相应的客观条件（如对案件相关事实的知晓、处理专业性技术问题的能力等），也需要主观的意

① 朱丹：《程序正义与人的存在》，经济管理出版社2014年版，第169页。

② 邓继好：《程序正义理论在西方的历史演进》，法律出版社2012年版，第4页。

志追求（如通过作证达到伸张正义之目的、通过鉴定获取相关的报酬）。显然在我国目前的社会环境下，除去对法律公正信仰的追求，经济利益是刺激具备客观条件乃至本不具备客观条件但人为制造虚假条件的非民事权利义务主体参与诉讼的最重要的原因。不存在经济利益时，证人可能会更多地考虑到人际关系、社会舆论等因素而拒绝作证；存在正当经济利益时，代理人、鉴定人愿意为查明案件事实提供技术支持；存在不正当经济利益时，证人、代理人和鉴定人均可能违背基本的中立立场而对其盲目追求。

## 二、对部分民事诉讼程序价值的保障不足

对正当程序的设计标准和评价标准应当是统一的，并应从评价标准推导出设计标准，以评价标准衡量设计效果。“法律程序的建设具有实质性的内容，而不仅仅是‘为程序而程序’的法律形式正义，不具有实质内容、缺乏明确目的指向的法律程序极有可能流于过场，从而导致程序的夭折。”① 在创制具体的程序规范时，应在对主流程序价值观念的把握之下加强对规范发生效用的条件的论证，以防止具体规范在实际运行中失效，形成程序虚置。当然，程序运行本身亦具有验证、反馈功能，可检验法律的实施是否达到原本的立法目的，进而发现立法中的问题，促进对法律的修改。

### （一）对程序错误进行证明的有限性

对程序错误的救济以对相关问题的证明为前提，但程序违法证据难以保存甚至形成的原因在于诉讼活动的快速性、抽象性以及空间范围的特定性。对程序活动进行留存的最有效手段莫过于同步录音录像，但当前我国法院对录音录像实施严格的利己性管理，加之法院对当事人自行录音录像的禁止以及民事诉讼全程活动的场所并不限于法院，当事人对自身程序权利的救济率先陷入证明手段的空缺。根据《民诉法解释》第 176 条的规定，诉讼参与人或其他人

① 应松年主编：《行政程序法立法研究》，中国法制出版社 2001 年版，第 26 页。

未经准许进行录音、录像、摄影或以移动通信等方式现场传播审判活动的，人民法院可以暂扣诉讼参与人或者其他人的器材，并责令其删除有关内容；拒不删除的，人民法院可以采取必要手段强制删除。当然，法院上述规定的积极性在于防止部分当事人对录音录像所获得资料的不正当使用乃至篡改滥用，进而故意制造社会舆论审判、泄露审判秘密，以造成对正常诉讼活动的妨碍。但诉讼程序必须作为一个整体进行宏观性运作，各方诉讼主体都必须遵守既定的规则。以立案活动为例，如果实施对当事人自行录音、录像、摄影的禁止，则法院应严格遵守《民事诉讼法》第123条的规定，对不予立案的情形制发不予受理的书面裁定，以保障当事人上诉权的有效行使。然后法院又以“案多人少”为由，提出强制书面裁定所耗费的人力、物力等困难。因此，即便在当前司法改革对立案登记制进行创设的情况下，口头裁定不予受理的情形仍屡见不鲜。基于上述矛盾，当事人私自偷拍偷录的行为时常发生，故而会发生广西南宁吴良述律师“裸体”案。可见，口头裁定的灵活性、便利性虽然与诉讼活动的流畅性、效率性相吻合，但也会滋生出随意性、规范欠缺性和事后难查性等弊病。笔者认为，在目前的情况下，要求将口头裁定及时记入笔录并立即发生法律效力是较为现实、有效的方式，其在一定程度上可实现对程序活动的无害证明。同时，法院立案、调解、庭审的同步录音录像工作应进一步加强，这不仅仅局限在简单的对设备的配备上，还应进一步强化和规范对录音录像所获材料的管理、查询和出示。此外，对于发生在法院判决之后的送达、保全、执行等诉讼行为，为法官配备并强制要求使用执法记录仪是解决程序证明难题的唯一有效手段。

（二）对轻微程序错误认定与宣告的忽视

在对程序错误救济的问题上，现行法实行了有限救济原则，在上诉结果和再审理由中分别规定了相关的程序错误类型。首先，就上诉而言，根据《民事诉讼法》第170条和《民诉法解释》第325条的规定，二审法院裁定撤销原判、发回重审的严重程序错误包括原判遗漏当事人、违法缺席判决、审判组织的组成不合法、应当回避的审判人员未回避、无诉讼行为能力人未经法定代理人代为诉讼和违法剥夺当事人辩论权利。其次，根据《民事诉讼法》第200条的规定，当事人对生效裁判中的程序错误申请再审的事由仅限于：当事人因客观原因不能自行收集审理案件需要的主要证据，书面申请法院调查收集而法院未调查收集；审判组织的组成不合法或应当回避而没有回避；无诉讼行为能力人未经法定代理人代为诉讼或应当参加诉讼的当事人因不能归责于本人或者其诉讼代理人的事由未参加诉讼；剥夺当事人辩论权利；未经传票传唤就缺席判决；原裁判遗漏或者超出诉讼请求。由此可见，现行法所规定的程序违法情形根据情节和程度的差别，有“轻微程序错误”和“重大程序错误”之分。除现行法以列举方式规定的重大程序错误之外，轻微程序错误在诉讼中屡屡发生且种类繁杂，其亦可间接造成对诉讼权益的重大损害，但当事人不具备任何的救济手段。因此有学者提出，“对于普通的程序违法行为，只要足以对初审判决结果产生直接的影响的，就都允许二审法院做出撤销原判之裁定。但与此同时，对于那些足以造成法律利益受到严重损害的重大程序错误，二审法院则不再考虑其是否对裁判结果造成影响，而可以直接做出撤销原判之裁定”。[①] 也有学者提出，“应当将程序违法的再审事由与实体妥当性、正当性联系起来考虑。为了防止程序性再审事由的空转，可以规定必须是同时存在程序违法和实体问题处理不当的案件，当事人才可以申请再审。如果没有程序违法只是一般性的不当，作为复审的再审法院要尊重原审法院的裁判，维持原判决的既判力、公信力”。[②] 笔者认为，对重大程序错误进行救济的重要性毋庸置疑，但对其的界定即是否应与对实体权益的损害相关联，则

① 陈瑞华：《程序性制裁理论》，中国法制出版社2005年版，第449页。

② 江必新：《程序法治的制度逻辑与理性构建》，中国法制出版社2014年版，第240页。

有必要作进一步探讨。然而，无论如何界定重大程序错误，对轻微程序错误的救济亦不能忽略，即便其属于无害性错误，也应对其进行性质上的宣告与否定，只是救济成本需要与其本身的价值相对应，防止对程序正义的过分追求。综观现行法，根据《民诉法解释》第334条的规定，原裁判认定事实或适用法律虽有瑕疵，但裁判结果正确的，二审法院可以在裁判中纠正瑕疵后予以维持。根据《民诉法解释》第407条的规定，法院经再审审理认为原裁判认定事实、适用法律虽有瑕疵，但裁判结果正确的，应当在再审裁判中纠正瑕疵后予以维持。上述裁判方式具有积极意义，其将瑕疵性错误单列，在不更改判决中实体内容的基础上直接加以宣告，实现了公正价值和效率价值在一定程度上的平衡。但是，程序瑕疵作为程序错误最主要的类型，其广泛存在、形式多样，是比事实瑕疵、法律瑕疵更为普遍的轻微错误形式。现行法并未将程序瑕疵纳入宣告性纠正的范畴，直接造成程序错误救济方式的不完整，使大量的轻微程序错误处于不受保护的空白状态。因此，应比照现行法对事实瑕疵、法律瑕疵的认定、宣告与纠正方式，对于存在程序瑕疵的一审未生效裁判，二审裁判应在纠正瑕疵后予以维持；对于存在程序瑕疵的一审生效裁判或二审生效裁判，再审裁判应在纠正瑕疵后予以维持。

（三）对程序错误评判标准的实体化

对程序错误的认定应秉持独立性原则，程序错误与实体错误虽然可能存在关联性，但并非绝对，对二者的救济不应简单混同。以公告送达和缺席判决为例，送达难是我国目前民事诉讼中的现实难题之一，社会经济快速发展下的人口流动、原告故意提供被告虚假信息、原告故意伪造被告下落不明的状态以及被告有意逃避诉讼等原因使送达难以成功，对此法院要么以被告所提供的信息不准确为由裁定不予受理或劝诫原告撤诉，要么采用公告送达这一拟制法律方式，在公告后仍无法联系被送达人时缺席判决。其中，在一审法院正确采用公共送达时，缺席判决所依赖的证据势必具有片面性，缺席方将丧失提交证据和进行质证的机会，为此一审法院所认定的法律事实存在与客观事实发生较大偏差的可能。就对缺席判决的救济而言，在现行的司法实践中如果缺席方提起上诉并提交支持其一审诉讼请求的证据，二审法院将依法进行审查并组织质证。二审法院如果采信相关证据，则必然以“一审认定事实错误为由”推翻一审判决，但在行政考核指标中不将此类案件纳入错案。笔者认为，上述实务做法为当事人恶意放弃一审而直接聚焦终审提供了空间。一审缺席判决所造成的事实偏差虽对缺席方的实体性权益保护不利，但此种实体性不利是以对程序规则的违反为前提的，在性质上具有一定的惩罚性，一审法官所作的裁判是在当时的证据条件下进行的，并非对案件事实的人为主观错误认定。“我国传统的文化背景之一则是所谓‘天人合一’的观念，这种思想并不承认自然的秩序和社会生活的秩序有根本的差异，也不认为有可能或有必要在严格区别于实体存在的前提下创造出某种人工的观念形态空间。”[①] 因此，在被缺席方提起上诉时，其上诉理由应限定为一审中存在程序错误即送达方式和缺席判决的适用条件存在不当，或一审中存在实体错误即法院根据当时的证据所作的实体认定不当，而二审法院不能直接接受缺席方针对一审诉讼请求补充提交的证据后认定一审裁判存在实体错误，此类证据不属于法定的“新证据”。如果二审法院认为一审的送达方式和缺席判决的适用条件存在错误，可以以一审存在“重大程序错误”为由发回重审，在重审中方可允许原缺席方重新提交证据。

### 三、对部分民事诉讼程序价值的保障过度

程序公正具有相对性，程序正义有其自身的局限性，程序价值有其特定的适用范围，并非无限度地被追求。过分推崇程序正义将

① 王伯琦：《近代法律思潮与中国固有文化》，台湾法务通信杂志社 1981 年版，第 73~74 页。

导致程序空转，不利于其他诉讼价值的实现。目前，程序中心主义会在我国造成极端性状态，不应成为当下中国民事诉讼的价值取向，纯粹的程序正义、彻底性的程序价值在目前中国没有生存的土壤。“人为地夸大程序的意义，既是对程序意义的误解，更可能因为‘程序功能的超载’而导致人们对程序功能的失望，矫枉过正往往会弄巧成拙。”① 反思我国目前的司法运行状况，最低限度的程序价值保护业已树立，相反我国当前民事诉讼中存在部分过度先进性设计，易造成价值保障目的与实际效果的差距乃至背离，立法时的合法预期最终没能实现，并时常伴生一系列意想不到的程序障碍，完全打破法律的预设。程序的克减必须以不影响程序公正为前提，对诉讼程序的设计不宜过于复杂，应重在发挥实用性、易操作性。基于我国的现实国情，为了程序运转的实际有效性，应贯彻程序保障的比例原则，适度大胆放弃对某些程序价值的追求，实现程序设计的相对性，避免正当程序规则极端化。

（一）程序的循环进行

1. 实体性救济程序的循环进行

对裁判结果的救济势必具有终局性，这是司法权威和裁判既判力的必然要求，其本身并不与终局性判断的正确与否相矛盾，民事诉讼的证明标准决定了在法律真实下无法就案件实体问题进行“民事错案”的界定。《民诉法解释》正确地贯彻了这一原理，坚持再审的一次性原则，该解释第383条规定：“当事人申请再审，有下列情形之一的，人民法院不予受理：（一）再审申请被驳回后再次提出申请的；（二）对再审判决、裁定提出申请的；（三）在人民检察院对当事人的申请作出不予提出再审检察建议或者抗诉决定后又提出申请的。”但是《民事诉讼法》第207条并没有为再审设置专门的程序，而是规定一审法院作出的生效裁判应按一审程序

---

① 高秦伟：《正当行政程序的判断模式》，载《法商研究》2004年第4期，第38页。

进行再审，当事人可对所作的裁判提起上诉。分析上述规定可知：第一，对一审生效裁判直接进行再审本身的合理性值得探讨。就审判救济的内部顺位关系而言，各国立法在再审程序设立问题上普遍采取慎重态度，对明知一审裁判有瑕疵却故意不以上诉的方式主张者一律不得赋予其申请再审的权利，严格规范上诉对未生效裁判救济和再审对生效裁判救济的先后顺序，有效减少对生效裁判既判力的冲击。当事人在能够通过上诉进行救济却没有及时提出的情况下会发生失权的法律后果，使当事人丧失再审之诉的主体资格。在德国，再审之诉分为回复原状之诉和取消之诉。《联邦德国民事诉讼法》第 582 条明确规定，回复原状之诉，只有在当事人非因自己的过失而不能在前诉讼程序中，特别是不能用声明异议或控诉的方法，或者不能用附带控诉的方法提出回复原状的理由时，才准提起。第 597 条第 2 款规定，尽管有提起取消之诉的情形，但当事人如果可以通过上诉而主张原判决无效时，不能提起取消之诉。《日本民事诉讼法》第 338 条规定，当事人明知再审的理由未以上诉方式主张时，不得提起再审之诉。强化上诉纠错的广泛功能无疑有助于提高司法效率，但是我国现行法并未将上诉设置为申请再审的强制前置程序，这在一定程度上引发了审判救济的秩序混乱。相比而言，《人民检察院诉讼监督规则（试行）》第 32 条所作的当事人不得就依法可上诉但未提出上诉的一审裁判申请检察监督的规定更具有科学性。第二，即便允许对一审生效裁判进行再审，其本身也应定性为只是参照而非适用一审程序进行再审，其所得裁判的性质为再审裁判而非一审裁判，属于诉讼程序体系内的终端性裁判，不得再赋予其任何形式的救济机会。现行法允许当事人对一审生效裁判进行再审后所得裁判再次提起上诉，此举打破了诉讼程序的体系性封闭，实属对再审一次性原则的破坏。相比而言，《民诉法解释》第 426 条第 1 款中“对小额诉讼案件的裁判，对当事人申请再审后所作出的再审裁判，不得上诉”的规定具有类似情况下的合理意义。

2. 程序性救济程序的循环进行

程序救济应贯彻率先、及时、时效原则，置于对纠纷的实体处理之前，以避免其与实体处理的冲突。如将程序救济置于实体处理之后，在实体处理不存在错误的情况下，纯粹的追求程序正义将导致程序空转。“程序法的最终有效性要取决于实体法的有效性。”①根据《民诉法解释》第426条第2款的规定，对小额诉讼案件的裁判，当事人以不应按小额诉讼案件审理为由向原审人民法院申请再审的，当事人对再审裁判可以上诉。上述规定将对程序选择权的救济置于裁判作出之后，而且采用再审这一对生效裁判的救济，显然所耗费的成本过高。笔者认为，应将当事人对适用小额诉讼程序的异议权前置。尽管异议可以设置为多个层次和时段，但最后的异议至少应在最后作出裁判前完成。相比而言，我国对“管辖权错误”的纠正理念和方式的变迁体现出处理程序纠纷的正当规律。对于管辖存在错误的案件在审理业已完毕的情况下是否能够或需要重审的问题，根据《民诉法解释》第381条的规定，当事人只能对不予受理和驳回起诉两种裁定申请再审。该规定事实上从侧面否定了对管辖权异议裁定进行再审的必要，进而与现行《民事诉讼法》第200条中将“管辖错误”作为再审事由的删除形成了呼应。②

（二）意思自治权的偏失

“一项法律程序或者法律实施过程是否具有正当性和合理性，不是看他能否有助于产生正确的结果，而是看他能否保护一些独立的内在价值。”③ 程序规则将成文法的滞后性特点在一定程度上予以放大，因此赋予程序参与者在一定程度上的意思自治权体现出维

---

① See Cerald J. Postema, The Principle of Utility and the Law of Procedure: BentHam s' Theory of Adjudication, in Georgia Law Review, Vol. 11, 1393, 1977.

② 2007年《民事诉讼法》第179条所规定的再审事由中，包括“违反法律规定，管辖错误的”一项。

③ 陈瑞华：《程序正义理论》，中国法制出版社2010年版，第27页。

护程序价值的一般规律，可防止对程序的机械操作并避免现有规定的局部空白。但是在我国现阶段，对程序意思自治权的设置具有一定程度的负面效应，人为主观性因素成为介入法定程序规则的合法理由后，将导致诉讼活动极易出现任意性，因此立法应对程序意思自治的行使保持一定强度的控制，避免“极左”或“极右”现象的发生。

1. 法官对程序争议处理的自由裁量权应受到一定规制

自由裁量权的正确行使将激发诉讼程序的活性，但司法审判人员的素养决定着民事诉讼程序的规范程度，司法机关及其工作人员的工作作风、工作态度在很大程度上决定了程序的可接受性，体现着对参与者的关怀。一直以来，中国司法实践中法官以自由裁量权作为工具偏袒一方当事人的情况屡见不鲜。2015 年出台的《民诉法解释》与 2001 年的《最高人民法院关于民事诉讼证据的若干规定》相比，其在证明责任分配问题上的最大变化在于取消了法官的自由裁量权，即只存在证明责任的一般分配和特殊分配。就法理层面而言，证明责任的一般分配属于常态，证明责任的特殊分配属于例外，需要法律的特别规定。显然目前法律对证明责任特殊分配的列举确实较为有限，远不能覆盖需要特殊分配的全部情形，加之证明责任的分配呈现出个案特征，随着民事活动与时俱进的繁荣和民事纠纷种类的不断扩展，证明责任的特殊分配势必会较快增长并呈现出“法律尚无明文规定”的可预料局面。因此在证明责任的分配中设置法官的自由裁量权是科学合理的，这也与自由心证在证明活动中的最终地位形成了性质上的统一。然而最新司法解释对法官在证明责任分配中的自由裁量权的取缔，显然是考虑到其之前在司法实务中的被滥用。笔者认为，我国目前对程序规则的设计应以严格性为主导，通过适度牺牲灵活性来防止人为滥用。最新司法解释对证明责任分配问题上所采取的价值取向把握了较大的程序利益，其固然对相关利益有所牺牲，但不失为当下最佳的折中方案。当然，目前在办案追责制的压力下，部分裁判者的心态有所变化，改为希望能得到最为细致的程序规则而直接加以遵守，以避免自由裁量权的不当行使甚至是正确行使而被错误认定后的责任追求。

2. 当事人之间的诉讼契约沦为形式

诉讼契约是诉讼协同发展的重要内容之一，在合作性诉讼中，“协商性司法与程序正义的一部分要素是具有相容性的，而至少是不相互排斥的。只不过，相对于对抗性的司法裁判模式而言，协商性司法模式中的程序正义价值具有其特殊的表现形式罢了”。[①] 诉讼契约的前提为当事人之间达成理性的合意，包括纠纷发生前的合意、纠纷发生后诉讼进行前的合意以及诉讼进行中的合意，但不同阶段的合意中当事人的主观目的和心理状态不完全相同。纠纷发生前的程序性合意主要表现为协议管辖，其最易达成但种类较少。产生于纠纷解决过程中的合意在本质上属于对程序问题的和解，其并非在审判权的主导下完成，法官只能适度地释明，因此其要求当事人能以冷静的心态对待诉讼的发生及处理，能以平静的心情与对方当事人进行再沟通。显然，我国多数诉讼当事人所普遍表现出的偏执、不冷静、非理性、拒绝配合乃至偏离纠纷本身的人身对抗使程序选择权具有很大的局限性，诉中契约的概率非常低。相反，过度积极的诉中契约却成为虚假诉讼的危险信号。此外，诉中契约亦成为法官违法强迫、便于审判权利被自己运行的实现工具。因此，在当事人缺乏合理安排自身诉讼行为所必需的理性能力的状况下，诉讼契约的过分强调势必会对诉讼程序的正常运行制造障碍。在当前的司法环境下，诉讼路径的多重可选在一定情况下不如单一赋予，后者能避免在选择中引发的误解、滥用和被利用。

(三) 柔性程序制度的空置

审判权对诉权的规制职能使诉权时常反抗审判权，这种反抗可能是审判权运行不当时的诉权积极抵制，也可能是诉权对审判权的恶意攻击。同样，审判权本身要受到检察权的监督，而审判权常常

① 陈瑞华：《程序正义理论》，中国法制出版社 2010 年版，第 131 页。

企图摆脱监督，审判权的强势运行使其即便摆脱无据，也形成了强势对抗，使监督的权威和效果大打折扣。我国传统诉讼文化缺乏对抗性，为了缓解各类权力与权利、权力与权力之间的硬性碰撞，我国诉讼制度创设性地构建了柔性制度。然而，在当前以程序价值观为主的现实状况下，程序的参与者可能利用宽松、多元化选择性的程序实现其个人在其他方面的不当意图，最终扰乱预设程序的正常进行，进而使诉讼程序背离其出发点。被异化的程序功能使诉讼程序在现实中所体现出的实际价值与设定功能时所设想的指导价值产生了差异。因此，程序在设计之初应在制度上压缩可被当事人滥用的空间。

1. 审判权对诉权的柔性制约

2012 年《民事诉讼法》对举证期限制度的再改造使其成为西化制度的中式典范。该制度原本欲防止诉讼突袭、诉讼延迟，体现出浓厚的程序正义理念，但其在一定程度上会造成对实体正义保护的直接不能。现行法采取了一种中立的价值取向，将举证期限制度改造为非绝对性，即当事人因故意或重大过失逾期提供的证据若与案件基本事实有关，则法院应当采纳，并予以训诫、罚款。此举旨在将程序保护和实体保护合为一体，表面上看考虑到了我国当事人极其重视实体权益的现实国情，实际却无法产生复合型效果。训诫在目前的司法实践中所能产生的制约效果是非常有限的，而罚款在最高额加以限定的情况下，其本身存在较大的选择幅度。具体罚款数额的确定如果依据的是该证据对待证事实所起的证明作用的大小，显然由于过于抽象而缺乏可操作性；如果依据的是证据逾期提交的天数、证据所能证明的涉案金额的大小，也难以形成统一的标准。因此，在对违反行为规则的制裁措施缺乏力度的情况下，若当事人秉持实体权益追求在前、对诉讼规则的漏洞利用在前的理念，则举证期限制度势必被架空，处在如同虚设的尴尬状态，在实践中难以有效运用，对程序正义的追求基本起不到作用。因此举证期限制度的设计目的只能是专一地追求程序价值，基本无法兼顾实体价值。

2. 柔性检察监督

再审检察建议制度使法院对检察院向其提起的监督处于自行审查的状态。我国民事检察监督制度一直以来面临的一大质疑便是检察机关的监督手段只是提起监督性诉讼程序，而对案件进行监督性审理的主体仍是法院本身，检察监督处于间接改变既有裁判的层面。再审检察建议制度的创设使质疑进一步加大，检察机关目前对监督性诉讼程序的提起也丧失了具有最终意义的决定权，法院可自行决定是否提起监督性诉讼程序，检察监督的效力进一步下滑。根据《民事诉讼法》第 209 条的规定，当事人对再审审查和再审审理结果不服的，可以向检察机关申请抗诉或再审检察建议。鉴于再审检察建议的柔性效力所带来的不确定性，在司法实践中通常会出现当事人一律自行选择抗诉的单一局面。笔者认为，“纯粹的柔性”与“监督”二者在本质上存在一定的矛盾。再审检察建议的本质应界定为刚柔并济，即法院无正当理由否定提起监督性诉讼程序时，检察机关应跟进监督，依职权强制提起监督性诉讼程序，即抗诉应作为保障再审检察建议效力的后盾。因此，再审检察建议和抗诉应成为一整套监督方式中的先后两个环节，而非并列的两种监督方式，再审检察建议应成为部分抗诉中的前置环节。

## 四、我国当前民事诉讼中技术规范无力调整的瓶颈问题

程序公正不是万能的，对程序价值的追逐必然要付出相应的代价。当下中国民事诉讼中出现的许多程序难题的形成原因非常复杂，是在法制发展水平、民众的道德意识、引发实体性纠纷的各类缘由等因素下复合而成的，在很多情况下仅靠程序法的技术性调整必然无法完全解决，程序法只能在一定程度上实现有限规制，甚至无法起到基本的规制作用，形成在客观上无法通过技术性措施予以突破的诉讼“瓶颈”。对于此类极端性诉讼难题，由于其形成原因主要在于人的意识性主导，故当前对其所抱持的心态应是不急迫、

不强求、辩证地认识、尽力而为之，以积极预防该类问题的发生，绝不能力图通过技术性手段硬性解决。在司法资源有限的现状下，为追求当下难以匹配的程序公正而耗费巨大成本的绝对化、片面化做法是不科学的。诉讼条件的发展进程是以其背后的法律文化作为支撑的，程序公正的具体内容不会一直固定于一个既定的层面上。随着社会环境的变化、诉讼观念的更新，现行技术规范难以调整的“瓶颈”问题必将随着历史的进步而逐步演变为技术规范可以调整的突出问题甚至普通问题，最终成为当事人自觉严格遵守的诉讼程序问题。

（一）当事人对自身权利义务知晓和把握的有限性

就我国当前的普通当事人的诉讼素养而言，一部分当事人显然缺乏基本的诉讼知识，即便是受过良好教育、有一定文化水平的人士，也只能算对相应诉讼知识的接受能力较强，而非在首次参加诉讼时便具备相应的知识。另一部分当事人在参加诉讼时便具备一定的诉讼知识，但来源要么是通过对律师的委托代理，要么是既有的诉讼经验。目前的律师委托率，零散诉讼经验的正当性、完整性和个案性以及律师的业务水平与诉讼心态都决定了当事人对自身权利义务知晓和把握的有限性。如何使当事人全面了解和把握自身所拥有的诉讼权利和背负的诉讼义务是决定民事程序价值走向的基础。就现行规定和实际操作而言，在正常情况下法院对部分程序活动及诉讼权利的释明是以书面告知的形式完成的，尤其集中体现在案件受理之后的诉讼文书送达阶段，通常包括《权利义务告知书》《诉讼活动告知书》《举证责任通知书》等形式。这种文字性、静态性、格式性、集中性、机械性的释明显然对于缺乏法律常识甚至文化水平较低的普通民众难以产生应有的效果，很难引起当事人的重视，许多当事人压根没有对此类诉讼文书加以关注，或即便关注也不求甚解。此外，在特殊情况下，公告也承担着释明的相关功能。当然，公告本身具有毁损名誉的副作用，其会侧面将案情公布于社会。公告根据对象的不同分为三种情形：第一种为面向当事人的告知，如公告送达的对象应为被送达文书中的当事人。公告送达作为拟制送达，其是在其他现实性送达均无法完成的情况下所不得已进行的法律推定性、拟制性和宣世性送达。第二种为面向公众的告知，如对有待宣告失踪、宣告死亡的人的下落不明事实的告知。此种公告的对象并非实体权利义务的直接行使者，而是普通的社会民众。第三种为面向当事人和公众的共同告知，如认定财产无主案件中的财产认领公告。公告无论采用何种形式，其所涉及的时空范围都是有限的，并且始终处于静态形式，这是技术本身的客观局限性所决定的。因此公告文书的被知晓需要借助被公告对象的主观能动性，并且这种能动性的有效发挥具有一定的偶然性。

### （二）诚实信用原则的难以贯彻

诚实信用原则在我国民事诉讼中固然需要加以要求，但制约机制的“空洞化”使其实现方式体现在诉讼主体履行程序性规范的自觉性和真诚性上。对失信主体的惩戒虽然能对行为主体遵守诚实信用原则起到一定的震慑作用，但惩戒不重、惩戒不严的实施现状和不惧惩戒、以非法所得抵消惩戒的诉讼心态使得惩戒本身也具有很大的局限性。因此，对诚实信用原则的常态性违反成为我国民事诉讼中无法有效控制的难题。

首先，证人对客观真实义务的遵守。《民事诉讼法》第 72 条在将证人出庭界定为义务的同时，设立了书面证言、远程作证和证人出庭费用的承担等多项实施辅助制度。同时，《民诉法解释》第 119 条规定在证人出庭作证前应告知其如实作证的义务及作伪证的法律后果，并责令其签署保证书，旨在保障证人出庭的真实性。可以说，立法者尽可能地希望通过技术性约束保证证人对真实性义务的履行，并为此做出了最大的努力。其中，证人签署保证书制度是我国对西方证人宣誓制度的借鉴和改良，其较好地实现了对西方移植制度的本土化。但是，这种“本土化”只具有表面性，制度发生效力的深层次土壤在我国当前显然不具备。当身体上的参加与精神上的欺骗融合为一体时，将展现出国民法律素养、道德素养的无下限和制度设计的形式化与无奈性。笔者认为，书面保证在中国当下的效果不及证人的当庭宣誓。中国证人当庭宣誓的效力基础虽不同于西方国家的宗教信仰和内心自我约束，但在一定层面上可以产生瞬间的震慑力，这种震慑力虽然具有部分性和偶然性，但其恰恰来自民众对法律的无知与适度恐惧。证人的当庭宣誓可在一定程度上造成其对“当庭说谎”的紧张、慌恐乃至放弃，是法庭心理战的技术运用。当然，上述技术设计是建立在偶然性、片面性的基础上的，其与证人本身的性格、胆量、社会经验以及最根本的道德素养和社会认知紧密相连，此举本是精神约束有限状态下的无奈之举，只能期盼以此尽可能地缓解证人虚假作证的尴尬局面。此外，在同一技术规则的规制下，哪些证人是真实作证而哪些证人是虚假作证，法官的判断同样存在难度。目前在司法实践中，部分法官对证人证言采取漠视冷淡的态度，既允许当事人申请证人出庭，同时又对证人证言在不加以任何审查的基础上一律不予采纳。如果部分善良证人的真实作证因其他人的虚假作证而一并被排除在定案依据之外，这既是对证人书面保证、当庭宣誓制度的毁灭，更是对遵守诚实规则的证人的法律信仰的巨大损害。当然，法官对证人证言真实性的判断具有难度，现有的技术规则不仅难以发挥效力，而且会对法官自由心证的发挥产生阻碍。中国古代的“五声听狱讼”制度在当代中国司法实践中仍具有借鉴意义，但其在本质上属于法官自由裁量权行使的范畴，最终的落脚点同样是人的问题。

其次，对恶意诉讼的判断。目前在中国司法实践中，恶意诉讼的广泛存在是一个不争的事实，相关的法律和司法解释也对恶意诉讼的打击和制裁措施作出了相应的规定，然而解决恶意诉讼问题的关键之处在于如何查处和判断恶意诉讼。在当下恶意诉讼泛滥的中国民事诉讼中，创新性、特色性、针对性制度的构建极为关键，而司法实践的最新发展则分别存在积极性规定和消极性规定。第一，就积极性规定而言，《最高人民法院关于审理民间借贷案件适用法律若干问题的规定》对证明责任分配的全新规定体现出以保护债权债务真实性为重要目的的考量。借贷关系是否成立的事实、借贷是否发生的事实成为必要的待证事实，这对恶意诉讼的防范起到积极效用。第二，就消极性规定而言，恶意诉讼的形成基础在于当事人的主观心理，而对当事人主观心理的判断只能通过其客观行为进行推测。因此，以间接证据为基础进行推定是判断恶意诉讼的唯一方法。既为推定，那么证明标准就不可能达到极高。《民诉法解释》第 109 条规定："当事人对欺诈、胁迫、恶意串通事实的证明，以及对口头遗嘱或者赠与事实的证明，人民法院确信该待证事实存在的可能性能够排除合理怀疑的，应当认定该事实存在。"由于主观心理活动的内在性和抽象性，即便在"高度盖然性"的通常证明标准之下，当事人也时常面对没有证据和证据证明力不高的证明难题，使撤销权纠纷中的原告处于败诉比例较高的境地。将民事诉讼中对当事人主观心理状态的证明标准提高至"排除合理怀疑"，无疑将达到刑事诉讼中诈骗罪的定案标准，会混同民事违法行为与刑事犯罪行为的界限，无疑将进一步加大当事人的证明难度，出现证明不能的常态化，也对恶意诉讼的查处加大了难度。

（三）程序错误开展救济措施的有限性

"在程序价值受到侵害时，存在可以发挥作用的纠正机制和制裁手段。为了使法律体现程序价值，应当建立一系列纠正机制和制裁手段以保证程序价值的实现。"① 如前所述，法院在二审和再审中可对部分程序错误进行认定。此外，根据《民事诉讼法》第 208 条第 3 款和《监督规则》第 99 条的规定，检察机关可对错误的调解、立案、审判程序适用、保全和先予执行、支付令、诉讼中止或诉讼终结、审理期限、妨害民事诉讼的强制措施及送达等违法行为提出检察建议。传统观点认为，"应在完善现有程序性制裁制度的前提下，逐步扩大程序性制裁的适用范围，增加程序性制裁的种

---

① 徐亚文：《程序正义论》，山东人民出版社 2003 年版，第 199 页。

类，使得所有程序性违法行为都有相对应的制裁措施”。[①] 但是，基于诉讼活动的先后性、秩序性、不可逆性、回转不能性、多环节性、合成性、中介性、技术性和程式性，不是所有的程序错误都具备被纠正的可能，客观纠正不能是很多程序错误的正常内在属性，与纠正者的主观态度、重视程度、技术水平和业务能力无关，强行纠正只会导致程序空转而无实际意义。具体而言，部分违法审判行为在实施完毕后，无论采取何种纠错措施都不能直接消除其业已产生的违法效果，仅能在有限范围内防止违法效果的再扩大，如超越审限、违法拘留、未予保全等；对部分违法审判行为必须及时予以纠正，一旦错过时机将造成直接纠正不能，不再具有补救意义。当然，国家赔偿、对审判人员的行政处分可以成为对程序违法受害者的通用性补偿，但其并非对受损诉讼利益的直接救济，其只是直接救济不能状态下的替代措施。

（四）执行的客观不能

对于执行标的缺失的情况，根据《民事诉讼法》第256条的规定，被执行人确无财产可供执行的，应裁定中止执行，但其在日后又拥有财产时，法院应恢复执行。根据《民事诉讼法》第257条的规定，如果作为被执行人的公民因生活困难无力偿还借款，无收入来源，又丧失劳动能力的，即形成执行的客观不能时，法院应裁定终结执行，执行被终结后将不能再恢复。可见，现行法把被执行人的执行能力划分为现有财产和将来取得财产的可能两个部分，是物与人、客观与主观的统一。目前法院出于对结案率的追求，提出构建终结本次执行的制度，即在被执行人暂无财产执行时，法院可裁定终结本次执行。但在被执行人取得或获得新的财产时，法院可根据当事人的申请重新启动新的执行程序，因此终结本次执行程序并非实现案件的彻底终结。该项制度的构建理由主要在于目前法院客观执行不能的案件太多，终结本次执行制度可以使法院集中力

① 谢佑平主编：《程序法定原则》，中国检察出版社2006年版，第289页。

量解决新案。但是，终结本次执行与中止执行在适用条件上并无明显的区别，与终结执行在效力上存在根本性差异，其无法解决执行标的缺失的客观执行不能，只能作为法院内部行政管理的手段。而且对于以行为为执行标的的案件来说，无法适用终结本次执行程序制度，如腾退房屋土地、探视等案件。笔者认为，客观执行不能很多时候也是由主观因素造成的，如何及时、有效地防范执行财产的转移、抽逃是解决人为性客观执行不能的关键，因此应充分发挥财产保全的事前预防效用。在中国当前的环境下，财产保全功能的最大化发挥应贯彻以秘密性为基础的突然性原则，因此对于申请人提交的请求保全的证据材料，无法为被申请人提供对质、辩驳乃至解释、说明的机会。当然，被申请人对执行财产的转移、抽逃是将来可能发生的行为，而证据及证明标准只是对已发生事实的还原规则，对将来可能发生的事实的判断虽然也可依据一定的既有客观材料，但显然无法达到"确定"的程度。因此，法院对财产保全的裁定只能是在对申请人单方提供材料的情况下经审查作出，并且以担保作为对单方审查可能存在错误的保证。此外在执行标的物业已缺失的情况下，对被执行人有无履行能力的外延的界定需要扩大，如接受赠与即为随时可能的事件。因此在遭遇执行客观不能后，对法院和当事人的责任应当进行划分，应明确法院是否还承担依职权或依申请定期查询被执行人财产的义务。

## 第二节　纠违型民事检察监督的启动

纠违型检察监督以当事人提出申请为基础，适用于对违法审判行为、执行行为的纠错。《监督规则》第 34 条规定："当事人认为民事审判程序中审判人员存在违法行为或者民事执行活动存在违法情形，向人民检察院申请监督的，由审理、执行案件的人民法院所在地同级人民检察院控告检察部门受理。"

《监督规则》在理顺上诉与再审型检察监督的关系的同时，也科学地梳理了民事复议、异议与纠违型检察监督的先后顺位关系。“检察监督要在穷尽法院自身救济的情况下方能启动。”[①] 该规则第33条规定：“当事人认为民事审判程序中审判人员存在违法行为或者民事执行活动存在违法情形，向人民检察院申请监督，有下列情形之一的，人民检察院不予受理：（一）法律规定可以提出异议、申请复议或者提起诉讼，当事人没有提出异议、申请复议或者提起诉讼的，但有正当理由的除外；（二）当事人提出异议或者申请复议后，人民法院已经受理并正在审查处理的，但超过法定期间未作出处理的除外；（三）其他不应受理的情形。”因此，纠违型检察监督应以复议、异议的履行完毕为前提，复议、异议与纠违型检察监督先后顺位关系的形成，有效地排除了二者的矛盾与竞合，实现了纠错体系的秩序化。但是现行民事复议制度和民事异议制度本身具有较大的漏洞，因此只有率先对其进行改革和完善，方能为纠违型检察监督制度的实施提供良好的基础。[②]

## 一、对现行民事复议制度的解读与分析

“民事诉讼复议是指民事诉讼参与人或者特殊案外人不服人民法院的具体司法行为，为维护自身的权益，按照法定程序向作出该司法行为的人民法院或者上一级人民法院提出申请，要求重新审查、决定的一种司法制度。”[③] 民事复议就对象而言，具有适用范围有限性，其与上诉截然不同，不存在先复议、后上诉的情形，其在本质上属于独立的、与上诉相并行的裁判救济方式，更为强调救济效率的高效化和救济方式的简易化。

---

① 蒋琪、秦增光：《新民事诉讼法重大修改之民事抗诉》，载《中国律师》2013年第3期。

② 2014年12月29日最高人民法院审判委员会第1638次会议通过《最高人民法院关于人民法院办理执行异议和复议案件若干问题的规定》。

③ 黄胜春、王健：《论人民法院的民事诉讼复议权》，载《法律科学》1993年第2期。

表 9　现行法所规定的民事复议的适用范围

| | 审判复议 | | 执行复议 |
|---|---|---|---|
| | 向本级法院复议 | 向上级法院复议 | 向上级法院复议 |
| 对裁定的复议 | 诉讼保全；<br>先予执行；<br>驳回海事保全申请① | —— | 执行管辖权异议；②<br>当事人、利害关系人执行异议 |
| 对决定的复议 | 回避 | 罚款；<br>拘留 | —— |
| 对通知的复议 | 驳回当事人申请法院调查取证③ | —— | —— |

（一）现行民事复议制度的设计简化与疏漏

“民事复议制度在创制时具有先天的弱势，民事复议制度的定性不明，法条条文零散、程序设计不周密，与上诉制度、再审制度相比，民事复议制度是有名无实。”④ 我国民事复议制度虽以德国和日本两国民事诉讼中的抗告制度为构建依据，但在根源上仍受到我国行政体制的影响和制约，具有浓厚的行政化、职权化特点，该制度的独立性和重要价值未能得到充分保障，其在审级、程序等方面存在明显漏洞。从立法体例上看，对民事复议零散的条文设计使得对其的规定分散于民事诉讼法各部，衔接不畅并存在法律冲突；从程序设计上看，简略的法律规范只是以列举的方式阐述民事复议

① 参见《海事诉讼特别程序法》第 17 条。

② 参见《最高人民法院关于适用〈中华人民共和国民事诉讼法〉执行程序若干问题的解释》第 3 条。

③ 《最高人民法院关于民事诉讼证据的若干规定》第 19 条。

④ 易萍、孙龙军：《民事诉讼复议制度的反思与校正》，载《民事诉讼法修改重要问题研究》，厦门大学出版社 2011 年版。

的适用情形，却未对具体审查方式、效力等作出明确规定，最终使该制度在整个民事诉讼体系中处于微不足道乃至几乎被忽略的地位。

（二）民事复议与其他类型的复议制度的混淆

“起草法律、法规和其他规范性法的构造法律文件，注意使用明确、肯定的语言文字才便于人们正确地把握其含义，也才便于人们正确地执行法、适用法和遵守法。明确、肯定的立法语言文字是有其标志的。要做到明确、肯定，就要做到清晰确定，通常情况下无须专家作专门解释便可以使人们把握其要旨。”①

1. 混淆于行政复议

目前民众所熟知的复议通常是行政复议，其是指公民、法人或其他组织认为具体行政行为侵犯其合法权益，向行政机关提出行政复议申请，由行政机关受理、审查并作出决定的活动，其与行政诉讼和信访并存，为当事人寻求行政救济的措施之一。尽管早在1950年政务院法务会议所即通过《税务复议委员会组织通则》，但统一的行政复议制度在我国最早确立则是源于1990年12月24日国务院发布的《行政复议条例》，该行政法规标志着我国行政复议制度的统一建立；而1999年4月29日第九届全国人民代表大会常务委员会第九次会议审议通过的《行政复议法》标志着行政复议制度的法律化。综观当前《民事诉讼法》所规定的复议制度，其与行政复议具有很大的相似性，但实质只是就“一些对实体权利有较大影响的程序性事项或是因情况紧迫而由人民法院作出处理的特别程序性事项提供更正”，② 且运作范围仅限于法院系统内部，是一种较为便利的更正，与行政机关毫无联系。民事复议制度首创于1982年3月8日第五届全国人民代表大会常务委员会第二十二

① 周旺生：《立法学》，法律出版社2009年版，第481页。

② 廖永安、雷勇：《论我国民事诉讼复议制度的改革与完善》，载《法律科学》2008年第3期。

次会议通过的《民事诉讼法（试行）》，从设立时间上看其是早于行政复议制度的，并非法律继承和移植的产物。由此可见，民事复议和行政复议在性质、适用范围、具体程序及效力等问题上截然不同，其以具体的司法行为为作用对象，“是诉讼程序的一个环节，应具有司法本质和诉讼属性”,[①] 绝非类行政行为。目前行政复议制度从理论层面到实践层面都比较成熟，可予以借鉴但不能错误混淆。不可否认，目前行政复议的适用广度、使用频率和社会知悉度明显高于民事复议，在复议被广泛赋予行政化色彩的现状下，若在民事诉讼领域继续使用“复议”一词，则极易与行政领域的相关措施在名称上产生混淆，难以体现出民事纠纷的自治性和平等性。

2. 混淆于法院内部合议庭复议、审判委员会复议及上下级人民法院之间的复议

《最高人民法院关于人民法院合议庭工作的若干规定》第 13 条规定：“合议庭对审判委员会的决定有异议，可以提请院长决定提交审判委员会复议一次。”第 17 条第 1 款规定：“院长、庭长在审核合议庭的评议意见和裁判文书过程中，对评议结论有异议的，可以建议合议庭复议。”《最高人民法院关于人民法院执行工作若干问题的规定（试行）》第 130 条规定：“上级法院发现下级法院在执行中作出的裁定、决定、通知或具体执行行为不当或有错误的，应当及时指令下级法院纠正。下级法院认为上级法院的指令有错误的，可以请求上级法院复议。”《最高人民法院关于执行案件督办工作的规定（试行）》第 8 条规定：“对于上级法院督办的执行案件，下级法院认为上级法院的处理意见错误的，可以按照有关规定提请上级法院复议。”此种活动实际上是人民法院内部及人民法院之间的一种司法行为，其以重新合议、重新讨论为活动规则，旨在统一评议意见、纠正裁判错误和监督执行工作。

---

① 黄胜春、王健：《论人民法院的民事诉讼复议权》，载《法律科学》1993 年第 2 期。

3. 区别于法官、检察官不服单位内部考核结果或处分、处理决定进而提起的复议

《法官法》第 25 条规定："法官对考核结果如有异议，可以申请复议。"第 44 条第 1 款和第 4 款规定："法官对人民法院关于本人的处分、处理不服的，自收到处分、处理决定之日起三十日内可以向原处分、处理机关申请复议，并有权向原处分、处理机关的上级机关申诉……复议和申诉期间，不停止对法官处分、处理决定的执行。"

4. 区别于对民事制裁的复议

《最高人民法院关于贯彻执行〈中华人民共和国民法通则〉若干问题的意见（试行）》第 163 条第 2 款规定："采用收缴、罚款、拘留制裁措施，必须经院长批准，另行制作民事制裁决定书。被制裁人对决定不服的，在收到决定书的次日起十日内可以向上一级人民法院申请复议一次。复议期间，决定暂不执行。"

## 二、对现行民事异议制度的解读与分析

现行法所规定的异议是指当事人对法院的裁决内容可提出异议，法院直接根据当事人的异议作出相应的处理。"异议是指在案件审理过程中，当事人以某种事项或程序不当或违法为由向法院提出抗议并且要求法院作出裁决的行为，其针对的对象是法院就与当事人的利益存在重大关系的程序性事项所作的裁定。"① "民事诉讼法上的异议权，是当事人为维护自己的合法权益，在法院的诉讼行为违背诉讼法的规定时，提出异议，主张其诉讼行为无效的权利。"② 民事诉讼异议权主要是对民事程序性权利提供更正的司法权，其是民事审判权的特殊表现形式，属于司法矫正权。民事诉讼

① 卢鹏：《民事裁定复议制度的检讨与重构》，载《西南政法大学学报》2010 年第 5 期。

② 朱杰、肖国耀：《民事诉讼异议制度初探》，载《内蒙古社会科学》2001 年第 6 期。

异议权具体包括：审查权——对当事人的异议申请进行审查、复核的权利；调查权——在异议审查中就相关事项向有关单位和个人调查、收集证据或要求有关部门作出鉴定的权利；裁断权——对异议请求事项进行相关审查、调查、复核后作出裁判的权利。民事异议权的性质决定了民事诉讼异议为一种司法更正制度。目前当事人可对管辖权、鉴定意见、支付令、执行行为等提出异议。

**表 10　现行法所规定的民事异议的适用范围**

| | 本级法院 | 上级法院 |
|---|---|---|
| 审判异议 | 管辖权；<br>支付令；<br>诉讼费用 | —— |
| 执行异议 | 执行行为 | —— |

“当前民事异议与主张权、知情权一样是法律赋予当事人的一项实体性诉讼权利，它所针对的对象既可以是对方当事人的主张行为，也可以是法院的一般司法行为，只有当事人对法院就其异议所作出的裁决行为不服时，才有提起复议的可能。”[①] 以管辖权异议为例，上诉是对管辖权异议裁定的法定更正途径，因此管辖权异议应被定位为一种以上诉为更正手段的法定裁定种类，而其中的异议应被解释为当事人就管辖权问题向法院提出的处理申请（相关论述详见本书第一章“再审型民事检察监督”第二节“部分民事裁判的不可再审性”中的“主观因素所致部分民事裁判的不可再审性”之“包含尚未损害实体公正的不可逆性程序违法的裁判”）。

① 廖永安、雷勇：《论我国民事诉讼复议制度的改革与完善》，载《法律科学》2008 年第 3 期。

## 三、对民事复议和民事异议的整合与改革

我国现行法将民事复议和民事异议都定位于为受到民事裁定和决定不利影响的当事人提供的权利更正，是当事人对法院的司法行为不服进而请求该法院或上级法院对该司法行为重新进行审查并作出处理的诉讼行为，都以简便、迅速、成本低廉为价值追求，但法律对二者的界定较为含糊，尤其是在适用主体、客体范围及具体程序的设置上较难区分。此外，异议和复议本身也存在一定的递进关系。“当前民事异议与主张权、知情权一样是法律赋予当事人的一项实体性诉讼权利，它所针对的对象既可以是对方当事人的主张行为，也可以是法院的一般司法行为，只有当事人对法院就其异议所作出的裁决行为不服时，才有提起复议的可能。”[①] 可见，异议是启动复议的前提，复议是其有效行使的重要保障，但并非所有的异议都能通过复议予以更正。

### （一）创建新型民事异议制度——现行民事异议对民事复议的合并与吸收

长期以来，在民事复议制度的改革方向上存在“废”和“存”两种观点。“文字虽为表达意思之工具，但究系一种符号，其意义须由社会上客观的观念定义。因而著于法条之文字，果能表达立法者之主观意思否，自非立法者所能左右。然则立法者纵属万能，但其意思须籍文字以表达之故，亦势难毕现无遗，则成文法之不能无缺漏而非万能也明矣。”[②] 鉴于复议与异议在性质、功能与内容等方面的相似性，笔者认为对民事复议制度的改革应当为形式上的取代而在实质上保留并校正。因此笔者建议，在民事诉讼领域内取消复议这一称谓及措施，对需要进行便利更正的相关裁定一并通过异

---

① 廖永安、雷勇：《论我国民事诉讼复议制度的改革与完善》，载《法律科学》2008 年第 3 期。

② 郑玉波：《民法总则》，台湾三民书局 1979 年版，第 39 页。

议来实施更正。这样一来立法更加科学清晰，避免了当事人因在文义上产生的混淆而错误援用，将民事案件及民事诉讼的基本性质通过术语上的改动更为明确地体现出来。

（二）对新型民事异议制度的发展完善

“在民事诉讼中任意扩大当事人可上诉裁定的范围，当然是不妥当的，不过在民事诉讼法中的适当扩大复议的范围是值得考虑的。如果要在我国民事诉讼程序中更多地反映程序正义，提升程序的正义含量，扩大可复议的范围是一种必要的方法。”① 笔者建议，对程序指挥裁定、决定的更正应及时、灵活、简便，因此应允许当事人就各种程序指挥裁定、决定向生成法院申请异议，异议期满当事人仍未申请的则形成失权。此举与现行法的规定相比，扩展了异议的使用范围，用异议取代复议使其成为基础性更正措施之一。异议制度的设置可以在促使诉讼迅速进行的同时，保证当事人有足够和充分表达自己主张和请求的手段和行为空间。异议的客体范围仅限于程序指挥裁定、决定且属于一次性、终局性更正，不仅与上诉相互排斥，而且也和申请再审绝缘。异议裁定一经作出即生效，不得申请再审，贯彻一议终议原则。我国台湾地区“民事诉讼法”第 483 条规定，“一般诉讼程序进行中所为之裁定不得进行抗告”。

1. 申请异议的主体

异议的主体适用范围具有广泛性，除当事人及其代理人外，还包括其他诉讼参与人以及案外人。为了凸显出对程序指挥裁定迅速更正的特点，对异议机构及异议申请期限的设置都应立足于就近、简短等原则，即当事人只能在裁定、决定送达之日起 5 日内向裁定生成法院申请异议。若各方当事人未能同时收到裁定书、决定书，应从各自收到裁定书、决定书的次日起计算申请异议的期限。法定期限内未提起申请者将于期限届满后丧失异议的权利，此时裁定生效。异议申请权属于需特别授予委托诉讼代理权的诉讼权利的范

---

① 张卫平：《论民事再审事由审查程序的法定化》，载《法学》2000 年第 2 期。

畴，委托诉讼代理人如无特别授权不能作为申请主体向法院提出异议。《民诉法解释》第 89 条规定：“当事人向人民法院提交的授权委托书，应当在开庭审理前送交人民法院。授权委托书仅写‘全权代理’而无具体授权的，诉讼代理人无权代为承认、放弃、变更诉讼请求，进行和解，提出反诉或者提起上诉。”此外，法院虽不可能作为异议的提起主体，但法院可以通过行使释明权告知当事人，由其决定是否提起异议。

2. 申请异议的形式条件

当事人提起异议时，应向法院提交书面形式的异议申请书及副本并附相关证据。当事人口头提起异议的，法院应当告知其在法定期间内提出书面申请。如若未在法定期间内提出书面申请，则视为未提起异议。异议申请书应当载明异议申请人的基本情况、异议请求（变更或撤销原裁定）、异议理由及事实依据等材料。法院在收取申请异议的材料后应当向异议申请人出具收件清单。《民事诉讼法》第 66 条规定，人民法院收到当事人提交的证据材料，应当出具收据，写明证据名称、页数、份数、原件或者复印件以及收到时间等，并由经办人员签名或者盖章。“在诉讼中当事人行使了异议权，但遭到法院的拒绝而未收到应有的效果，法律可以赋予当事人以法官有失公正为由，申请其回避。”①

3. 处理异议的专门机构

“对于复议组织，现行民事诉讼法未作规定。在司法实践中，有的法院由合议庭或庭务会议或审判委员会来进行复议．有的法院由审判长、庭长或院长来进行，做法很不统一。这种局面严重影响了复议制度作用的发挥和法制的统一。特别是实践中由原作出决定或裁定的组织或个人进行复议的做法，弊端就更突出了。为了消除实践中的混乱局面和保证复议的实际效果，我国法律应对此作出具体规定。具体来说可采用以下做法：对由原作出裁定或决定的法院

① 张晋红：《民事诉讼当事人研究》，陕西人民出版社 1998 年版，第 89 页。

进行复议的，可按审判员（执行员）—庭长—庭务会议—院审判委员会这一次序确定复议组织。”[①] 笔者认为，对异议的审查和审理应统一由原审法院在其内部专设的诉讼异议机构所另行组成的合议庭主持。由原审法院对异议进行审查以异议的紧迫性为出发点，保障了诉讼效率，而原审法院另行组成合议庭具体实施审查则体现出“任何人都不能做自己案件的法官”这一法谚的精神。

4. 异议中的程序规则

“在程序正义价值中，确保利害关系者参加的程序及保障其参加场所的程序和程序参加的结果展示是其在诉讼制度中的具体体现。”[②] 合议庭在对当事人的异议申请进行审查时，应遵循全面审查原则，对事实问题和法律问题一并进行审查。审查应采用合议的方式，以书面审理为主，必要时也可传唤当事人、利害关系人进行询问，但应减少不必要的询问以防止询问带来的潜在消费和支出。“在这种程序性裁判过程中，法院需要确定相应的证据可采性之标准、证明责任分配原则以及相应的证明标准，以便使控辩双方有机会进行理性的辩论和对抗，也藉此防止法官滥用其自由裁量权。”[③] 在此过程中，原审法院或法官应就自己所实施的程序性事项裁判行为的合法性承担举证责任，但这并不排除当事人需要就原审法院或法官裁判行为的违反性提供证明。

5. 申请人对异议权的自由处分

异议权作为当事人的基本诉讼权利，其属于自由处分的范畴。因此申请人在异议申请提出后至异议审理结果作出前有权撤回异议申请，但法院在接到异议撤回申请时已经就异议请求进行了审查并认定裁定存在错误或不当的除外。申请人撤回异议申请后不能再申请异议。

---

① 黄良友：《试论民事诉讼复议制度》，载《现代法学》1995 年第 6 期。

② ［日］谷口安平：《程序的正义与诉讼》，王亚新、刘荣军译，中国政法大学出版社 2002 年版，第 16 页。

③ 陈瑞华：《程序性制裁制度的法理学分析》，载《中国法学》2005 年第 6 期。

6. 异议结果

法院应在受理异议申请之日起 10 日内审结，因情况特殊需要延长审限的，经法院院长批准可至多延长 10 日。对异议的结果应运用裁定予以表达，且异议的终局性使得不能再次对该裁定主张异议、提起上诉或申请再审。合议庭对异议审查完毕后应按照下列情形对案件分别进行裁判：原裁定、决定认定事实清楚，适用法律正确，程序合法，异议理由不成立的，裁定驳回异议请求，维持原裁定、决定；原裁定、决定认定事实错误或不清，证据不足，适用法律错误或违反法定程序以致异议理由成立的，应撤销、变更或直接作出新裁定、决定。法院对异议请求作出处理后，应当及时通知异议申请人及相关人员，将载有异议处理结果的书面裁定及时送达申请人。

## 第三节　民事纠违审判行为的纠错可行性

“法院必须遵从民事诉讼法规定的程序和要件或者必须依据其所享有的诉讼权利和所承担的诉讼义务而执行相应的诉讼行为。”① 审判活动的多样性和审判行为的庞杂性决定了违法审判行为的复杂性。《监督规则》第 99 条规定，检察机关制发纠正违法检察建议的对象包括：判决、裁定确有错误，但不适用再审程序纠正；调解违反自愿原则或者调解协议的内容违反法律；符合法律规定的起诉和受理条件，应当立案而不立案；审理案件适用审判程序错误；违法保全和先予执行；违法制发支付令；违法中止诉讼或终结诉讼；违反超越审理期限；违法采取妨害民事诉讼的强制措施违；违法送达；审判人员接受当事人及其委托代理人请客送礼或违法会见当事人及其委托代理人；审判人员实施或者指使、支持、授意他人实施妨害民事诉讼行为但尚未构成犯罪等。当然，《监督规则》对违法

① 邵明：《民事诉讼行为要论》，载《中国人民大学学报》2002 年第 2 期。

审判行为的界定属于有限列举，除此之外还存在大量的违法审判行为，并且每项违法审判行为均可拆分为若干不同的违法情节。以保全为例，违法的管辖、担保、解除、紧急情况的特殊处理等均构成违法保全。正如不是所有的违法裁判都具有再审可行性，并非所有的违法审判行为都具有直接纠错可行性，违法审判行为的效力状态将决定纠正违法检察建议对纠错措施的选择与运用。

## 一、不具有直接纠错性的违法审判行为

出于诉讼活动的先后性、秩序性、不可逆性和回转不能性，对某些实施完毕的违法审判行为无论采取何种纠错措施都不能直接消除其业已产生的违法效果，仅能在有限范围内防止违法效果的再扩大。纠正违法检察建议被法院接受和采纳与法院对相关错误的纠正是两个层面的问题，法院在承认违法审判行为存在的同时，不一定能够有效地纠正该错误行为，即有可能出现纠错态度和纠错能力的不对等。例如，对于逾越法定审理期限、超期裁判的行为，鉴于实现时间逆流的客观不能，因而对该行为无法予以直接纠正。又如，财产保全和先予执行作为对当事人实体权益的暂时性、中间性和临时性处分，一旦发生错误，申请人对因上述两种活动取得的全部和部分利益的返还本可通过执行回转实现，“但在我国目前的经济环境中，因为获得不当得利的一方当事人往往没有返还能力，这些暂时性的强制措施实际上成为终局性财产处分”。[①] 再如，作为妨害民事诉讼强制措施的司法拘留，其对当事人人身自由的错误限制无法实现恢复。

## 二、具有直接纠错性的违法审判行为

但凡具有直接纠错性的违法审判行为，势必具有程序回转性，其效力状态通常表现为程序的启动与终结、金钱标的的给付等形

① 傅郁林：《民事裁判文书的功能与风格》，载《中国社会科学》2000年第4期。

式。此时，时间就成为直接纠错性状态能否持续的制约因素，因此其分为自始具有直接纠错性和适时具有直接纠错性两类。

（一）自始具有直接纠错性的违法审判行为

此类审判行为的效力具有绵延性，其一经作出，效力就持续存在直至诉讼结束，乃至在诉讼结束后依旧存在。“法院诉讼之行为，倘违反诉讼程序之规定者，均不生该行为应有之效力。此因诉讼程序之规定，除训示规定外，均为维持诉讼秩序而设，且为强行法之性质，如违反规定，仍赋予完全效力，则规定即无意义。”① 自始具有可纠错性的违法审判行为通常效力状态单一，不存在各种效力状态的转换。例如，先予执行直到该案的最终判决生效并得到执行后才自动失效。又如，补正判决书笔误这一审判行为本身不具有严格意义上的独立性，其效力随判决书的效力而存在，不受时间的限制。再如，终结诉讼针对的是身份关系事项，其就本诉而言将自始具有法律效力。“因一方当事人的人格已归于消灭，则另一方当事人所受羁束已然消失，其在民法上的行为基础已不存在，当然不许其再行起诉。”② 还如，正在适用简易程序审理的案件，如果存在程序选用上的错误，可在案件审理完毕前转为适用普通程序。

（二）适时具有直接纠错性的违法审判行为

“诉讼程序系由多阶段有连续的诉讼行为所构成。”③ 某一审判行为所拥有的初次效力状态可能持续永恒，也可能随着诉讼的进展出现某些效力状态之间的相互转换。因此，此类审判行为的初次效力如若包含错误，其错误必然仅在一定期限内持续，对其必须及时予以纠正，一旦错过时机则不再具有补救的意义。因此在效力存续期限内，可对该违法审判行为直接予以纠错，否则逾期将造成直接

---

① 王甲乙、杨建华、郑健才：《民事诉讼法新论》，台湾三民书局1998年版，第111页。

② 夏永全：《民事裁定概念解析》，载《西华大学学报（哲学社会科学版）》2004年第4期，第62页。

③ 陈计男：《民事诉讼法论（上册）》，台湾三民书局2006年版，第292页。

纠错不能。例如，对于违法中止诉讼的行为，只能在中止期限内予以直接纠错，不然在诉讼恢复后，就难以再对之前的错误中止诉讼行为进行直接纠错。又如，对违法支付令的纠错必须在债务人提出异议之前，异议一旦提出，支付令便宣告失效，督促程序终结并自动转入诉讼程序。再如，根据一事不再理原则，若当事人的起诉只是因形式要件的不完备而被裁定不予受理或驳回起诉后，其在补正形式要件的情况下可再次起诉，法院受理该案后，原不予受理或驳回起诉自行失效。还如，当事人依法撤诉后，法院应作出撤诉裁定。此后当事人再次起诉且法院第二次受理后，原撤诉裁定自行失效。此外，当事人在诉前保全完成后若不及时提起诉讼或申请仲裁（人民法院采取保全措施后 30 日内），法院将解除保全措施。综上，对该类审判行为纠错时机的把握较为关键，影响纠错时机的因素包括以下两类：

1. 案件线索来源及提出时间

“法院在审理案件时违反法定程序的问题通常在诉讼中发现，也可能在诉讼后发现，旨在使违法的民事审判程序恢复正常的检察监督就应具有时效性，应在违法行为尚未被自我纠正时进行诉中监督。”① 对违法审判行为检察监督的启动应从民事检察监督的谦抑性原理和司法实践中检察机关业务力量配置的现实可行性出发。其一，在大部分情况下，违法审判行为的线索来源只能依靠诉讼当事人。《监督规则》第 24 条第 2 项规定：“当事人认为民事审判程序中审判人员存在违法行为的，可以向人民检察院申请监督。”因此，当事人应对自身的诉讼权益保护负有首要的注意义务，因当事人怠于申请而错过最佳纠错时机，致使违法审判行为无法纠正的，其应自行承担相应的不利后果。但是，在当前“重实体、轻程序”的法律思维下，当事人对审判行为申请监督的目的通常在于对审判

① 姚红：《民事审判程序性违法行为检察监督方式》，载《检察日报》2014 年 5 月 19 日第 3 版。

结果不服却没有直接的救济途径，为此意图通过对审判行为的纠错带动对审判结果的纠错。如此一来，对审判行为的纠错必然发生在审判结果产生之后，呈现事后性、间隔性的特征，纠错效果难以保证。“审判人员违法行为监督同样属于事后监督，其程序启动的时点应是违法行为发生后，而不能在审判程序进行中为了防止和发现违法行为而开展所谓的事中监督、同步监督，否则将会对法院正常行使审判权造成干扰。”① 其二，存在检察机关依职权提起对违法审判行为进行检察监督的少数情形。要求检察人员全程参与每一起诉讼、对全部审判活动进行实时跟踪的做法固然不现实，但在出庭抗诉、参与庭审等活动中，鉴于检察人员本身在场，因而其亦负有依职权发现并监督相关违法审判行为的职责。对于此种临时、现场、突现的违法审判行为，由于情况紧急，应允许检察人员以口头形式发出纠正违法检察建议，但应当及时记入笔录，并在事后补发书面的纠正违法检察建议。《监督规则》第96条规定，检察人员因抗诉出席再审庭审时，发现庭审活动违法的，“应当待休庭或者庭审结束之后，以人民检察院的名义提出检察建议”。其三，鉴定人员、勘验人员、翻译人员等其他诉讼参与人亦可对法院的违法审判行为提出控告。某些违法审判行为具有一定的隐蔽性和专业性，负有诉讼协助义务的其他诉讼参与人虽并不与案件的审判结果存在直接利害关系，但其在参与诉讼的过程中势必会对与其相关的诉讼活动的合法性进行判断，因而具有向检察机关提出控告的权利。

2. 纠正违法检察建议的审查与制发时间

程序性错误发生在处于流动状态的诉讼活动开展过程中，程序性事项与诉讼活动的匹配要求当事人及时提出监督申请，更要求检察机关内部的控告检察部门受理申请、民事检察部门审查申请以及案件管理部门制发和送达纠正违法检察建议等一系列监督活动均体

① 雷丰超：《强化对民事审判违法行为的监督》，载《检察日报》2013年2月27日第3版。

现出便利性和迅捷性。纠正违法检察建议的制发时间通常会决定直接纠错的可行性，因此纠正违法检察建议的制发程序应简化。根据《监督规则》第 56 条的规定，对民事审判程序中审判人员违法行为监督案件，应当在 3 个月内审查终结并作出决定。按照《民事诉讼法》的规定，一审普通程序的审理期限为 6 个月，可以延长；一审简易程序的审理期限为 3 个月，不能延长；二审程序对判决的审理期限为 3 个月，对裁定的审理期限为 30 日，不能延长。但《民诉法解释》第 258 条规定："适用简易程序审理的案件，审理期限到期后，双方当事人同意继续适用简易程序的，由本院院长批准，可以延长审理期限。延长后的审理期限累计不得超过六个月。"第 341 条规定："人民法院审理对裁定的上诉案件，应当在第二审立案之日起三十日内作出终审裁定。有特殊情况需要延长审限的，由本院院长批准。"如此一来，纠正违法检察建议的制发时间可能长于对案件的实体审理时间，难以对相关违法审判行为进行及时纠正。中止实体审理虽是缓解时间冲突的途径之一，但由此会造成诉讼进程的拖延和诉讼效率的降低，消耗的诉讼成本也将远远大于某些程序性事项的基本价值。笔者认为，检察机关应压缩纠正违法检察建议的受理、审查和制发期限，以此更大可能地发挥其直接纠错功能。鉴于检察机关对审判行为和监督行为的监督同属活动监督、过程监督和动态监督，同样具有一定程度的紧迫性，因此对刑事诉讼中侦查监督期限的考察具有一定的借鉴意义。《人民检察院刑事诉讼规则（试行）》第 575 条规定："对人民检察院办理案件中的违法行为的控告、申诉，以及对其他司法机关对控告、申诉的处理不服向人民检察院提出的申诉，由人民检察院控告检察部门受理。控告检察部门对本院办理案件中的违法行为的控告，应当及时审查办理。审查办理的部门应当在收到案件材料之日起十五日以内提出审查意见。人民检察院对刑事诉讼法第一百一十五条第一款第三至五项的申诉，经审查认为需要侦查机关说明理由的，应当要求侦查机关说明理由，并在收到理由说明以后十五日以内提出审查意见。”笔者建议，控告检察部门在收到当事人就民事诉讼中的违法审判行为的监督申请后，应在3日内作出是否受理的决定；决定受理的，应在1个月内审查终结并作出予以监督或不予监督的审查意见；决定监督的，应当即制作并发送纠正违法检察建议；人民法院应当在案件审结完毕前答复提出纠正违法检察建议的人民检察院，最长不得超过1个月。

## 第四节 对违法审判行为的纠错措施

对民事违法审判行为的检察监督措施在不同的诉讼形态下表现为不同的纠错措施。对违法审判行为的直接纠错要求该行为本身具有可纠错性，并且纠错措施与纠错时间相匹配，视情况分别采取撤销后重新实施、补正和补充实施等；在对动态审判行为直接纠错不能的情况下，可转化为对静态诉讼结果的间接纠错，或对违法审判行为实施者进行警示与训诫。鉴于对违法审判行为实行的是同级监督，加之对违法审判结果的检察监督必须以上诉实施完毕为前提，因此制发纠正违法检察建议将成为今后区县级检察机关和市级检察机关的工作重点。由于检察机关对违法审判行为的监督所享有的是柔性建议权，纠正违法检察建议的柔性效力要求检察机关在指明存在违法审判行为的同时，还必须对纠正措施予以明确。《纠正违法检察建议书》仅指明违法审判行为而未提出纠正措施的，法院可对该建议不予采纳；指明的违法审判行为确实存在但提出的纠正措施不当的，法院仍可对该建议不予采纳。因此，对违法审判行为的纠错措施在检察监督中具有重要意义。

### 一、对违法审判行为的直接纠错型检察监督措施

审判行为是诉讼活动的指向和工具，纠正违法检察建议对程序性错误的纠正最终是以对法院审判人员的行为控制为基本方法的。“行为本身是可以执行的，因为作为人的主观意识的外在表现的行

为，必然要受到外界因素的制约，这就决定了它可以成为强制执行的客体。”① 对于当下具有直接纠错性的违法审判行为，通过纠正违法检察建议发挥作用，应使诉讼恢复到受其作用之前的状态。对违法审判行为的直接纠正有赖于审判主体的切实履行，鉴于人的行为无法彻底控制及监控，且禁止直接对其人身进行强制、不能达到限制其人身自由的程度，因此对审判行为的直接纠正在实践中存在较大的难度，难以形成明确、直接的纠错措施，纠错活动呈现抽象性，纠错效果也难以用具体的标准加以衡量，仅以效力的实现为目标。

### （一）对非法作为的撤销与补正

#### 1. 撤销非法作为并视条件决定是否重新实施

对于在后诉讼阶段中发现的前诉讼阶段所存在的违法作为，检察机关在给予消极评价并进行否定的同时，应责令法院予以撤销，否定前一程序的诉讼效力，并将案件倒流至前诉讼阶段，实现诉讼程序的反向运行，达到纠正错误型程序回转的效果，形成“前进（错误）—回转—诉讼原点”模式，以此弥补程序性错误。撤销标志着业已进行的审判行为的失效，将自动消除该审判行为的存在和影响。对某些实施完毕的违法审判行为的撤销并不能完全消除其业已产生的违法效果，仅能在有限范围内防止违法效果的再扩大。审判主体在法定期间内撤销有瑕疵的审判行为后，如若该审判行为具有再次实施的条件，则应在有效期间内重新实施新的同种类的无瑕疵审判行为，进而获得原本期待的法律效果，形成“前进（错误）—回转—再前进（正确）”模式。重新实施的纠正效果虽然明显，但在一定程度上将造成诉讼拖延、诉讼成本加大等后果。当然，回转后的恢复条件具有不可预测性，不是在每起案件中都存在。例如，法院滥用公告送达导致缺席判决的，在判决书送达当事人之前，检察机关可责令撤销已进行的公告送达及缺席判决活动，

---

① 常怡：《强制执行的理论与实务》，重庆出版社 1992 年版，第 85 页。

并要求该法院重新启动合法送达，之后再对案件进行对席审理。

2. 补正非法作为

补正运用于存在先后关系的两个以上的审判行为，与重新实施相比，其较为便捷，但适用范围较窄。首先，业已存在的先审判行为若在构成要件上存在瑕疵，后审判行为可在原有程序效力的基础上，通过弥补先审判行为的瑕疵使其取得预期的完整法律效力，进而继续存在和适用。例如，一审法院不当选择简易程序对案件进行审理时，检察机关可要求其在诉讼中及时转化为普通程序，但已经进行的诉讼活动继续有效。其次，若后审判行为以先审判行为为条件，当因先审判行为的瑕疵导致后审判行为无效时，应通过弥补先审判行为的效力继而使后审判行为获得法律效力。例如，根据《民事诉讼法》第123条的规定，对不予受理要求强制制发书面裁定。一审法院裁定不予受理但并未出具裁定书，进而影响当事人行使上诉权的，检察机关可要求其补充制作裁定书并重新起算上诉期限。又如，法院在未收到当事人担保的情况下就裁定诉前财产保全的，检察机关应责令法院要求当事人补充担保。

（二）对非法不作为的补充实施

“各国诉讼立法所规制和救济的对象大多限于法院作为形态的违法行为，即滥用职权、超越职权的显性违法行为，对诉讼中不作为形态的违法行为，即失职行为或隐性违法行为规制较少，且往往缺少相应的救济机制。”① 对审判作为与不作为的区分关键在于是否与负有特定法律义务相联系，而不能绝对以积极与消极、动与静来区分，积极的身体动作不一定是作为，消极的身体动作不一定是不作为。“行为请求权是指请求义务人为积极的行为；不作为请求权是指请求义务人不进行特定的行为，包括不作为及容忍。”② 对于审判人员的违法不作为，检察机关应责令其立即实施本应作为的

① 廖永安：《法院诉讼行为要论》，载《法学家》2003年第2期。

② 杨与龄：《强制执行法论》，台湾三民书局1998年版，第735页。

法定义务。如果审判人员违反的是命令性规范，尽管其有积极的身体动作，但仍属于不作为；如果法院虽然实施了相关的法定审判行为，但该审判行为存在不当，若此后因未及时进行纠正而使该审判行为所设定的效果未得到实现的，该审判行为仍处于效力未予施展的状态，进而仍应被认定为隐蔽的不作为。

## 二、对违法审判行为的间接纠错型检察监督措施

不能直接纠错并非不可纠错或无法纠错，只是在纠错条件受限的情况下难以纠错，进而退而求其次地采取和借助替代性、间接性的强制措施和制裁方法来完成纠错。间接纠错就性质而言，一为弥补性纠错，即在直接纠错效果不佳的情况下的补充纠错。“尤其对于再审检察建议之外的其他检察建议，缺乏抗诉方式作为有力后盾，如果再不赋予其本身一定的强制性效力的话，很有可能成为一纸空文，更遑论被采纳和执行了。”① 二为替代性纠错，适用于自始不具有或当下不具有直接纠错性的违法审判行为。对于自始不具有直接纠错性的违法审判行为而言，实施替代性纠错属于无奈之举，其为实现纠错的唯一途径；对于具有适时直接纠错性的违法审判行为而言，替代性纠错不应成为首选，而是在错失直接纠错时机下的挽救。

### （一）向诉讼结果监督的转换

“诉中监督是一种服务于生效裁判形成或生成的监督，基于检察监督所产生的各种观点和主张，内化到了生效裁判形成过程和最终结果之中。”② 对违法审判行为应实行同步监督优先，在同步监督不能的情况下，可将对审判行为的监督转换为对诉讼结果的监督，实现动态监督向静态监督的转换。

---

① 李瑞兴、孙玉琼：《民事检察建议适用基本问题探讨》，载《中国法学会民事诉讼法学研究会 2012 年年会论文集》。

② 汤维建：《民事检察监督制度的十大趋势》，载《检察日报》2010 年 10 月 11 日。

1. 向审判结果监督的转换

首先，由审判行为监督向程序性审判结果监督的转换。程序性审判结果的表现方式通常为程序指挥裁定、[①] 实体性裁定、决定、通知、命令和处分。程序性审判通常以行为为执行对象和标的，在效力上会对受约束主体的某种行为进行限制，其效力实现措施以受约束主体的身体举动为基本特征，其所拥有的强制性、及时性、无选择性、无替代性要求受约束主体对其的服从和履行。因此，对程序性审判的自觉性执行要求受约束主体积极主动履行审判所赋予的诉讼义务。某些诉讼活动同时表现出审判行为和审判结果两种形式，仅在《监督规则》第99条有限列举的审判行为中，出现审判行为和程序性审判结果竞合的情形就包括保全的行为与裁定、先予执行的行为与裁定、中止诉讼的行为与裁定、终结诉讼的行为与裁定、妨害民事诉讼的强制措施中罚款的行为与决定及拘留的行为与决定等。违法审判行为的实施与程序性审判结果的产生通常是同一时间。“就检察权的行使起点而言，所有的检察监督都是从‘事后’开始的。‘事后’是指事件已经发生，包括尚在持续中，不是指事件已经完结。”[②] 在审判过程中，鉴于部分裁定、决定、通知、命令、处分等程序性法律决策所发挥的程序指挥作用，其形成和生效通常早于判决，时常出现某一诉讼行为以程序性法律决策的形式作出并生效，而全案的终局性判决或结案性裁定尚未作出的情形。此时就该类程序性法律决策所实施的监督通常发生在判决生效之前的审判过程中，仅限于对某一诉讼程序问题的具体监督，因此属于

① 程序指挥裁定是指诉讼程序运行中作出的裁定，主要包括诉讼中法院对一些细节性程序问题进行处理时所运用的裁定，其在数量上占据了民事裁定中的绝大多数，在功能上与案件实体问题的处理并不直接挂钩，往往体现出临时性和中间性。这类裁定在同一案件所先后历经的各大诉讼程序中时常、多次、累积、重复出现，因彼此在生成条件上并不存在因果关系而较为独立，其针对的是纯粹的诉讼法上的事项。

② 汤维建：《新民事诉讼法适用疑难问题新译新解》，中国检察出版社2013年版，第199页。

诉中局部监督。此时，如该程序性法律决策具备可再审性，可通过抗诉或再审检察建议予以纠正；如其不具备可再审性，鉴于程序性审判结果是审判行为的实质内容和决策、实施、表达形式，审判行为是程序性审判结果的实施过程，因此可通过纠正违法检察建议对程序性审判结果所蕴含和体现的“违法审判行为”予以间接监督。

其次，由审判行为监督向实体性审判结果监督的转换，即转换为诉后全案性再审型检察监督。诉后监督的诸多条件都萌发和形成于诉讼过程之中。因此，在坚持同步监督优先主义的同时，某一违法审判行为或纠违检察建议事由可能本身并不属于抗诉或再审检察建议事由，但其与其他审判行为或诉讼情形的组合则可能在裁判生效后构成职权型检察监督事由。实体性审判结果的表现方式通常为判决。“诉讼中实体结果的产生都离不开程序，正是在程序的逐步展开中，生成着实体结果；任何实体结果都可以还原为程序过程。同样，对实体结果的监督，也可以还原为对程序过程的监督。立法授权对实体结果可以实施法律监督，便蕴涵了对程序过程可以实施法律监督之义，民行检察监督由实体向程序扩张是司法逻辑的自然回溯。”[①] 因此，某一违法审判行为在未得到及时纠正的情况下，可能自身滋生繁衍出或与其他审判行为或诉讼情形结合产生符合对全案判决进行抗诉或再审检察建议的法定事由，即实现《监督规则》第99条所规定的违法审判行为向《民事诉讼法》第200条所规定的再审事由进行转换，此时监督对象由单一的审判行为转化为存在瑕疵的整个复合性判决，监督力度由柔性转化为刚性，监督范围由局部性转换为全局性，实现由点到面的监督转换。具体而言，审判人员违反纪律规定的违法审判行为可向“应当回避的审判人员没有回避”的违法实体性审判结果转换；法院无不正当理由拒绝当事人取证申请的违法审判行为可向“对审理案件需要的主要证据，当事人因客观原因不能自行收集，书面申请人民法院调查收

① 汤维建：《民行检察监督制度发展的新动向》，载《河南社会科学》2011年第1期。

集，人民法院未调查收集”的违法实体性审判结果转换；法院怠于依职权主动取证或取证不当的违法审判行为可向“原判决、裁定认定的基本事实缺乏证据证明”的违法实体性审判结果转换；法院禁止当事人就对方提出的证据或鉴定意见发问、不组织对依当事人申请所收集的证据进行出示和辨认、禁止当事人申请专家辅助人出庭等违法审判行为可向“原判决、裁定认定事实的主要证据未经质证”的违法实体性审判结果转换；法院无故驳回追加必要共同诉讼中当事人的申请、驳回有独立请求权第三人的起诉、未通知与案件结果存在利害关系的无独立请求权第三人参加诉讼等违法审判行为可向“应当参加诉讼的当事人，因不能归责于本人或者其诉讼代理人的事由，未参加诉讼”的违法实体性审判结果转换；法院无故缩短答辩期限、禁止被告进行答辩、对新增诉讼请求不予安排答辩、法庭辩论阶段禁止当事人发言等违法审判行为可向“剥夺当事人辩论权利”的违法实体性审判结果转换；法院的违法送达特别是滥用公告送达的审判行为可向“未经传票传唤，缺席判决”的违法实体性审判结果转换。“若检察建议的内容具有极大的重要性，且这种重要性直通将来的再审事由，则其实质乃是告诉法院：倘若不接受此种检察建议，那么，等待法院生效裁判的恐怕就是抗诉一途。因此，诉中监督在不被法院接受的情形下，还有可能转化为诉后的抗诉监督。”① 例如，从审判人员违反纪律规定向全案审判违反回避规定的转换。当回避这一审判行为及其表现载体回避决定未能在诉讼进行过程中通过纠违检察建议进行及时有效的局部监督时，可在全案判决生效后以回避错误为事由，根据《民事诉讼法》第200条第7款“依法应当回避的审判人员没有回避的”的规定，对该判决实行以抗诉或再审检察建议为手段的全案监督。《监督规则》第99条规定：“人民检察院发现同级人民法院

① 汤维建：《检察机关对民事诉讼中的诉中监督研究》，载《民事行政检察监督指导与研究》（第8集），中国检察出版社2009年版。

民事审判程序中有下列情形之一的，应当向同级人民法院提出（纠违）检察建议……（十一）审判人员接受当事人及其委托代理人请客送礼或者违反规定会见当事人及其委托代理人的……”又如，从法院调查取证不当向全案事实缺乏证据证明的转换。当事人在审判过程中依法享有向人民法院申请调查取证的权利，同时人民法院在法定情况下负有依职权调查取证的职责。如若法院无不正当理由拒绝取证申请、怠于依职权主动取证或取证不当，检察机关在审判过程中可通过纠违检察建议予以监督。至此在裁判生效之后，检察机关仍可通过职权型检察监督继续实施监督，此时的监督对象转化为存在证据瑕疵的整个判决，监督理由则由单纯的证据问题上升为复合性的事实问题。《监督规则》第83条规定：“地方各级人民检察院发现同级人民法院已经发生法律效力的民事判决、裁定有下列情形之一的，可以向同级人民法院提出再审检察建议……（二）原判决、裁定认定的基本事实缺乏证据证明的……（五）对审理案件需要的主要证据，当事人因客观原因不能自行收集，书面申请人民法院调查收集，人民法院未调查收集的……”

2. 向调解结果监督的转换

对于违反自愿原则或合法原则的调解，根据《监督规则》第99条的规定，人民检察院只能对其提出纠正违法检察建议，不能提起抗诉或再审检察建议，再审型检察监督的适用对象仅为损害国家利益或社会公共利益的调解书。笔者认为，违反“两原则”的调解书本身具有再审可行性，现行法的规定有失偏颇。“没有把违反自愿性和合法性作为检察建议或者抗诉的原因，可能考虑的是检察院作为国家机关，以‘公权力’过多地介入平等主体之间的私权诉讼会使主体之间的对抗关系失衡。但问题是，‘自愿性’是诉讼调解的应然性，而并非必然性。”①《最高人民法院关于民事调解

① 赵泽君、陈涛：《完善民事调解检察监督制度的再思考》，载《公民与法（法学版）》2013年第2期。

书确有错误当事人没有申请再审案件人民法院可否再审问题的批复》规定，对已经发生法律效力的调解书，人民法院如果发现确有错误，而又必须再审的，当事人没有申请再审，人民法院根据《民事诉讼法》的有关规定精神，可以按照审判监督程序再审。综上，比照再审检察建议通过法院依职权提起再审的效力实现方式，对于违反自愿原则或合法原则的调解书，检察机关可在纠正违法检察建议书中明确要求法院对其依职权自行提起再审。指令再审成为纠正违法检察建议的效力表现形式之一，充分发挥出法院依职权再审的灵活性和事由广泛性，使纠正违法检察建议和再审检察建议的效力方式实现一定范围的统一，进而增强对调解书的纠错力度，扩大对调解书的纠错方式。

（二）对违法审判行为实施者的警示与惩戒

对违法审判行为的纠错本属于对“事”的处理，但凡“事”必出于“人”的所为。在对违法审判行为难以完成纠错的情况下，可对实施该行为之“人”进行警示与惩戒，一来表明检察监督机关对本次违法审判行为的否定评价和坚决制止的态度，二来通过对审判责任的追究，对今后的审判活动起到风险防范作用。

首先，对于从来不具有或目前已经不具有直接纠错性的违法审判行为，检察机关可对其补充制发纠正违法检察建议；对于曾经具有直接纠错性并已向其提出纠正违法检察建议，但对违法审判行为未能及时进行纠正或纠正效果不佳的，检察机关可对其再次制发纠正违法检察建议。此时的纠正违法检察建议虽然本身不再具有实施纠错的执行可行性，但其同样具有事后效力，并以警示的作用形式发挥出来，旨在对已发生不利效果的违法审判行为作出否定性评价，重在指出程序性错误的存在根源和发生原因，加强本次违法审判行为实施者对错误严重性的认识和反思，要求其今后避免类似错误的再发生，在价值评判层面上以宣告的形式尊重和维护当事人的诉讼权利。“在诉后监督中，应尊重法院生效裁判的既判力，就程序违法行为本身纠错已无实际意义，只能通过对审判主体违法行为的确认和处理达到对之后审判行为的‘警示’作用。”[①] 纠正违法检察建议无论能否实现直接纠错，但凡被接受和采纳的，都应纳入对审判者的业绩考评范畴。

其次，对同类违法审判行为制发改进工作型检察建议。《监督规则》第112条规定：“有下列情形之一的，人民检察院可以提出改进工作的检察建议：人民法院对民事诉讼中同类问题适用法律不一致的；人民法院在多起案件中适用法律存在同类错误的；人民法院在多起案件中有相同违法行为的……”改进工作型检察建议是在定期统计归纳的基础上进行的，其针对的是一段时期的工作情况，具有宏观性、整体性和普遍性。

最后，“对诉讼程序的关注和重视，一个重要的方面就是要对法官的诉讼行为予以严格规制”。[②] 作为违法审判行为的实施主体，审判者应承担相关的审判责任。就民事责任而言，《国家赔偿法》第31条规定：“人民法院在民事诉讼过程中，违法采取对妨害诉讼的强制措施、保全措施或者对判决、裁定及其他生效法律文书执行错误，造成损害的，赔偿请求人可以要求赔偿。”就刑事责任而言，《刑法》第399条规定：“在民事、行政审判活动中故意违背事实和法律作枉法裁判，情节严重的，处五年以下有期徒刑或者拘役；情节特别严重的，处五年以上十年以下有期徒刑。”在对上述责任的追究过程中，纠正违法检察建议应处于先行地位。对纠正违法检察建议的拒不接受和采纳，正是犯罪故意的表现形式之一。

## 第五节　诉前纠违检察监督的构建

“对诉后可加监督的属性便成为可对诉前加以监督的依据。”[③]

---

① 姚红：《民事审判程序性违法行为检察监督方式》，载《检察日报》2014年5月19日第3版。

② 廖永安：《法院诉讼行为要论》，载《法学家》2003年第2期。

③ 汤维建：《民行检察监督制度发展的新动向》，载《河南社会科学》2011年第1期，第13页。

《民事诉讼法》通过2012年的修订，增加和完善了诉前保全、诉前调解等新兴制度，加之目前正在实行的立案登记制改革，这为诉前检察监督的进行提出了要求并创造了空间。“诉中监督、诉前监督以及执行监督，虽然在制度上和观念上有所突破，同时实践中也有多种试点，然而这三大领域的监督尚未制度性地、常规性地开展起来，实践中民众的强劲需求未能得到有效呼应，民怨也比较集中在这些领域。”①

《民事诉讼法》在2012年前的修订过程中并未对诉前监督直接进行分离性设立，而是采取诉前监督与诉中监督相结合的立法模式。对于诉前诉讼活动，检察机关可以并只能参照诉中监督，通过纠违检察建议实施监督。因此，诉前财产保全裁定、诉前行为保全裁定、诉前证据保全裁定等出现在法院受理案件乃至当事人起诉之前的诉前裁定理应成为诉前检察监督的客体对象，这是由诉讼程序的延展性、诉讼准备活动的扩张性和裁定适用范围的广泛性所决定的。诉前检察监督的开展就方式而言，除不予受理的特殊属性外，其与抗诉和再审检察建议是矛盾的，因此只能以纠违检察建议的方式进行。

## 一、一审诉前检察监督

民事诉讼始于法院立案，即受理案件。受理的启动源于当事人的起诉，而审查起诉则为是否受理案件的铺垫性工作。案件受理之前法院和当事人所实施的活动应视为民事诉讼的准备性工作，仍为审判权和诉权作用的发挥，是民事诉讼的扩展和延伸。即使法院最终没有受理该案件，也不影响该类活动的诉讼本性。“检察院有权对民事诉讼活动实行全面的监督，尽可能覆盖审判权行使的所有领域，包括从立案到执行的整个程序阶段。权力必须受到监督和制

① 汤维建：《挑战与应对：民行检察监督制度的新发展》，载《法学家》2010年第3期，第41页。

约，审判权亦不例外，只要有审判权行使的空间，就有监督权发挥作用的余地。”[①] 因此，法院在受理案件之前所实施的所有与案件相关的活动均为诉讼活动，其可被定义为“诉讼准备活动”，其与之后的审判活动和执行活动并存。诉讼准备活动的积极有效开展将为之后的审判活动创设基本条件，为此民事检察监督权应扩展至诉讼准备活动。“诉前监督包含在一般监督的概念中，但它有别于纯粹的诉讼监督，因为诉讼程序于此阶段尚未启动，也与单纯的非诉讼监督有异，因为通过这种监督，将启动诉讼程序的运转。故而可说它是一种兼有诉讼监督和非诉讼监督属性的混合型监督。”[②]

### （一）对法院无故拒不受理案件的检察监督

《民事诉讼法》在 2012 年的修订中规定人民法院应当保障当事人依照法律规定享有的起诉权利，要求法院对不予受理的情形必须作出书面裁定。《民事诉讼法》第 123 条规定：“人民法院应当保障当事人依照法律规定享有的起诉权利。对符合本法第一百一十九条的起诉，必须受理。符合起诉条件的，应当在七日内立案，并通知当事人；不符合起诉条件的，应当在七日内作出裁定书，不予受理；原告对裁定不服的，可以提起上诉。”但是有观点指出，“如果对每一起不符合立案条件的纠纷都出具裁定书，法院的立案工作量将增加许多，这会进一步加剧立案窗口人手紧张的问题”。[③] 此外，“对于敏感案件、群体性纠纷等案件，尽管符合民诉法规定的起诉条件，但根据司法政策，经领导研究后，口头告知不予受理，司法政策或者领导决定不能作为裁定不予受理的规范依据，所

① 汤维建：《挑战与应对：民行检察监督制度的新发展》，载《法学家》2010 年第 3 期，第 44 页。

② 汤维建：《民事诉讼法的全面修改与检察监督》，载《中国法学》2011 年第 3 期，第 74 页。

③ 上海市浦东新区法院立案庭：《上海市浦东新区法院关于立案审查工作的调查报告》，载苏泽林主编：《立案工作指导》（2007 年第 2 辑），人民法院出版社 2008 年版，第 232 页。

以不会出具裁定书；对于法律和司法解释没有明确规定受理的新类型案件，逐级请示，避免各行其是，草率收案，造成工作被动，因此在 7 日内不能出具不予受理裁定书”。[①] 因此，利害关系人向法院起诉或被告提起反诉，法院接收起诉材料却又不出具书面证明或法院在审查期限届满后迟迟对起诉不予书面答复的现象依然存在，与立案登记制的改革发成冲突。所以，“当事人一起诉，法院就进行登记，然后再审查是否符合立案条件。”[②] 检察机关对立案工作的监督具有非常重要的意义，相关论述详见第一章“再审型民事检察监督”第二节“部分民事裁判的不可再审性”中的“程序推进型裁判的形成程序”。

### （二）对法院拒绝实施诉前保全或实施不当的检察监督

《民事诉讼法》2012 年的修订目标之一为完善保全制度体系，除新增诉前行为保全和诉前证据保全两项规定外，对已有的诉前财产保全制度进行了进一步规范，对该制度中的相关程序性决策统一要求通过“裁定”予以规制，这就为诉前检察监督的进行提供了载体对象。例如，《民事诉讼法》第 100 条第 3 款规定：“人民法院采取保全措施，可以责令申请人提供担保，申请人不提供担保的，裁定驳回申请。”《监督规则》第 99 条规定：“人民检察院发现同级人民法院民事审判程序中有下列情形之一的，应当向同级人民法院提出检察建议……（五）保全和先予执行违反法律规定的……”

---

① 柯阳友：《起诉权保障与起诉和受理制度的完善》，载张卫平主编《民事程序法研究》（第 9 辑），厦门大学出版社 2013 年版，第 93 页。

② 全国人大常委会法制工作委员会民法室编：《民事诉讼法立法背景与观点全集》，法律出版社 2012 年版，第 189 页。

表 11　诉前保全制度的监督要点

| | 诉前财产保全 | 诉中财产保全 | 诉前行为保全 | 诉中行为保全 |
|---|---|---|---|---|
| 发生时间 | 起诉或申请仲裁前 | 诉讼过程中 | 起诉或申请仲裁前 | 诉讼过程中 |
| 发生原因 | 情况紧急，不立即申请保全将会使其合法权益受到难以弥补的损害 | | 因当事人一方的行为或者其他原因，使判决难以执行或者造成当事人其他损害 | |
| 提起主体 | 利害关系人申请 | 当事人申请或<br>法院依职权 | 利害关系人申请 | 当事人申请或<br>法院依职权 |
| 财产信息来源 | 当事人、利害关系人向法院提供明确的被保全财产信息（《财产保全规定》第 10 条） | | — | |
| | — | 1. 当事人在诉讼中申请财产保全，确因客观原因不能提供明确的被保全财产信息，但提供了具体财产线索的，法院可以依法裁定采取财产保全措施（《财产保全规定》第 10 条）；<br>2. 法院作出保全裁定的，在该裁定执行过程中，申请保全人可以向已经建立网络执行查控系统的执行法院，书面申请通过该系统查询被保全人的财产（《财产保全规定》第 11 条） | | |

续表

| | | 诉前财产保全 | 诉中财产保全 | 诉前行为保全 | 诉中行为保全 |
|---|---|---|---|---|---|
| 担保 | 担保要求 | 应当提供担保 | 法院视情况决定 | —— | 法院根据案件的具体情况决定 |
| | 担保主体 | 1. 申请保全人（《财产保全规定》第 6 条）；<br>2. 第三人（《财产保全规定》第 6 条）；<br>3. 保险人以其与申请保全人签订财产保全责任险合同的方式（《财产保全规定》第 7 条）；<br>4. 金融监管部门批准设立的金融机构以独立保函形式（《财产保全规定》第 8 条） | | | |
| | 担保形式 | 1. 责令担保的，应当书面通知（《民诉法解释》第 152 条）；<br>2. 对担保财产应当依法办理查封、扣押、冻结等手续（《民诉法解释》第 164 条） | | | |
| | 担保数额 | 1. 一般情况：相当于请求保全数额；<br>2. 情况特殊：人民法院可以酌情处理<br>（《民诉法解释》第 152 条） | 1. 法院责令申请保全人提供财产保全担保的，担保数额不超过请求保全数额的 30%；<br>2. 申请保全的财产系争议标的的，担保数额不超过争议标的价值的 30%<br>（《财产保全规定》第 5 条） | 法院根据案件的具体情况决定<br>（《民诉法解释》第 152 条） | —— |
| | 追加担保 | 财产保全期间，申请保全人提供的担保不足以赔偿可能给被保全人造成的损失的，法院可以责令其追加相应的担保；拒不追加的，可以裁定解除或者部分解除保全（《财产保全规定》第 5 条） | | | |

续表

<table>
<tr><th></th><th>诉前财产保全</th><th>诉中财产保全</th><th>诉前行为保全</th><th>诉中行为保全</th></tr>
<tr><td rowspan="2">管辖</td><td>1. 被保全财产所在地的法院；<br>2. 被申请人住所地的法院；<br>3. 对案件有管辖权的法院</td><td>本诉法院</td><td>对案件有管辖权的法院</td><td>本诉法院</td></tr>
<tr><td colspan="4">当事人向采取诉前保全措施以外的其他有管辖权法院起诉：采取诉前保全措施的法院应当将保全手续移送受理案件的法院，诉前保全裁定视为受移送法院作出的裁定（《民诉法解释》第 160 条）</td></tr>
<tr><td>裁定时间</td><td>法院接受申请后 48 小时内</td><td>1. 情况不紧急：(1) 5 日内作出裁定；(2) 需要提供担保的：提供担保后 5 日内作出裁定（《财产保全规定》第 4 条）。<br>2. 情况紧急：法院接受申请后 48 小时内</td><td>法院接受申请后 48 小时内</td><td>情况紧急的，法院接受申请后 48 小时内</td></tr>
<tr><td>执行时间</td><td colspan="2">1. 情况不紧急：裁定后 5 日内开始执行；<br>2. 情况紧急：裁定后立即开始执行（《财产保全规定》第 4 条）</td><td colspan="2">——</td></tr>
<tr><td>保全标的物</td><td colspan="2">1. 请求的范围；<br>2. 与本案有关的财物：被保全人提供其他等值担保财产且有利于执行，法院可裁定变更保全标的物为被保全人提供的担保财产（《民诉法解释》第 167 条）；<br>3. 被保全人有多项财产可供保全的，在能够实现保全目的的情况下，人民法院应当选择对其生产经营活动影响较小的财产进行保全（《财产保全规定》第 13 条）</td><td colspan="2">侵害民事权益的作为或不作为</td></tr>
</table>

续表

| | | 诉前财产保全 | 诉中财产保全 | 诉前行为保全 | 诉中行为保全 |
|---|---|---|---|---|---|
| 保全措施 | | 查封、扣押、冻结或法律规定的其他方法 | | 针对作为：停止侵害、排除妨碍、限制活动等<br>针对不作为：采取措施有难度 | |
| 撤销、变更或补正 | | 财产保全裁定执行中，法院发现保全裁定的内容与被保全财产的实际情况不符（《财产保全规定》第 24 条） | | —— | |
| 解除 | 解除主体 | 1. 作出保全裁定的人民法院自行解除；<br>2. 上级人民法院决定解除（《民诉法解释》第 165 条） | | | |
| | 解除时间 | 1. 情况不紧急：收到解除保全申请后 5 日内裁定解除保全（《财产保全规定》第 23 条）；<br>2. 情况紧急：在 48 小时内裁定解除保全（《财产保全规定》第 23 条） | | | |
| | 解除情形 | 1. 财产纠纷案件，被保全人或第三人提供充分有效担保（被保全人请求对作为争议标的的财产解除保全的，须经申请保全人同意）（《民诉法解释》第 164 条、《财产保全规定》第 22 条）；<br>2. 保全错误（《民诉法解释》第 166 条）；<br>3. 申请人撤回保全申请（《民诉法解释》第 166 条）；<br>4. 申请保全人申请续行财产保全的，应当在保全期限届满 7 日前向法院提出；逾期申请或者不申请的，自行承担不能续行保全的法律后果（《财产保全规定》第 18 条）；<br>5. 法院认为应当解除保全的其他情形（《民诉法解释》第 166 条、《财产保全规定》第 23 条） | | | |

续表

| | | 诉前财产保全 | 诉中财产保全 | 诉前行为保全 | 诉中行为保全 |
|---|---|---|---|---|---|
| 解除 | 解除情形 | 1. 申请人在保全措施采取后30日内未起诉或申请仲裁（《财产保全规定》第23条）；在法院采取保全措施后30日内依法提起诉讼或者申请仲裁的，诉前财产保全措施自动转为诉讼或仲裁中的保全措施——期限连续计算，无需重新制作裁定书（《财产保全规定》第17条）。<br>2. 其他人民法院对起诉不予受理（《财产保全规定》第23条）。<br>3. 仲裁机构不予受理仲裁申请（《财产保全规定》第23条） | 1. 生效的法律文书执行时：进入执行程序后，保全措施自动转为执行中的查封、扣押、冻结措施——期限连续计算，无需重新制作裁定书（《财产保全规定》第17条）；<br>2. 申请人的起诉或诉讼请求被生效裁判驳回（《民诉法解释》第166条、《财产保全规定》第23条）；<br>3. 仲裁申请或者请求被仲裁裁决驳回（《财产保全规定》第23条）；<br>4. 其他人民法院准许撤诉或者按撤诉处理（《财产保全规定》第23条）；<br>5. 仲裁机构准许撤回仲裁申请或者按撤回仲裁申请处理（《财产保全规定》第23条） | —— | —— |
| | 解除方式 | 对于以登记方式实施的保全措施的解除：应当向登记机关发出协助执行通知书（《民诉法解释》第166条） | | | |

续表

| | 诉前财产保全 | 诉中财产保全 | 诉前行为保全 | 诉中行为保全 |
|---|---|---|---|---|
| 救济 | 申请复议<br>1. 裁定种类：保全裁定驳回申请裁定（《财产保全规定》第9条）。<br>2. 主体：申请保全人、被保全人（《财产保全规定》第9条）。<br>3. 时间：自收到裁定书之日起5日内（《民诉法解释》第171条、《财产保全规定》第9条）。<br>4. 对象：由作出裁定的人民法院（《民诉法解释》第172条、《财产保全规定》第9条）。<br>5. 次数：一次（《民事诉讼法》第108条）。<br>6. 审查期限：收到复议申请后10日内（《民诉法解释》第171条、《财产保全规定》第9条）。<br>7. 效力：复议期间不停止裁定的执行（《民事诉讼法》第108条）。<br>8. 结果（《民诉法解释》第171条）：<br>（1）裁定正确：驳回当事人的申请；（2）裁定不当：变更或撤销原裁定 | | | |
| 被申请人、利害关系人因保全造成的损失 | 1. 保全错误引发<br>（1）法院依职权提起错误的：国家赔偿；<br>（2）申请错误的：申请人应当赔偿被申请人因保全所遭受的损失；<br>（3）申请保全人未及时申请解除保全：申请人应赔偿被申请全人因财产保全所遭受的损失（《财产保全规定》第23条）；<br>2. 当事人申请诉前保全后在法定期间内起诉或者申请仲裁：由受理起诉的法院或者采取保全措施的法院管辖（《民诉法解释》第27条） | | | |
| 异议 | 1. 申请保全人、被保全人、利害关系人认为保全裁定实施过程中的执行行为违反法律规定提出书面异议的，法院应当依照民事诉讼法第225条规定审查处理（《财产保全规定》第26条）。<br>2. 法院对诉讼争议标的以外的财产进行保全，案外人对保全裁定或者保全裁定实施过程中的执行行为不服，基于实体权利对被保全财产提出书面异议的，法院应当依照民事诉讼法第227条规定审查处理并作出裁定。案外人、申请保全人对该裁定不服的，可以自裁定送达之日起15日内向法院提起执行异议之诉。法院裁定案外人异议成立后，申请保全人在法律规定的期间内未提起执行异议之诉的，法院应当自起诉期限届满之日起7日内对该被保全财产解除保全（《财产保全规定》第27条） | | | |

（三）对诉前调解的检察监督

《民事诉讼法》第122条规定："当事人起诉到人民法院的民事纠纷，适宜调解的，先行调解，但当事人拒绝调解的除外。"法院对于经当事人起诉却尚未受理的案件，享有调解的权力，这一调解行为可纳入多元化纠纷解决机制。尽管诉前调解目前在性质、适用范围、效力等方面尚存争议，但从检察监督的司法操作层面上看，"自愿"这一所有类型的调解均应当首先遵循的基本原则仍是监督的重点，"'适宜调解的，先行调解，但当事人拒绝调解的除外'的立法本意在于对于适宜调解的案件，法院应主动积极地促进调解的进行，但该调解并不能强制，调解并非为立案之前的必经程序，调解的启动仍应以当事人的意愿为前提，法院只是为启动进行铺垫性和引导性协助。"①《监督规则》第99条规定："人民检察院发现同级人民法院民事审判程序中有下列情形之一的，应当向同级人民法院提出检察建议……（二）调解违反自愿原则或者调解协议的内容违反法律的……"当然，鉴于诉前调解的特殊属性，其中所蕴含的"自愿"也应遵循规则。由于起诉系单方诉讼行为且诉前调解发生在法院受理案件及向被告送达起诉状副本之前，而"自愿调解"要求纠纷双方均应对协商解决纠纷表明立场并达成合意，因此起诉人的利益相对方以类似被告但尚未成为被告的身份在法院受理案件之前参加诉前调解成为基本要求。目前，现行法对法院依何种理由和方式通知拟被告参加诉前调解、拟被告如何加入诉前调解程序的规定是缺失的。

## 二、二审诉前检察监督

诉前检察监督中的"诉前"一词是针对每一个独立的诉讼程序而言的，而非整个案件诉讼，因此在二审程序中也存在诉前的概

① 宋朝武：《对民诉法修正案中调解制度的若干理解》，载《中国审判》2012年第6期，第28页。

念。尽管通常认为一审程序止于判决的生效，但鉴于一审判决的效力与上诉期限的密切关系，因此笔者认为二审诉前程序始于一审判决的作出，止于二审法院受理上诉请求，此时一审程序的末端与二审诉前程序存在一定的竞合。

（一）对一审判决送达的检察监督

一审判决的送达事关上诉期限的起算和裁判效力的发生，应将其纳入二审诉前检察监督的范畴。《监督规则》第99条规定："人民检察院发现同级人民法院民事审判程序中有下列情形之一的，应当向同级人民法院提出检察建议……（十）违反法律规定送达的……"就送达的方式而言，《民事诉讼法》第84条规定："送达诉讼文书必须有送达回证，由受送达人在送达回证上记明收到日期，签名或者盖章。受送达人在送达回证上的签收日期为送达日期。"第164条规定："当事人不服地方人民法院第一审判决的，有权在判决书送达之日起十五日内向上一级人民法院提起上诉。当事人不服地方人民法院第一审裁定的，有权在裁定书送达之日起十日内向上一级人民法院提起上诉。"其中，直接送达的首要性（诉讼文书应当直接送交受送达人）、留置送达的方式（送达人、见证人签名、盖章或采用拍照、录像等方式）、电子送达范围的有限性（判决书、裁定书和调解书不适用电子送达）、公告送达的补充性（其他送达方式无法实施的方可启用公告送达）等应为检察监督的重点之所在。

（二）对二审法院审查、受理上诉申请的检察监督

尽管二审程序和再审程序同为救济性诉讼程序，但二者的构造存在本质区别，是否进行实质性审查成为两种程序构造的重要区别点。二审的立案审查仅为形式意义上的审查，而申请再审的立案审查包括形式意义上的审查和实质意义上的审查。因此，二审的立案审查不能掺杂实体审查的成分，不能以实体审查的结论作为二审的立案标准。二审程序在开启后，集寻找一审裁判的错误和纠正该错误于同一审理活动之中，而立案程序只是对上诉进行形式要件的审

查。“法院对于当事人行使程序上诉权的行为，只能进行形式性审查，未经正当审判程序和双方当事人参与，法院不应在立案阶段对属于当事人权利事项的起诉进行实质性审查。”①《民事诉讼法》第165条规定：“上诉应当递交上诉状。上诉状的内容，应当包括当事人的姓名，法人的名称及其法定代表人的姓名或者其他组织的名称及其主要负责人的姓名；原审人民法院名称、案件的编号和案由；上诉的请求和理由。”因此，对上诉请求的未立先审应成为检察监督的重点。

① 冯旭峰：《民事再审立案的理念与实践》，载《杭州商学院学报》2003年第1期，第78页。

# 第三章　对民事调解和恶意诉讼的检察监督

## 第一节　对当事人在民事诉讼中主观心理状态进行查明的意义

与实体性纠纷相比，审判权、检察监督权的介入使民事诉讼中程序性纠纷的参与主体更趋多元化，进而形成程序性纠纷的种类和解决方式的多元化。主观心理状态是客观活动的内在支配与调节条件，鉴于行为人的主观心态与客观行为之间的密切联系性，在众多程序性纠纷中各方主体的主观心理状态对纠纷的形成原因、争议焦点和解决方式具有重要意义。因此，对当事人在民事诉讼中自身主观心理状态进行判断的需求，一部分源于当事人，另一部分源于判者。

### 一、程序性争议中当事人受到审判权的不良规制时的救济

程序性争议是指原告和被告双方就某一程序事实的合法性所发生的争议，司法机关对双方当事人的程序性争议作出具有法律效力认定的过程及其结果即为程序性裁判。“是否合法是对诉讼行为进行的法律评价。这种评价范围包括行为的条件、主体、意思表示、内容、方式、程序等各个方面。”①

① 马可：《程序法事实证明的概念、适用、实质与意义》，载《中国刑事法杂志》2013 年第 5 期。

当事人在诉讼中的主观心理状态虽只是诉讼行为的组成要件，但鉴于诉讼行为时常受到审判权的规制，因此其除反映当事人的诉讼心态外，亦是审判行为合法与否的判断标准。当事人认为自己的诉讼行为已达到审判者的审查要求但遭到审判者的否认进而拒绝审查，或对审判者的审查结果不服的，可通过法定方式寻求救济。无论对各类瑕疵性民事诉讼行为的救济途径如何设定，在司法实践中都应以对民事诉讼行为存在瑕疵的事实认定为前提。“诉讼行为之瑕疵，乃至诉讼行为欠缺生效要件。诉讼行为有瑕疵时，仍有治愈之可能。”①

对程序性裁判的救济包括内部救济和外部救济。就内部救济而言，法院在诉讼中的指挥地位及部分程序性争议的非两造性结构决定了当某些当事人对程序性裁判不服时可向作为争执对象的该法院本身申请复议或申请再审，出现争执对象与争执处理者的竞合；也可向上级法院申请复议、上诉或申请再审。就外部救济而言，当事人可向检察机关申请检察监督。“对于虚假诉讼案件，检察机关主要是通过抗诉或再审检察建议方式督促法院依法撤销生效裁判、调解书；发现审判人员存在违法行为或者执行活动存在违法情形的，以检察建议方式督促法院纠正违法情形；发现涉嫌刑事犯罪线索的，区分情况由职务犯罪侦查部门依法查处或检察机关移送公安机关处理。”②

**表 12　现行法下当事人对涉及主观心理状态的程序性纠纷的救济方式**

| | |
|---|---|
| 强迫调解 | 1. 当事人可以以“调解违反自愿原则”为由申请再审（《民事诉讼法》第 201 条）；<br>2. 法院裁定不予再审或逾期未对再审申请作出裁定的，当事人可以申请检察监督（《民事诉讼法》第 209 条） |

① 姜世明：《民事诉讼法基础论》，台湾元照出版公司 2014 年版。

② 参见 2016 年 2 月最高人民检察院民行厅副厅长吕洪涛在《最高人民检察院通报检察机关加强民事诉讼监督工作情况》新闻发布会上的发言。

续表

| | |
|---|---|
| 剥夺辩论权 | 1. 当事人可以上诉，二审法院应以“认定事实错误”为由依法改判、撤销或者变更；或以“原判决认定基本事实不清”为由，裁定撤销原判决，发回原审人民法院重审，或者查清事实后改判（《民事诉讼法》第 170 条）。①<br>2. 当事人可以根据“违反法律规定，剥夺当事人辩论权利的”申请再审（《民事诉讼法》第 200 条） |
| 其他程序性纠纷 | 1. 当事人可以上诉，二审法院应裁定撤销原判决，发回原审人民法院重审（《民事诉讼法》第 170 条、《民事诉讼法解释》第 325 条）；<br>2. 当事人可以以“原判决、裁定认定的基本事实缺乏证据证明”为由申请再审（《民事诉讼法》第 200 条）；<br>3. 当事人可以就违法审判行为申请检察监督（《民事诉讼法》第 209 条） |

## 二、程序性请求中法院判断当事人诉讼行为的合法性

程序性请求是指原告或被告单方为启动某一程序或实现某项程序权利而向法官提出的申请事项。与程序性争议不同，程序性请求可能存在于非对抗制的诉讼结构中。法院作为诉讼程序的指挥者，其对某方当事人所提出的某项程序性请求应首先进行目的审查，以判断该请求以及其所依托的诉讼行为本身是否具有合法性。“任何诉讼行为都必须以有意识的意思表示为前提，即必须具有行为意思或者表示意思。意思和表示有意识的不一致如果是明显的，则该当

① 现行法下上诉、再审之诉作为对实体裁判和程序性违法行为的混合司法审查之诉，对程序性错误的纠正机制是一审法院以“违反法律程序、影响公正审判”为由裁定撤销原判、发回重审。该机制虽充分尊重并保障了程序价值，但将程序性错误的纠正与对案件的再次实体审理联系在一起，“程序空转性纠错”难免引发诉讼成本的增大和诉讼效率的降低。笔者认为，“程序性制裁机制”的单独建立对解决上述矛盾更具实际意义和现实可操作性。

事人行为对于法院和对方毫无意义，并导致该行为作为不合法而被驳回。”① 在对抗制下的程序性请求中，法院需判断双方当事人之间是否存在通谋，即对抗是否实际存在；在非对抗制下的程序性请求中，法院需判断当事人提出该程序性请求的目的是否为期盼获得相应的诉讼效果。

表 13 现行法下法院对涉及当事人主观心理状态的违法程序性请求的处理方式

| | |
|---|---|
| 恶意串通 | 法院应当驳回其请求，并根据情节轻重予以罚款、拘留；构成犯罪的，依法追究刑事责任（《民事诉讼法》第 112 条） |
| 不真实意思表示下的自认 | 不能免除对方当事人的证明责任（《证据规定》第 8 条） |
| 申请撤诉的主观目的不合法 | 不予准许（《民事诉讼法》第 145 条） |

## 第二节 对当事人在民事诉讼中主观心理状态进行查明的难度

人的心理活动是内在的、无形的、易变的，人类内心世界的复杂性和对自身认识能力的有限性是难以调和的矛盾。在民事诉讼中，当事人的主观心理状态包括目的、动机及其他心理倾向。鉴于对当事人的主观心理状态难以通过常规性证明方法进行有效查明，加之法律禁止单独使用测谎技术证明行为人的主观心态，进而在司法实践中出现较大的查明难度，即便法官拥有调查取证权。

① ［德］罗森贝克、施瓦布：《德国民事诉讼法》，李大雪译，中国法制出版社 2007 年版。

## 一、当事人表意不真实的原因多样

人的行为与心理不具有绝对的对应性，产生一个客观行为的主观原因可能是多样的，客观行为只是推测主观心理状态的一种依据。

### （一）当事人被动表意的不真实

正如刑事诉讼中对非法证据排除规则的“非自愿”界定一样，“无论是刑事诉讼法还是司法解释，都属于成文法的表现形式。通过成文法确定非自愿供述的范围，始终存在局限性，那就是立法经常滞后和保守，无法及时反映社会发展的最新情况”。[①] 当事人被动表意不真实可分为两类：一为明知型表意不真实。明知型表意不真实的产生原因可源于审判者，也可源于对方当事人，即自身对某项诉讼行为的实施源于对方当事人的欺诈、胁迫、乘人之危。二为不知型表意不真实，即重大误解。形成认识上的重大过失的直接原因包括实施行为时的客观环境、文字理解的多重性、交易习惯、活动性质、格式条款、主体的状况、认知能力的有限、高额的信息搜集成本、对方当事人及第三方的误导行为或错误行为等不正当影响。

就当事人在审判者压力下的表意不真实而言，审判权对诉权的强制性压迫类型多样。例如，法院强迫调解可谓是民事诉讼中的“刑讯逼供”，调判合一制度的存在和硬性调解、调解第一、必须调解等司法政策的树立使强迫调解在目前的司法实践中较为普遍，法院实施强迫调解的目的在于对调解率的盲目追求，以满足期待中的业绩考核、评优争先、晋级增资。“法官对当事人的强制，产生于法官与当事人之间因调解而必须进行的纵向的交涉和对话活动、以及由此产生的活动关系之中，其实质是公权对私权的强制；当事

---

① 陈瑞华：《非法证据排除规则的适用对象——以非自愿供述为范例的分析》，载《当代法学》2015年第1期。

人相互之间的强制产生于各方当事人因调解而不得不进行的横向的交涉和对话活动及由此产生的活动关系之中，其实质则是由于相互之间力量对比不平衡而引起的私权性的——私人对私人的强制。”①“以劝压调、以拖压调、以诱促调、以判压调”是法官强迫当事人调解的惯用方法，其在给当事人的诉权造成极大损害的同时，也使其对调解书的自觉履行率较低。又如，法官对当事人口头辩论权的不当限制使庭审沦为形式，易滋生当事人对司法不公产生直接的负面情绪。《最高人民法院关于适用〈民事诉讼法〉的解释》（以下简称《民诉法解释》）第391条规定：“原审开庭过程中有下列情形之一的，应当认定为民事诉讼法第二百条第九项规定的剥夺当事人辩论权利：（一）不允许当事人发表辩论意见的……”当然，开庭审理在时间和空间上的有限性使法庭辩论必须以集中、高效的形式开展，辩论权的不当行使与当事人的文化水平、个人素养、现场情绪、双方的对抗程度、用语文明度等因素息息相关，法官对啰嗦、重复、跑题、不当言语等形式的陈述的禁止与对当事人辩论权限制的界限往往难以把握。

就当事人在对方当事人压力下的表意不真实而言，此种情况与民事活动中意思表示瑕疵所产生的法律行为的可撤销具有本质上的相同之处，特别是在和解、协议管辖、合意适用简易程序等以约定为基础的诉讼契约中表现得较为突出。例如，对于自认撤回的条件，《最高人民法院关于民事诉讼证据的若干规定》（以下简称《证据规定》）第8条规定：“当事人在法庭辩论终结前撤回承认并经对方当事人同意，或者有充分证据证明其承认行为是在受胁迫或者重大误解情况下作出且与事实不符的，不能免除对方当事人的举证责任。”如何证明自认是在受胁迫的情况作出的，往往成为难题之所在。胁迫的目的在于通过在精神上施加压力以抑制被胁迫人的意志自由，使其不敢反抗。胁迫目的在一定程度上隐含着“胁

① 许少波：《论诉讼调解瑕疵之救济》，载《法学》2007年第4期。

迫故意”。“如果强调胁迫方的主观状态，尤其是强调胁迫方的故意是胁迫的要件，势必造成司法实践上的困难。如果强调胁迫要有主观故意，让受胁迫方举证胁迫方是故意，显然不合理。”[①]

（二）当事人主动表意的不真实

当事人在不良诉讼动机的驱动下有意违反真实义务和诚实信用义务。“广义之真实义务包括狭义之真实义务及完全义务，前者系一禁止说谎之诫命，要求当事人不得明知为不实事实，却予以陈述；或明知对造所述为真，却予以争执。后者则系要求当事人不可仅陈述于其有利之部分事实，于其不利者，亦应陈述之。”[②] 恶意串通的两方不仅以“无中生有”的手法制造本不存在的实体性纠纷，而且为了使该纠纷中的虚假权利得到司法权的确认，进而制造恶意诉讼和虚假诉讼，并且在诉讼中进一步制造程序性虚假，“欺诈性地创造某种诉讼上的法律状态”。[③] 与前述中被强迫调解截然相反，“虚假诉讼与法院的调解书发生勾连的原因在于诉讼实务中大量的虚假诉讼案件是以调解方式结案的，调解结案在虚假诉讼案件中呈现出规律性，成为虚假诉讼的表征之一”。[④]

## 二、直接证据的缺乏和证明手段的有限性

行为人的内在心理活动往往令外人难以捉摸、不易把握，同时也很容易遭到事后否认。当行为人的表示意思与其内心效果意识相悖时，仅凭行为外部意思表示难以直接确认其有效，应充分探知其真实的内心效果，但内心效果又只能通过行为外部意思表示予以推断。“从主观性角度证明审判人员违反自愿原则极为少见，一般从

---

① 李玫：《论合同法中胁迫的构成要件》，载《暨南学报（哲学社会科学版）》2010 年第 5 期。

② 姜世明：《民事诉讼法基础论》，台湾元照出版公司 2014 年版。

③ ［德］罗森贝克、施瓦布：《德国民事诉讼法》，李大雪译，中国法制出版社 2007 年版。

④ 李浩：《虚假诉讼与对调解书的检察监督》，载《法学家》2014 年第 6 期。

客观性方面进行推理，得出当事人是在非自愿情况下接受调解的结论。”[①] 鉴于证据事实与待证事实无法形成直接性关联，由此造成外部意思表示的直接证明不能性和间接证明依赖性。“作为法官裁判推理小前提的案件事实是一种法律事实，具有明显的法律性。立法一般预先规定该事实的构成要件，当自然生活中的事实满足法律规定的所有要件特征时，就成为法律调整的对象。法律事实中的某些构成要件存在与否，是无法通过直接证据加以证明的。比如，因果关系或行为人的主观状态。”[②] 在直接证据存在的案件中，间接证据的首要功能通常被定位于对直接证据的获取、检验、补充和印证。对当事人主观心理状态的证明中根本不存在直接证据，除当事人自身陈述之外的所有的证据种类都只能以间接证据的形式存在，呈现出侧面性、片段性、零散性和局部性。例如，调解的秘密性和不公开性要求决定了调解方法的隐蔽性，事后当事人难以提交有效证明其在调解协议签字时真实意思表示的证据，案件审查者难以从调解书及相关材料中直接获取有关信息。“对于调解中的强制调解或变相强制调解如何加以证明？从主观主面是难以有突破的，所谓的‘强制调解或变相强制调解’只能通过外观的程序加以推定。”[③] 而且，并非行为人所有的主观心理状态都会通过行为侧面反映出来，在行为人刻意掩饰、故意隐瞒、有意转移视线的情况下，可以完全不显露于客观行为中。此外，当事人的心理状态有时会呈现出非稳定性变化，表现为真实与非真实相混同的状态。例如，同一证人在同一诉讼中对同一事实在不同诉讼阶段的翻证，将进一步加大对证人证言真实性的判断难度。

① 刘辉：《民事调解监督问题调研》，载《国家检察官学院学报》2014 年第 5 期。

② 纪格非：《直接证据与间接证据划分标准的反思与重构》，载《法学论坛》2013 年第 1 期。

③ 刘辉：《民事调解检察监督研究》，载《国家检察官学院学报》2010 年第 5 期。

## 第三节 对当事人在民事诉讼中主观心理状态进行查明的规则

长期以来，我国对特殊的心理证明与普通的行为证明在证明责任与证明标准上适用混同，这种现象直到2015年《民诉法解释》的出台才得以部分扭转，这个变化具有一定的进步意义。《民诉法解释》第109条规定："当事人对欺诈、胁迫、恶意串通事实的证明，以及对口头遗嘱或者赠与事实的证明，人民法院确信该待证事实存在的可能性能够排除合理怀疑的，应当认定该事实存在。"但是，每一项判断规则都并非适用所有的情形，上述规定仍未体现实体法事实和程序法事实在证明上的差异，其局限性在于一来只是对实体法事实产生中的意思表示的证明标准进行了规定，二来只是规定了当事人对自身意思表示的证明，没有涉及法院依职权主动对当事人主观心理状态的查明。如此一来，司法实践中对涉及主观心理状态的民事诉讼行为的有效证明仍属空白。笔者认为，对当事人在民事诉讼中主观心理状态的查明，要求"法院所得运用之举证责任分配调整方法包括举证责任转换、证明度降低、资讯义务（情报请求权）、非负举证责任一造之说明义务之加强或表见证明等，其运用方式应依其事件性质与证据偏在严重性而定之"。①

① 姜世明：《民事证据法实例研习（二）既判决评释》，台湾新学林出版股份有限公司2006年版。

表 14　对涉及主观心理状态的程序性纠纷的证明体系

| | 当事人和救济主体先后适用 | | 审判主体依职权探知 |
|---|---|---|---|
| | 当事人顺向疏明 | 审判主体逆向证明 | |
| 强迫调解 | √ | √ | |
| 剥夺辩论权 | √ | √ | |
| 基于错误产生自认 | √ | | |
| 撤诉目的 | | | √ |
| 证人说谎 | | | √ |
| 证人翻证 | | | √ |
| 当事人之间恶意串通 | | | √ |

## 一、当事人对法院所实施的审判行为的不正当性的主张

就对当事人主观心理状态的证明而言，有观点认为，主张外界事实（可从外部观察而得之的事实）者负证明责任，主张内界事实（存在于人的内心世界的事实）者不负证明责任。对此的反驳观点认为内界事实不难依间接事实推知，此种证明责任的分配方式有失公平。程序利益的归属会影响证明责任的分配。“程序性违法事实的证明责任的合理分配是解决程序性违法与实施程序性制裁的技术性要素。必须根据程序性违法的不同类别的特点，结合证明责任基本法理对程序性违法的证明责任进行合理分配。”① 因此，在对当事人在诉讼中的主观心理状态进行证明时，应当注意当事人和法院取证能力的差异，从提出证据的可能性和难易程度出发，在权利配置上适当向弱者偏斜并适度抑制强制，从而实现双方证明能力

① 石浩旭：《刑事程序性违法证明责任分配机制研究》，载《湖北社会科学》2011 年第 12 期。

的实质平等。“一个较为理想之举证责任分配，在胜败之风险上，应对于两造当事人均等，裁判所显现出之胜败比例，应较为接近，始符合上述之武器平等原则。”① 确认程序违法事实是否存在的过程即证明程序合法性的过程，因此当事人和法院双方都应成为证明主体，并且证明标准根据不同证明方法的运用而随之调整。

就对程序性事实的证明而言，程序性违法的证明对象是证明主体在诉讼中需要运用证据加以证明的各方诉讼主体所实施的诉讼活动是否违法的程序事实。其中，审判人员的审判行为是否无效的证明对象是该审判行为的合法性，此种情形属于民事诉讼中的“行政诉讼”。鉴于诉讼程序活动的有序性、计划与非计划相结合的推进性及不可逆性，加之审判行为乃由审判机关实施，对用于证明法院在原审过程中存在程序性违法的证据，通常当事人实难收集，进而当事人对其的调查取证行为极度困难，只呈现为对其的陈述或臆测。对程序法事实的严格证明将对受审判权约束的提起程序争议的一方当事人不利，由当事人承担完全的证明责任将会致使其丧失维护程序性权利的可能性和开展程序性证明的积极性。同时，违反法定程序的事实对救济机关而言难以依职权探知。

当事人因主观意思表示受到审判权的压制而主张审判行为不正当的证明是上述两种证明的综合体。因此，首先由当事人以疏明的形式提出主张，向救济主体提供相应的线索、完成说明义务、履行疑点形成责任，在其完成疏明、救济主体对诉讼活动的合法性产生质疑后，由法院承担对诉讼活动合法性提供证据的责任且需达到盖然性优势。如果当事人对法院提出的程序合法性证明仍持异议，可再次进行反证，此时提供证据责任转移到当事人，并随着审理的深入在双方之间多次相互转移，并且没有次数限制。此为证明责任的转移而不是证明责任的倒置。证明责任的倒置意味着当事人只需提出审判行为违法的主张而在任何情况下都无须提供任何证据，所有

① 沈冠伶：《民事证据法与武器平等原则》，台湾元照出版有限公司 2007 年版。

的证明责任都应由法院承担。如果审判行为的合法性经过各方全部的证明仍处于真伪不明的状态，法院须承担最后的说服责任，最终的主观证明责任的承担主体亦为法院。

（一）当事人对审判行为不正当的先行顺向疏明

欲将既有的程序是否合法作为一个争议引入正在进行的实体性纠纷解决程序，应当首先通过一定的理由使其成为争议。当事人对审判行为不合法的先行主张成为法院对审判行为合法进行证明的前提。在此过程中，当事人并不只能单纯地声称或主张，而应以一定的理由说明程序存在违法的可能性，使程序性纠纷的解决者产生合理的怀疑。因此当事人应首先对诉讼程序的非正当性提供初步证据，证明违法审判行为已经或可能给其造成利益损害，使程序性纠纷的解决机关对法院实施的诉讼活动的违法形成合理的怀疑、产生程序违法的动议。对当事人提供初步证据的要求可防止当事人滥用程序性权利、阻碍诉讼进程。

与证明相比，疏明制度尚未被我国现行法所确定。在我国台湾地区，亦将疏明称为“释明”，即“若所提出之证据，仅使法院生薄弱之心证，相信其主张大概如此者，谓之释明。当事人主张之事实，通常须为证明，惟若干程序上事项，或该事项应从速解决者，于法律有特别规定时，仅应释明为已足。供释明用之证据，毋庸遵守严格之证据程序”。① 此处的释明与《民事诉讼法》中的同一概念存在含义上的较大区别。“苦无相当文字足以表达此意义，姑用释明二字（日本谓之疏明），若声叙则与原意相去太远矣。”② 就设立目的而言，疏明的作用除防止诉讼拖延、尽快作出裁判、避免程序争点扩大化以造成程序浪费外，亦包括对负有证明责任的一方当事人的证明责任的减轻。“诉讼法上之举证责任减轻，即指由诉讼

① 杨建华著、郑杰夫增订：《民事诉讼法要论》，北京大学出版社 2013 年版。

② 参见我国台湾地区“民事诉讼条例”第 335 条。

法所构设（由诉讼法或实务承认）之举证责任减轻方式。”[①] 鉴于查明程序法律事实的时间性要求比实体法事实更强，因此“对于非属实体权利义务关系之终局裁判者，即属于单纯之程序事件者，如须简易而迅速之处理，则仅以释明为已足”。[②] 日本新《民事诉讼法》第188条规定：“疏明应当根据苟能及时调查的证据进行。”[③] 就适用范围而言，“疏明的对象应仅限于事实问题而不包括法律问题”,[④]但疏明就事实问题的运用范围仍具有有限性，其并非适用于所有的程序法事实，其仅适用于对部分程序法事实的判断，其他部分程序法事实的判断仍应适用于证明。“疏明是诉讼程序进行时用于比较轻微事项的一种简易证明方法，只限于诉讼法有规定的情况。”[⑤] 因此，实体法事实和程序法事实的对象区别并不是划分证明与疏明的唯一标准，证明的对象并非仅限于实体法事实，相关程序性法事实也适用于证明。就程度而言，“证明和疏明是按照确认待证事实存在所需证明度的不同要求来予以区分的。证明和疏明的区别着眼于法官的心理状态，有必要使法官对该事实的存在抱有确信程度的就是证明；大体确定即可的就是疏明”。[⑥] 综上，“对于判决基础事实之外的、需要迅速处理的事项或派生性程序事项，在认定作为其基础的事实之际，大多只要求达到疏明之程度即可”。[⑦] 目前疏明制度已在我国的部分诉讼程序中初步设立，即起诉条件中的“初步证据”或“相关线索”。《民诉法解释》第284条规定：“环境保护法、消费者权益保护法等法律规定的机关和有

---

① 姜世明：《民事诉讼法（下）》，台湾新学林出版股份有限公司2013年版。

② 陈计男：《民事诉讼法论（上）》，台湾三民书局2004年版。

③ 何家弘、张卫平：《外国证据法选译》，人民法院出版社2000年版。

④ Scherer, Das Beweismass bei der Glaubhaft-machung, 1996, S. 49m. w. N.

⑤ ［日］中村英朗：《新民事诉讼法讲义》，陈刚、林剑锋、郭美松译，法律出版社2001年版。

⑥ ［日］高桥宏志：《重点讲义民事诉讼法》，张卫平、许可译，法律出版社2007年版。

⑦ ［日］新堂幸司：《新民事诉讼法》，林剑锋译，法律出版社2008年版。

关组织对污染环境、侵害众多消费者合法权益等损害社会公共利益的行为，根据民事诉讼法第五十五条规定提起公益诉讼，符合下列条件的，人民法院应当受理……（三）有社会公共利益受到损害的初步证据……”《最高人民法院关于审理环境民事公益诉讼案件适用法律若干问题的解释》第8条规定：“提起环境民事公益诉讼应当提交下列材料……（二）被告的行为已经损害社会公共利益或者具有损害社会公共利益重大风险的初步证明材料……”《人民检察院提起公益诉讼试点工作实施办法》第17条规定：“人民检察院提起民事公益诉讼应当提交下列材料：（一）民事公益诉讼起诉书；（二）被告的行为已经损害社会公共利益的初步证明材料。”当事人对于自身负有疏明义务的对象，其可以以担保书、具结或担保的形式予以替代。

以非自愿性调解为例，当事人在对强迫调解进行疏明的过程中，应重点把握的程序性事实包括：首先，审限的延长次数。《民诉法解释》第243条规定：“民事诉讼法第一百四十九条规定的审限，是指从立案之日起至裁判宣告、调解书送达之日止的期间，但公告期间、鉴定期间、双方当事人和解期间、审理当事人提出的管辖异议以及处理人民法院之间的管辖争议期间不应计算在内。”因此，在当事人拒绝调解的情况下，法院拖延审判必然会耗费更多的时间成本，此时延长审限成为将诉讼活动合法化的外衣。其次，协助调解人、委托调解人的身份。协助调解的设立目的在于充分发挥社会力量在专业、时间、人员等方面的优势，增大调解成功的可能性。“协助调解取得成功的关键在于找到适当的协助人，事先建立协助人队伍、储备协助人资料才能够发现适当的协助人。”① 但是在实践中某些法官为了达到强迫调解的目的，其所使用的委托调解人往往是与当事人存在领导、救济、指挥等利害关系的主体，企图通过行政权力、职务便利、经济控制、社会影响等方式促使当事人

① 李浩：《法院协助调解机制研究》，载《法律科学》2009年第4期。

同意调解。上述情况也常出现在委托调解之中。再次，无特别授权的诉讼代理人对调解书的签收。《民诉法解释》第89条规定：“当事人向人民法院提交的授权委托书，应当在开庭审理前送交人民法院。授权委托书仅写‘全权代理’而无具体授权的，诉讼代理人无权代为承认、放弃、变更诉讼请求，进行和解，提出反诉或者提起上诉。”调解与和解一样是以双方的自愿协商为基础的，双方在利益冲突立场上的各自让步是不可避免的，是否愿意以牺牲自己的实体权益来换取诉讼效率、将实体权益的牺牲控制在何种范围之内，以及由此产生的后果能否在内心深处被平衡接受，这只能是当事人及其法定代理人自己在心中对诉讼价值进行考量，这是包括委托代理人在内的所有非纠纷发生者很难感受到的。因此应将调解与和解置于委托代理权层面的同一高度上，因而将调解纳入需特别授权的事项是必要的。又次，管辖法院与对方当事人所在地的同一性。“有些法官或受私利的影响或受地方保护主义的利益驱动，强行调解或变相强行调解。”① 复次，法官在调解过程中怠于行使释明权的行为。掌握案件全部信息的法官如若根据调解的需要选择性地释放部分信息，则会给当事人造成认识层面上的误会。最后，案件的复杂性。法院对复杂案件强行调解的目的在于避免判决可能带来的“错案”风险。此外，调解方案的变化次数、调解书的可履行性以及共同诉讼中本方其他当事人对调解书的代签、对调解过程的录音②等因素均可成为疏明的对象。

（二）法院对审判行为正当性的随后逆向证明

程序违法的受害者为当事人，但责任归于法院。尽管审判机关的职权行为在通常情况下被推定为合法，其一般无须证明自身职权行为的合法性，但如果受该审判行为约束的当事人履行了疏明责任

① 刘辉：《民事检察监督视角下的强势诉讼调解》，载《国家检察官学院学报》2008年第4期。

② 《担心法官不秉公私自录音来取证》，载《三秦都市报》2005年12月10日。

并使救济主体对法院所实施的审判行为的合法性产生怀疑，那么则应由审判机关证明自身行为及所实施的诉讼程序的合法性，因为法官是诉讼活动的指挥者和参与者，其具有记录诉讼全过程的现实性和便利性，当事人的取证能力与证据的距离是决定证明方法的重要因素。法院对审判行为的正当性、合法性所承担的证明标准应高于或者至少达到排除合理怀疑，即救济主体对其实施的审判行为的合法性不存在任何合理怀疑的程度。“程序问题不同于实体问题，但程序问题涉及司法机关是否依法诉讼，司法机关举证证明诉讼程序合法，证明标准必须达到排除合理怀疑。”①

就证据种类而言，首先，原审判人员、调解人员向救济主体提供签名并加盖公章的诉讼过程合法的说明。救济程序启动后，诉讼行为的合法性成为救济主体审查的对象，参加救济活动的原审审判人员不同于原审中的证人，其事实上属于程序上的被告，其就程序事实向救济主体所作的陈述是一种特殊的言词证据，其在程序性纠纷解决的过程中应承担出庭的义务。其次，全案的谈话笔录、调解笔录及庭审笔录。当然，目前笔录制作的个人主观性、不规范性、标准缺失性、内容空洞性、事项差异性及效力的不确定性使得对庭审状况的还原存在客观不能。“现行民事诉讼因缺失法定化的庭审笔录制度作为监督、制约庭审的有效手段，导致现实中庭审程序空洞化、虚无化现象的发生，也导致诉讼当事人、利害关系人常常为程序合法与否的事实争执不休。”② 再次，原始的同步录音和庭审录像。录音录像可以直观地反映诉讼的整个过程，为了防止对录音录像的事后人为篡改，应对录音录像的制作、保管和监督程序进行配套设计。但是，目前各级法院在民事审判中对庭审录像的使用普及率及保管主体与被监督主体的统一化使其对庭审状况的还原存在

① 王俊民、沈亮：《论程序性辩护中的举证责任》，载《政治与法律》2008 年第 1 期。

② 张卫平：《论庭审笔录的法定化》，载《中外法学》2015 年第 4 期。

客观不能与主观不能。又次，包括专司程序性活动的民事裁定和本应全面反映案件整体审理情况的民事判决在内的法律文书。就民事裁定而言，现行法对口头裁定的允许、裁定范围的有限列举及通知、处分、命令等非法定诉讼文书的普遍使用使裁定对程序性活动的规制及记载呈现有限性。就民事判决而言，其重在对实体性争议进行分析，目前对诉讼程序的交代不够，对案件审理过程的表述过于简单，审理过程未能通过判决书得到全面、客观的反映，最终也不能反映案件审理的全貌。最后，法庭或调解室在场的其他人员或其他证人出庭作证。综上，将程序合法的证明责任分配给法院并适度提高证明标准不仅能有效地解决程序性纠纷，而且还能产生纠纷预防功能——促使法院改进日常的诉讼管理模式，以公开、透明、客观和全面的科学理念推进诉讼活动的改进。

## 二、检察机关依职权查明当事人之间的恶意串通

《民事诉讼法》所规定的诚实信用原则、妨害民事诉讼的强制措施、法院依职权对“当事人有恶意串通损害他人合法权益可能”的情形调查取证、对调解书的检察监督等均为防范和打击恶意诉讼、虚假诉讼的积极措施。该措施可由法院或检察机关依职权开展。《民事诉讼法》第 64 条规定：“当事人对自己提出的主张，有责任提供证据。当事人及其诉讼代理人因客观原因不能自行收集的证据，或者人民法院认为审理案件需要的证据，人民法院应当调查收集。”《民诉法解释》第 96 条规定：“民事诉讼法第六十四条第二款规定的人民法院认为审理案件需要的证据包括……（四）当事人有恶意串通损害他人合法权益可能的……”

对恶意诉讼的认定是目前司法实践中的普遍性难题。主观恶意是恶意串通行为中最为关键的构成要件，合同的相对性、不公示性、缔约程序的保密性使得通常情况下外人很难知道行为人相互串通的过程。鉴于恶意串通中双方当事人的有意串谋，因此对当事人心理状态的查明只能交由司法机关依职权完成，当事人自身不存在

证明的可能性和现实性。司法机关同样面临证明的难度。“撤销调解书的前提条件是法院能够认定双方当事人是虚假诉讼，而在那些当事人做了精心准备的虚假诉讼中，法院要做出当事人提供的证据是虚假证据的认定也存在相当大的困难。”①

就诉讼中当事人恶意串通的查明对象而言，首先，当事人的诉讼行为本身是直接的待查明对象。例如，调解协议的达成异常容易、当事人所提交的无争议的证据、调解或判决的易履行性、当事人无正当理由拒不到庭参加诉讼、原告与被告在诉讼中配合默契、实质性诉辩对抗的不存在、起诉事实和理由的不合常理等。此外，某些法律事实具有混合属性，即在诉讼的某些阶段中重在支持程序性问题，在其他诉讼阶段中又重在支持实体性问题，而当事人恶意串通的心理状态本身既是程序法事实，也是实体法事实。诉讼中的“恶意串通”可被还原至其实体本质。当事人串通实施的不正当诉讼行为是虚假诉讼的外在表现，而该类诉讼的内在基础乃是民事法律关系中的恶意串通。如果民事法律行为是基于恶意串通而产生的，那么这种意思表示的不真实必将进入诉讼中来，形成诉讼中的违意行为。因此，当事人在诉讼之前所实施的民事法律行为亦是当事人恶意串通案件中的间接的待查明对象。例如，当事人之间的亲友关系或者有业务往来的熟人关系、诉讼结果涉及多方的经济利益、合同双方的关联性、一方当事人对对方当事人负债情况的了解程度、是否实际支付对价等。最高人民法院第二巡回法庭所审理的“辽宁特莱维置业发展有限公司与上海欧宝生物科技有限公司”一案［（2015）民二终字第324号］被誉为“最高人民法院认定虚假诉讼第一案”。该案在判决中认定为虚假诉讼的证据包括：“从借款合意形成过程来看，借款合同存在虚假的可能；从借款的时间上看，当事人提交的证据前后矛盾；从借款的数额上看，当事人的主张前后矛盾；从资金往来情况看，存在单向统计账户流出资金而不

① 李浩：《虚假诉讼中恶意调解问题研究》，载《江海学刊》2012年第1期。

统计流入资金的问题；从所有关联公司之间的转款情况看，存在双方或者多方账户循环转款问题；从借款的用途看，与合同约定相悖；在诉讼和执行中的行为来看，与日常经验相悖。”《最高人民法院关于审理民间借贷案件适用法律若干问题的规定》第19条规定：“人民法院审理民间借贷纠纷案件时发现有下列情形，应当严格审查借贷发生的原因、时间、地点、款项来源、交付方式、款项流向以及借贷双方的关系、经济状况等事实，综合判断是否属于虚假民事诉讼：（一）出借人明显不具备出借能力；（二）出借人起诉所依据的事实和理由明显不符合常理；（三）出借人不能提交债权凭证或者提交的债权凭证存在伪造的可能；（四）当事人双方在一定期间内多次参加民间借贷诉讼；（五）当事人一方或者双方无正当理由拒不到庭参加诉讼，委托代理人对借贷事实陈述不清或者陈述前后矛盾；（六）当事人双方对借贷事实的发生没有任何争议或者诉辩明显不符合常理；（七）借款人的配偶或合伙人、案外人的其他债权人提出有事实依据的异议；（八）当事人在其他纠纷中存在低价转让财产的情形；（九）当事人不正当放弃权利；（十）其他可能存在虚假民间借贷诉讼的情形。”

（一）间接证据的形成

查明当事人之间存在恶意串通的证据，无论是程序性证据还是实体性证据，均只能作为侧面反映当事人主观心理状态的间接证据。全部为间接证据的案件是一种较特殊的案件。间接证据定案依靠的是逻辑证明手段，其必须以一定数量作为间接证据链的形成基础，以此达到全部证据的整体性、一致性、关联性、协调性和排他性。据以定案的每一个间接证据都必须已查证属实且与案件事实存在客观联系，间接证据必须在数量上足够多且彼此之间协调一致而无矛盾存在，间接证据最终必须形成完整的证明体系并得出明确且唯一的结论。“按照亲密程度可以将证据间的相互关系大概分为四个层次：印证性关系、同向性关系（或一致性关系）、不矛盾关系以及矛盾性关系。"[①] 当然，我国部分学者对直接证据和间接证据的划分标准提出了新的认识。有观点认为，"能否单独证明案件的主要事实"并非科学的划分标准，而是应将主要事实与法律事实（要件事实）相区分，主要事实不包含法律评价因素，法律事实是对要件事实进行法律评价的结果。"当证据证明的主要事实中涵盖了要件事实对应的全部构成要件的信息时，法官可以直接对要件事实是否存在做出判断的，该证据为直接证据。"[②] 从此观点出发，能够对当事人主观心理状态进行证明的相关证据均属于直接证据的范畴。也有观点认为，"必须经过推断或假设才可证明案件中依照法律规定需要证明的事实的证据，称为间接证据"。[③] 从此观点出发，能够对当事人主观心理状态进行证明的相关证据均属于间接证据的范畴。

间接证据的侧面性、碎片性容易产生对关联性的一味强调，进而诸多的间接证据容易过早地被排除在法庭之外，最终其固有的可采性没能有效发挥。证据的关联性重在强调证据与事实问题的联系程度，证据的可采性重在强调证据与法律问题的联系程度；关联性具有显性特征，易单纯通过调查收集证据而先行发觉；可采性具有隐性特征，只有经过对法律适用的考虑才能进一步凸显。

（二）推定的运用

间接证据定案通常需要借助一定的假设和推测。"间接证据的证明则具有间接性，即必须与其他证据连接起来，而且往往要以某种推论为中介才能证明案件的主要事实。"[④] 间接证据链对案件事实的证明是建立在严密的逻辑推理之上的，间接证据必须通过推定

① 阮堂辉：《间接证据理论的思辨与实证》，人民出版社2009年版。

② 纪格非：《直接证据与间接证据划分标准的反思与重构》，载《法学论坛》2013年第1期。

③ 奚玮、余茂玉：《直接证据与间接证据划分标准的比较、反思与重构》，载《河北公安警察职业学院学报》2007年第1期。

④ 何家弘、杨迎泽：《检察证据实用教程》，中国检察出版社2006年版。

才能确立其与待证事实之间的关系。就涉及需查明主观心理状态的案件而言，某些客观事实与主观心理之间的逻辑联系使得对该客观事实通过特定的演绎推理可在一定程度上得出相应的主观心理。“法律方法难以解决确定某个人内心思想的问题，通常只有依靠外部的行为事实及内部的心理学法则历经反复多次的必要反推，才有可能认定。”① 当然，从客观事实推断出主观事实的难度明显高于从客观事实推断出客观事实。当事人心理状态的产生原因和客观表现形式的多样化使得对其的推定无法简单套用单一的定型化推断模式，需要在每个案件中分别进行专门性推定，不能直接适用表见证明。②

（三）认定标准的高低平衡

《民诉法解释》将当事人对实体性事实中“恶意串通”进行证明的证明标准规定为高于通常的高度盖然性。该解释第 109 条规定：“当事人对欺诈、胁迫、恶意串通事实的证明，以及对口头遗嘱或者赠与事实的证明，人民法院确信该待证事实存在的可能性能够排除合理怀疑的，应当认定该事实存在。”上述规定主要适用于一方当事人就对方当事人与案外进行恶意串通的证明。就此种规定的合理性而言，在实体价值的视角下，有观点认为“根基于实体法上对通谋虚伪意思表示行为之价值预设，亦即，就已成立之法律行为，主张该法律行为有瑕疵者，应对该瑕疵，即‘非常态’或‘变态’之事实负举证责任，以免他人无端及任意挑战当事人间已存在之法律关系，乃具有经济上之意义”。③ 但从程序法角度而言，

① ［英］彼得·斯坦、约翰·香德：《西方社会的法律价值》，王献平译，中国法制出版社 2004 年版。

② 表见证明是指若在生活经验法则上表现一定之原因，而且通常皆朝一定的方向演变，即被认为经过定型的事项时，即得直接地推定一定要件事实之存在。参见雷万来：《民事证据法论》，台湾瑞兴图书股份有限公司 1997 年版，第 280 页。

③ 姜世明：《民事证据法实例研习（二）既判决评释》，台湾新学林出版股份有限公司 2006 年版。

证明标准的提高无疑将加大各类证明主体的证明难度。"在司法实践中，合同因恶意串通而被宣告无效的案件很少。"[①] 此外，《民事诉讼法》在2012年修改中新增了第三人撤销之诉，其为案外人对双方当事人恶意串通的救济途径，因此案外第三人应承担相应的证明责任。"按第三人主张表意人与相对人通谋而为虚伪意思表示者，该第三人应负举证之责。系争案件中，基本上并无当事人间武器不平等性，实不宜仅因原应负举证责任一造之证明困难，即令举证转换，而无视于民事实体法之价值预设。"[②] 案外第三人因此所承担的证明责任难度往往较大。综上，当事人对主观心理状态的证明在举证能力的客观局限致使举证困难成为常态的情况下，应为负有证明责任的一方减轻其证明难度以实现实质公平。

反观司法机关依职权对当事人之间恶意串通的查明，其主要方法依旧为运用间接证据进行推定。运用间接证据直接定案的最大难度在于达到高度盖然性的证明标准，这要求间接证据链达到完备齐全的程度。间接证据链即便丰富和多样，其亦很难最终形成真正意义上的"完整的证明体系"，因此在一定程度上会影响到证明程度的问题。推定本身就是依据法官的经验和认识作出的，其既能改变证明责任的分配，还可调整证明标准。有观点认为，"在刑事诉讼中，我国规定的间接证据证明案件的证明标准需要达到必然性的要求过高，这样的追求不符合事物认识的客观规律。与其他证据一样，运用间接证据认定案件事实，只需要达到高度盖然性程度即可，这种盖然性的证明程度是指足以令事实认定者形成确信，作出对案件的认定结论"。[③] 还有观点认为，"介于优势证据和排除合理怀疑之间的证明标准是清晰和有说服力的证据或直白、清晰和有说服力的证据。该证明标准仅适用于民事诉讼，在美国的很多州用于

---

① 王利明：《合同法研究（第一卷）》，中国人民大学出版社2001年版。

② 姜世明：《民事证据法实例研习（二）既判决评释》，台湾新学林出版股份有限公司2006年版。

③ 陈欢：《间接证据定案规则研究》，西南政法大学2014年硕士学位论文。

审理诈欺案件或者那些当事人试图寻求惩罚性赔偿的案件”。[①] 笔者认为，司法机关依职权查明当事人主观心理状态的证明标准最高只能设定为高度盖然性，甚至在某些情况下还面临进一步下调的问题。对于证明标准的降低程度，就与“高度盖然性”这一证明标准的外部比较而言，部分类型的案件可根据实际情况统一适用“相对优势”的证明标准。“降低证明标准的情形，司法解释虽未规定，但对于程序性事实的证明，从民事诉讼法的表述上一般也可以推导出降低证明标准的结论，对这些事实的证明，应当适用低于高度盖然性的证明标准。”[②] 就“高度盖然性”这一证明标准的内部分层而言，“某一民事案件‘可以以盖然性占优势’获得证明，‘但在盖然性的范围内可以有不同的盖然性程度，该程度依赖案件的诉讼标的不用而应有所不同’，民事法庭在斟酌‘诈欺’的指控时，当然要比斟酌‘过失’是否成立所要求的盖然性程度要高。换言之，所要求的盖然性程度应‘与特定情形相称’”。[③]

就每一项具体间接证据的证明力和整个证据链的证明力的关系而言，证据链所包含的间接证据的广泛性使法官最初需对每一项证据的证明力分别形成心证，由此将造成各项证明力大小的不一，有的证据达到充分证明而超过证明度，有的证据基本吻合证明度，而且有的证据只是较为接近证明度，并且每类证据并不限于一个。“每一项间接事实都可以推论出案件主要事实存在的某种可能性，这种可能性有大有小，由间接证据证明的间接事实对认定案件主要

---

① David P. Leonard, Victor J. Gold, Evidence: A Structured Approach, Aspen Publishers, New York, 2004, p. 603，转载于易延友：《证据法的体系与精神——以英美法为特别参照》，北京大学出版社 2010 年版。

② 沈德咏：《最高人民法院民事诉讼法司法解释理解与适用》，人民法院出版社 2015 年版。

③ 安宁勋爵在 1951 年的判决中的陈述，转引自李玉华等：《诉讼证明标准研究》，中国政法大学出版社 2010 年版。

事实所起的作用有大有小。"[①] 单个证据的证明力差异并不影响整个间接证据链对要件事实的推导和法官最终的综合心证的形成，此时应将全部证据材料视为推定所依据的综合性基础事实，即便其中存在可能性极低的间接证据，只要综合性基础事实达到既定的证明程度，就应肯定该证明的成立。例如，在证明合同当事人之间存在恶意串通进而提起虚假诉讼的案件中，合同转让价格是否合理作为间接证据之一，即便合同标的物的价值明显低于转让的价额，也无法成为单个的定案依据。"（在原告认为多个被告之间存在恶意串通而提起诉讼的案件中——笔者注）原告将被告签订租金低于市场价格的合同的行为视为恶意串通是难以说服法官的，因为签订的合同本身就是一个合意的过程，双方当事人经过协商、洽谈，最终得出结果的过程属于当事人意思表示一致的表现。"[②]

① 阮堂辉：《"证据锁链"的困境及其出路破解——论间接证据在我国刑事诉讼中的独立定案功能》，载《中国刑事法杂志》2006 年第 4 期。

② 邹忠玉等：《合同无效之"恶意串通"法律研究》，载《长春理工大学学报（社会科学版）》2015 年第 6 期。

# 第四章　民事检察监督证据的运用规则

民事检察监督制度作为我国的原创性诉讼制度，其与作为监督对象的审判制度的重要区别之一在于证据规则。目前理论界已对民事检察监督的对象、范围、方式、效力等基本问题进行了较为成熟的探讨，并已上升至立法和司法解释的层面。但是，目前民事检察监督证据规则的缺失在一定程度上影响到上述监督子制度的进一步发展，并使整体的监督制度处于效果不甚理想的状态。因此，摒弃套用审判证据基本规则的错位形态，重新建立民事检察监督证据规则无疑对民事检察监督制度的进一步发展具有重大意义。

我国的民事诉讼构造具有特色，检察机关在民事诉讼的介入使得民事诉讼中的证据可分为民事审判证据和民事检察证据。就民事检察证据而言，鉴于检察机关在民事诉讼中的功能可分为以起诉者的身份提起公益诉讼和以监督者的身份实施检察监督，因此其又可分为公益诉讼证据和检察监督证据，二者的形成方式和运用规则截然不同。[①] 在民事公益诉讼中，“检察机关提起诉讼的案件，应当

① 对于民事公益诉讼的证据规则，根据《最高人民法院关于审理环境民事公益诉讼案件适用法律若干问题的解释》第 13~16 条的规定，就推定的运用而言，原告请求被告提供其排放的主要污染物名称、排放方式、排放浓度和总量、超标排放情况以及防治污染设施的建设和运行情况等环境信息，法律、法规、规章规定被告应当持有或者有证据证明被告持有而拒不提供，如果原告主张相关事实不利于被告的，人民法院可以推定该主张成立。就法院依职权调查收集证据而言，对于审理环境民事公益诉讼案件需要的证据，人民法院认为必要的，应当调查收集。就鉴定而言，对于应当由原告承担举证责任且为维护社会公共利益所必要的专门性问题，人民法院可以委托具备资格的鉴定人进行鉴定。当事人申请通知有专门知识的人出庭，就鉴定人作出的鉴定意见或者就因果关系、生态环境修复方式、生态环境修复费用以及生态环境受到损害至恢复原状期间服务功能的损失等专门性问题提出意见的，人民法院可以准许。专家意见经质证，可以作为认定事实的根据。就自认的效力而言，原告在诉讼过程中承认的对己方不利的事实和认可的证据，人民法院认为损害社会公共利益的，应当不予确认。

采取职权探知原则查明案件事实”。[①] 民事公益诉讼证据就其属性而言，亦归类于民事审判证据的范畴，属于特殊性诉讼程序中的证据。

2012年修改的《民事诉讼法》、2013年出台的《人民检察院民事诉讼监督规则（试行）》（以下简称《监督规则》）及2015年出台的《最高人民法院关于适用〈民事诉讼法〉的解释》（以下简称《民诉法解释》）使我国的民事检察监督制度迈入了全方位监督的新阶段，达到双重监督对象相结合（结果监督和行为监督）、双重监督时间相结合（静态监督和动态监督）、双重监督方式相结合（刚性监督和柔性监督）、双重监督启动相结合（依诉权监督和依职权监督）、三重监督阶段相结合（诉前监督、诉中监督与诉后监督）的新高度。当然，民事检察制度本身仍存在诸多漏洞和缺陷，有待于进一步改进和完善。民事检察监督法律关系作为民事诉讼法律关系中的一个分支（民事诉讼法律关系还包括争诉法律关系、审判法律关系、诉讼协助法律关系），其不能深入诉讼对抗的内部，必须保持必要的谦抑性，仅以外围监督者的身份独立于审判活动和争讼活动。

民事检察监督证据规则应建立在具有中国特色的本土原创诉讼制度——民事检察监督之上，为民事检察监督制度的运行起到基础性配套作用，同时进一步维护民事检察监督的谦抑性，通过自身的完善协助实现民事检察监督的本质目的。《民事诉讼法》第210条规定，人民检察院因履行法律监督职责提出检察建议或者抗诉的需要，可以向当事人或者案外人调查核实有关情况。《监督规则》在

① 田平安主编：《民事诉讼法原理》，厦门大学出版社2005年版，第87页。

第五章“审查”第三节“调查核实”中规定了一系列调查核实的措施。上述规定固然具有进步意义，但尚无法构成民事检察监督证据规则的全部。目前民事检察监督证据规则的缺失使检察机关在办案实务中无所依据，严重影响办案质量，难以树立监督权威。“检察人员要将研究调查取证的重点和工作重心放在证据规则上，力求熟悉和精通证据的收集、甄别、采信规律。”①

## 第一节　民事检察监督证据的来源

“法院作出的裁判应当被推定为正确的，是否有错误必须先有调查、先有证明。”② 民事检察监督证据的来源应划分出层次性和秩序性，后来源证据作为对前来源证据的补充，呈现证据来源强度逐级加强的态势。在前来源证据业已充分的情况下，对后来源证据的取得并非必要。

---

① 万洪斌：《民事行政抗诉实务研究》，吉林大学出版社 2006 年版，第 363 页。

② 郑新俭、孙加瑞：《民事诉讼法修改与民事检察制度的完善》，载《检察论丛》（第 19 卷），法律出版社 2015 年版，第 382 页。

表 15　民事检察监督证据的构造①

<table>
<tr><td colspan="2" rowspan="3">民事检察<br>监督证据</td><td colspan="4">再审型监督<br>监督对象：诉讼结果</td><td colspan="2">纠违型监督<br>监督对象：诉讼行为</td></tr>
<tr><td colspan="2">裁判<br>监督</td><td colspan="2">调解书<br>监督②</td><td>审判行为<br>监督</td><td>执行行为<br>监督</td></tr>
<tr><td>职权型</td><td>诉权型<br>直接申请</td><td>职权型</td><td>诉权型<br>间接申请</td><td>诉权型<br>直接申请</td><td>诉权型<br>直接申请</td></tr>
<tr><td>当事人</td><td>举证</td><td>不存在</td><td>必然存在</td><td>不存在</td><td>必然存在</td><td>必然存在</td><td>必然存在</td></tr>
<tr><td rowspan="2">检察院</td><td>审查核实<br>原审证据</td><td>必然存在</td><td>必然存在</td><td>必然存在</td><td>必然存在</td><td>不存在</td><td>不存在</td></tr>
<tr><td>调查收集<br>新证据</td><td>可能存在</td><td>可能存在</td><td>可能存在</td><td>可能存在</td><td>可能存在</td><td>可能存在</td></tr>
</table>

## 一、引发或抵制民事检察监督启动的立案型检察监督证据

### （一）监督申请人在提出监督申请时的举证

“检察院虽然是法律监督机构，但检察院同样也是被动地进行法律监督，不可能主动对民事案件中已经发生法律效力的判决和裁定进行审查。也是从判决、裁定的利害关系人或其他渠道获得抗诉

① 《监督规则》第 65 条规定：“人民检察院因履行法律监督职责提出检察建议或者抗诉的需要，有下列情形之一的，可以向当事人或者案外人调查核实有关情况：（一）民事判决、裁定、调解书可能存在法律规定需要监督的情形，仅通过阅卷及审查现有材料难以认定的；（二）民事审判程序中审判人员可能存在违法行为的；（三）民事执行活动可能存在违法情形的；（四）其他需要调查核实的情形。”

② 调解书的错误类型包括违反自愿原则、违反合法原则、损害国家利益和损害社会公共利益四类，《民事诉讼法》明确赋予当事人对“违反两原则”的调解书的再审申请权，赋予检察机关对“损害两益”的调解书的依职权监督权，因此检察机关不得对“违反两原则”的调解书直接进行监督。但是，当事人就“违反两原则”的调解书申请再审，如若被裁定驳回再审申请，则可以就此申请检察监督，如此一来仍可将“违反两原则”的调解书纳入检察监督的范围。

信息的，因此，也存在对来源于利害人或社会其他渠道的抗诉信息进行审查确认的问题。”① 监督申请人在民事检察监督案件中的举证活动从申诉前的准备开始，历经当事人向检察机关申请监督，检察机关民事控告部门受理监督申请、民事检察部门审查监督申请和作出监督决定，法院的审查监督（检察建议案件）、进行再审或行为纠错、案件终结等全部监督活动。

首先，监督申请人在申请再审型或纠违型检察监督时应当进行举证，证明生效裁判、调解书、审判行为或执行行为存在违法的证明责任应由监督申请人承担。该举证就监督案件的受理要求而言属于义务，就受理之后的审查要求而言则属于权利。“当事人向检察机关申诉，有提供证据的权利。但不能将此举证权利改变为义务，令当事人必须举证。”② 监督申请人在申请监督过程中所应证明的是法定监督事由的存在，而非自己的实体性权利或程序性权利受损。虽然权利受损在一定情况下也是法定监督事由存在的证据之一，但证明的方向和目标截然不同。“作为一方当事人，监督申请人是案件中最初的证据收集和提供者，其肩负利用收集到的证据说服检察机关启动检察监督程序的重任。所以，监督申请人除了要提供证明原审裁判错误的证据，还要提供支持其诉讼请求的证据。”③ 监督申请人所提交的证据既包括对原审证据的重新整理和再收集，也包括支持其申诉主张、证明原审审判结果、审判行为和执行行为存在错误的诉后证据。此外，《监督规则》对当事人申请检察监督进行了诉讼化改造，将审判中的复议、异议、上诉和再审的行为与程序设置为申请监督的强制前置程序，未经上述诉讼阶段且无正当合法理由的，控告检察部门将对监督申请不予受理。因此，监督申

① 张卫平：《论民事再审事由审查程序的法定化》，载《法学》2000 年第 2 期。

② 参见何家弘、杨迎泽：《检察证据实用教程》（第二版），中国检察出版社 2014 年版，第 380 页。

③ 赵信会：《论民事诉讼中检察机关的证据调查》，载《山东青年政治学院学报》2013 年第 4 期。

请人在申请检察监督时除提交监督申请书外，还应一并提交上诉状、二审裁判、再审申请书、驳回再审裁定、再审裁判、复议申请书、复议结论、异议申请书或异议结论等法律文书。上述法律文书的基本属性为证明监督符合法定程序的程序性证据，其派生属性为对原审案件中的相关实体争议及法院的处理结论进行相关反映，亦属于实体性证据。即便当事人在某些案件中没能提供任何证明其申请主张的实体性证据，上述单独存在的程序性证据也能成为收集实体性证据的线索，为检察机关依职权主动调查收集实体性证据起到引导作用。在大陆法系的证据理论中，存在摸索证明的问题，其是指“负有证明责任之当事人，无法详细得知应证事实之关系，为了获得有关事实之具体资料，而就证明命题为一般性、抽象性的事实主张，所为之证据声明”。[①] 摸索证明作为当事人在审判中惯用的“诉讼技巧”，将造成证据收集的盲目扩大化和空洞化，故不应支持。但是，民事检察监督制度不同于民事审判，检察机关负有依职权启动监督以纠正违法审判的义务，故审判中的证明责任分配理论不能完全适用于民事检察证据，因此应准许监督申请人在提出明确的监督请求的同时，仅将原审法律文书作为证据提交。此外，对特殊侵权案件的裁判结果申请检察监督时，鉴于审判中实行部分侵权事实要件的证明责任倒置，故若监督申请者为被告，则审判中举证责任倒置的侵权要件仍由其负责证明；若监督申请者为原告，则举证责任倒置的侵权要件改为由其进行反向证明。

之后，检察机关应对监督申请人所提交的证据进行综合判断分析。检察机关出于判断被申请监督的对象合法性的需要，应当审查当事人所提出的证明诉讼结果、审判行为或执行行为存在违法的证据，即对是否受理监督申请的判断。在《监督规则》所创设的“受理监督申请与审查监督事由相分离”的新型监督模式下，申诉材料的有理与否是当事人的监督申请能否得到民事控告部门受理的

① 姜世明：《论民事程序中之摸索证明》，载《成大法学》2004 年第 8 期。

关键之所在。目前法院对一审案件的起诉实行立案登记制，旨在保护当事人的诉权行使范围，扩大对诉讼权益的保护力度，对起诉只进行形式要件的审查，最大限度地将民事纠纷纳入法院的审理范围。其中，起诉中的证据条件已被宽泛地设置为只要求起诉人提供证据材料，在立案阶段并不直接对该证据的客观性、关联性和合法性进行审查。检察监督申请权作为诉权的延伸，应该遵循此种正确的司法规律，但同时也应把握检察监督公权性的特点。与法院对起诉证据的单一形式性审查相比，检察机关对申诉证据的审查标准应略高，但审查程度也只需达到“诉讼结果、审判行为和执行行为有可能存在错误”，即排除“绝对不可能”即可。“检察监督不可能像民事诉讼那样设置一种对抗式抗辩结构，自己作为中立的事实认定或裁决者。如果是那样又会掉入另一个陷阱———监督错位。如果能够通过诉讼对立的结构进行判断，无疑等于将事实认定的判断权交给了监督机关。”① 因此，当监督申请人提出的证据与生效裁判所采信的证据相矛盾时，申诉证据只要被查证属实，即便对其能否推翻生效裁判所采信的证据尚无法进行准确判断，检察机关也应受理监督申请人的监督申请。

（二）检察机关依职权提起检察监督所依据的线索材料

检察机关依职权提起监督的线索来源包括当事人及其他诉讼参与人的举报和控告、民事检察人员在办理申诉案件过程中自行发现的违法裁判、上级机关交办或有关部门转办的材料、人大代表和政协委员转交的材料等。在检察机关对民事诉讼结果依职权提起的监督中，证明生效的判决、裁定和调解书存在错误的责任由检察机关自行承担，但可要求知情案外公民、有关单位和组织就其提供的材料和案件中的相关事实进行说明。接受检察机关调查核实的公民、单位和组织应对生效裁判的公正性有所了解，而非仅知晓双方当事人之间争议事实，其负有配合调查核实的义务。有关单位和组织向

① 张卫平：《民事诉讼检察监督实施策略研究》，载《政法论坛》2015 年第 1 期。

检察机关提供证据、协助调查是其法定义务，但检察机关无权要求其提供与该案无关的其他情况。检察机关向相关人员了解案件情况时，相关人员应当积极配合，若其无理拒绝，检察机关可采取适度的强制措施。

## 二、检察机关书面审查核实原审证据所发现的派生型检察监督证据

检察机关通过书面审查核实原审证据所发现的瑕疵或错误定案证据在性质上属于派生型检察监督证据，即该证据曾作为审判证据在诉讼中使用过。“民事检察监督权能否正常运行、能否有效实现，必须借助于必要的手段和保障措施，否则，权力的赋予必定是空洞的，是没有实质意义。”① 检察机关实施审查核实的目的在于了解案件原审情况、形成内心确信。检察机关的审查核实应本着全面的原则，手段应以书面审查为主，目标在于考察判断法官是否合法运用了审判权，范围应以原审定案证据为限，不可随意、过度扩充，不能超出原生效裁判和调解书的认定范围，不能超过法院正在进行的审判活动范围。检察机关的审查核实是对法院已收集的证据的检查、核对与分析，民事检察监督作为事后的外部监督，应坚持历史唯物主义标准，检察机关对法院生效文书及审判行为正确与否的判断应以法院进行裁判时所应掌握的全部证据范围为标准，切不能以事后获取的证据来评判法院在当时证据条件下的审判，但是对当事人在原审举证期限届满前提交但最终未被法院采纳的证据，应纳入审查核实的范畴。“民事检察官还应当努力提高审查案件的综合能力，善于从有限的材料中发现问题，而非依赖相对耗费司法资源的调查。”②

① 常怡主编：《比较民事诉讼法》，中国政法大学出版社 2002 年版，第 199 页。

② 张剑文：《对调解书的监督，如何做到有权更有责》，载《检察日报》2012 年 11 月 28 日第 3 版。

民事检察监督证据与民事审判证据存在一定的差异，但可以进行竞合与转换。“证据调查可分为形式调查和实质调查两种，形式调查重在证据资料的收集，属于立证范围；实质调查，重在证据制度之发现，属于判断范围。在采当事人主义之立法例，形式调查，属于当事人；而实质调查，则属于裁判者。”① 民事检察监督证据的功能不在于查明案件事实，也不在于解决民事纠纷和处理民事争议，而是对民事诉讼的合法性进行法律监督。“关于检察机关在民事审判证据收集程序中的地位和作用，不宜将其与当事人、代理律师、法院并列，视其为民事审判证据收集程序的当然主体。”② 检察监督证据与审判证据在性质上是截然不同的，但在内容上又可能存在重合。“证据被用于证明审判活动是否合法时，为监督证据；被用于证明诉讼主张是否成立时，为审判证据。同一证据可以有多重证明功能，既可以被检察机关用作监督证据，也可以被当事人用作审判证据。”③ 同一证据材料可具备审判证据和检察监督证据的双重属性，此种具备可能是同时具备，也可能是先后具备；又可能是本应成为而没能成为审判证据，进而最后转变为检察监督证据，即证据本体早已存在，但其作为检察监督证据的属性在后来才被发觉；还可能是最初以检察监督证据的形式出现，最后在再审中因被法院采纳进而转化为审判证据。

调卷和阅卷是检察机关书面审查核实原审证据的首要、基本、必备和主要方式。“案卷审查是检察机关开展民事监督的基本方式。”④ 检察机关审查核实已经作出生效裁判的民事案件是通过核查已经发生的诉讼活动进而推断已生效民事裁判或调解书的合法

---

① 陈朴生：《刑事证据法》，台湾三民书局1983年版，第331页。

② 吴如巧：《民事诉讼证据收集制度的构建》，中国人民公安大学出版社2011年版，第25页。

③ 孙加瑞：《民事检察制度新论》，中国检察出版社2013年版，第155页。

④ 江必新、孙祥壮、王朝辉：《新民事诉讼法审判监督程序讲座》，法律出版社2012年版，第173页。

性。完备的原审卷宗应完整记录诉讼的全过程，记载整个案件的争议焦点、审理过程、主要证据、裁判依据等案件的有关情况，包含相关的诉讼文书，其是裁判赖以存在的基础，是发现和查找违法违规行为并继续深入的最直接有效的线索。检察机关通过阅卷可以全面了解案情，在把握法官审判思路的基础上对审判活动合法与否进行判断。检察机关在履行法律监督职责的过程中，可根据需要调阅、查阅人民法院的审判卷宗。调阅本身就包含了查阅的行为，其在性质上比查阅更为宽松，因此可调阅的范围与可查阅的范围应根据卷宗的属性和案件的具体情况予以区分。对于电子卷宗还可实行在线浏览和备份等技术手段。此外，还应当对检察机关调阅与当事人、律师阅卷的范围予以区分，并在时间上予以协调。“调卷权是确保人民检察院依法履行法律监督权的重要保障，尤为重要，应当在基本法中予以明确规定。”①《最高人民法院办公厅、最高人民检察院办公厅关于调阅诉讼卷宗有关问题的通知》第 1 条规定，人民检察院在办理法官涉嫌犯罪案件、抗诉案件、申诉案件过程中，可以调阅人民法院的诉讼卷宗。但遗憾的是，《民事诉讼法》在 2012 年修改中并未明确赋予检察机关调卷权。“在本次修法的二审稿中原本规定了人民检察院的阅卷权和调卷权，但是在三审稿中被剔除了，最后通过的修正案也无此权力。”② 笔者认为，赋予检察机关调卷权是确保其充分行使阅卷权的手段。就调阅的时间而言，根据《民事诉讼法》第 209 条的规定，检察机关对当事人的对诉讼结果监督申请的审查期限为 3 个月，该期限届满之前应作出提出或者不予提出检察建议或者抗诉的决定。此外根据《监督规则》第 56 条的规定，检察机关对当事人申请对诉讼结果、审判行为和执行活动的审查期间均为 3 个月。因此，检察机关向人民法院调阅

① 张卫平主编：《新民事诉讼法条文精要与适用》，人民法院出版社 2012 年版，第 31 页。

② 张卫平主编：《新民事诉讼法条文精要与适用》，人民法院出版社 2012 年版，第 529 页。

诉讼卷宗的时间设置为3个月较为适宜。因特殊情况要重新办理调阅手续，连续调阅期限不超过6个月。人民检察院对于其调阅的诉讼卷宗，不得随意提供当事人和诉讼代理人查阅，不得向外转借，其中调卷时间可不纳入相关期限之中。

## 三、检察机关调查收集审判证据之外的原始型检察监督证据

检察机关进行调查收集的目的在于以新发现的证据来补强或推翻既有的审判证据，因此调查收集权是实施民事检察监督的保障措施和辅助权能，对其设定的薄弱将直接影响检察监督效果的发挥。检察机关实施调查收集并非干预属于私法属性的民事法律关系，而是对同属于公法属性的审判权的监督。调查收集权是形成民事检察监督证据的基本手段保证，是检察机关履行其职责所必需的程序权力。“无调查核实权，一切皆为空谈。”① 调查收集权对检察机关的赋予是应然的，可弥补当事人收集证据能力和举证能力的不足，有利于查明案件情况。“如没有规定履行监督职责相应的调查权和知情权，监督方式多为消极、被动和事后的。”② 调查收集权的目的在于应严格限制为审查案件的实体结果和诉讼程序是否存在错误，查明民事诉讼活动中的事实认定和法律适用是否合法，审查原裁判形成过程中的证据规则是否运用得当。

检察机关所调查收集到的审判证据之外的其他证据在性质上属于原始型检察监督证据，即该证据从未作为审判证据在诉讼中使用过。若检察机关通过书面审查原审案卷之后仍无法判断原审裁判错误与否，则可有限调查收集审判证据之外的其他证据，因此该活动具有补充性和有限性。“检察机关调查应当区分‘调查核实’与

---

① 张卫平主编：《新民事诉讼法条文精要与适用》，人民法院出版社2012年版，第529页。

② 张雪樵、王晓霞：《司法规律视野下法律监督的立法完善》，载《人民检察》2010年第10期。

‘调查取证’。”[①] 尽管通常而言审查核实中所产生的线索往往会成为调查收集的目标，进而审查核实是调查收集的必然先行途径，但在实践中有时难以明确区分。此外，检察机关的调查收集不同于民事审判中的调查取证，这是由民事检察和民事审判的属性与任务的差异所决定的。“法院调查取证要解决的是‘判决应该是怎样’的问题，而检察机关调查取证要解决的是‘判决是否应该是这样’的问题。”[②] 检察机关调查收集证据的范围应宽于法院，并不受证据本身的属性、来源和效力等因素的限制。

就检察机关调查收集的启动而言，其应与民事检察监督的启动相关联。在诉权型检察监督中，监督申请人对自己没有能力提供的证据，可向检察机关提供证据线索，申请检察机关调查收集。检察机关的调查收集从受理监督申请后的审查程序起进行，但凡作出予以监督或不予监督的决定后，就应停止调查收集。同时，检察机关也可围绕监督申请依职权开展调查收集，但应严格遵循必要性原则，仅限定在当事人申请监督的范围之内。“即有检察院主动依职权帮助取证能力弱或者处于弱势地位的一方调查收集证据，也要注意防止那种一接到申诉，检察院就事无巨细、大包大揽地调查取证，丝毫不顾及对方当事人应享有的程序权利，从而把监督演变成为一方当事人包打关系的情形。”[③] 在职权型检察监督中，检察机关遇有现行法所规定的“履行法律监督职责提出检察建议或者抗诉的需要”时，方可因“确有必要”的存在自行调查收集证据。

就检察机关调查收集的方法而言，“检察机关的证据调查更注重的是调查、了解、调取和初步的甄别固定，一般并不包括像审判

---

① 江必新主编：《民事诉讼新制度释义》，法律出版社2013年版，第354页。

② 最高人民检察院民事行政检察厅：《民事检察制度热点问题探索》，中国检察出版社2004年版，第286页。

③ 陈桂明：《程序理念与程序规则》，中国法制出版社1999年版，第154页。

权一样对证据进行深入的质证和审核的程序”。[①]《监督规则》第66条规定，检察机关可以采取的调查核实措施包括查询、调取、复制相关证据材料；询问当事人或者案外人；咨询专业人员、相关部门或者行业协会等对专门问题的意见；委托鉴定、评估、审计；勘验物证、现场；查明案件事实所需要采取的其他措施。检察机关调查收集前应履行相应的审批手续，调查收集时不得限制被调查人的人身自由。调查收集应由两名以上检察人员进行，在调查收集过程中，应充分尊重和保障被调查人的合法权益，不得使用限制被调查人的人身自由和财产权利的强制性调查措施，如若涉及个人隐私等问题，应当予以保密。

## 第二节　民事检察监督证据的范围

民事检察监督范围的有限性决定了检察监督证据种类的有限性。“调查收集权的行使应当与公权力监督属性相适应，不应当超越监督职能，为一方当事人收集证据。”[②]

### 一、各类民事检察监督中的通用性监督证据

鉴于民事检察监督基本宗旨的确定性，某些监督目标和功能利益贯穿于各类监督的始终，不因监督对象的差异而产生不同。各类民事检察监督中的通用性监督证据包括：

第一，证明审判人员存在职权性违法犯罪行为的证据。原审审判人员的贪污受贿、徇私舞弊、枉法裁判行为是检察监督的重要对象，此类证据的作用在于证明办案人员是否存在违法或犯罪行为以

---

① 赵信会、韩清主编：《检察机关证据调查制度理论与实务》，法律出版社2013年版，第217页。

② 郑新俭主编：《〈人民检察院民事诉讼监督规则（试行）〉条文释义及民事诉讼监督法律文书制作》，中国检察出版社2014年版，第69页。

及该行为与判决的不公或错误之间是否存在因果关系。此时检察机关的民事检察部门应与职务犯罪侦查部门相互配合，但对民事检察监督证据的形成方式应准确把握，不能完全依赖刑事侦查权，不能以将侦查权中的强制措施引入的形式一味追求，不能将民事行政检察部门的调查收集权与刑事侦查权混为一谈，二者的行使部门应各自分立。2009 年最高人民检察院《关于完善抗诉工作与职务犯罪侦查工作内部监督制约机制的规定》要求，人民检察院负责抗诉工作的部门不承办职务犯罪侦查工作。职务犯罪侦查工作由反贪污贿赂部门、反渎职侵权部门、监所检察部门根据有关规定负责承办。当然，不可否认“检察机关具有的调查刑事犯罪的职能对被调查人的心理作用，检察机关在民事抗诉程序中向有关单位和个人调取证据并没有遇到大的阻力”。[①] 但是，只有在已掌握的民事检察监督证据中发现相关犯罪线索后，方可转交于职务犯罪侦查部门。

第二，证明国家利益、社会公共利益遭受损害的证据。检察机关从公权力行使的角度出发，突破民事诉讼中两造对立的结构，旨在首先维护国家利益和社会公共利益，对侵害“两益”的情况率先打击，此举与检察机关提起公益诉讼、限定检察机关依职权提起检察监督的案件范围等举措相一致。《监督规则》第 41 条规定：“具有下列情形之一的民事案件，人民检察院应当依职权进行监督：（一）损害国家利益或者社会公共利益的……”对此类证据进行界定的难度在于对国家利益和社会公共利益的范围的把握，由于目前立法尚未给出明确的界定，因此在实务中存在理解不一的情况。

第三，证明当事人之间进行恶意诉讼、虚假诉讼的证据。鉴于恶意诉讼、虚假诉讼的主体串通性和手段隐蔽性，在无当事人自行

① 张步洪：《民行抗诉程序中检察机关的调查取证权》，载《人民检察》1999 年第 8 期。

证明的状况下，对该类证据的发掘需检察机关依职权进行。“撤销虚假诉讼案件的调解书以法院认定双方当事人确系虚假诉讼为前提，而虚假诉讼的当事人在事实、证据方面均有充分准备，法院要在庭审中认定虚假证据较为困难。”① 在此过程中，主观心理状态的侧面证明、间接证据的综合运用等是主要的证明方法，因此存在一定的难度，时常出现证明不能的情形。

## 二、对裁判结果检察监督中的实体性监督证据

再审事由可划分为“救济功能的抗诉事由、监督功能的抗诉事由以及既具有救济功能又具有监督功能的抗诉事由。抗诉事由的功能划分为调查权的行使提供了较为明确的范围，是否行使及如何行使调查权因抗诉事由的不同而不同”。② 需特别指出，鉴于证据及相关规则的建立是以事实为基础的，因此反映原判决、裁定适用法律确有错误的相关材料不能称为证据。“生效裁判适用法律错误”作为法定的再审事由，其类型包括形式错误和实质错误。形式错误包括引用的法律条文错误、适用失效的法律、违反法律关于溯及力的规定等。对该类错误进行证明的证据即法律条文本身。实质错误具有相对性，主要是由于审判者与当事人、监督者对法律规定本身的理解不一致所产生，进而对裁判存在实质性错误的主张方法即释法说理、解释法律的过程，呈现出抽象性。最高人民法院公布的相关指导性案例、权威教授编写的教科书、立法机关和上级法院编写的法条释义工具书乃至法学专家就案件专门出具的专家意见书虽然可在一定程度上促进各方对法律规定本身的理解，但其中仍存在观点的冲突。因此，《民事诉讼法》第 200 条所规定的再审事由包括四项事实类实体性错误，由此形成了四类对裁判中的实体性问题实施监督的检察证据。

---

① 李浩：《虚假诉讼中恶意调解问题研究》，载《江海学刊》2012 年第 1 期。

② 杨会新：《民事检察监督中调查权的范围》，载《人民检察》2013 年第 15 期。

第一，足以推翻原裁判的“新证据”。在通常情况下，法律真实要求应以法官在庭审中获取和采信的能够证明案件事实为真实的证据作为裁判依据。法院对案件的审判应以在当时的证据条件下所获得的法律真实为依据，不能以审判结束后获得的证据来衡量当时的裁判状态，但“新证据”属于例外情形。“新证据”属于形成于诉前或诉中，在原审程序进行时就已存在但由于某种法定的客观原因没能作为定案根据，但允许在诉后救济程序中使用的证据。对于当事人欠缺收集能力的“新证据”，检察机关应当承担调查收集的责任。就形成“新证据”的法定客观原因而言，需要特别指出的是，2012 年《民事诉讼法》对举证期限制度所作的中国国情式修改致使其发生了新变化。《民诉法解释》第 102 条规定：“当事人因故意或者重大过失逾期提供的证据，人民法院不予采纳。但该证据与案件基本事实有关的，人民法院应当采纳，并依照民事诉讼法第六十五条、第一百一十五条第一款的规定予以训诫、罚款。当事人非因故意或者重大过失逾期提供的证据，人民法院应当采纳，并对当事人予以训诫。”上述规定将举证期限制度的法律效力以柔性的方式复合化，当事人在一审或二审程序中逾期提供的证据在一定条件下亦能被法院采纳，且采纳的程序即该审程序，因此在一审或二审程序结束后仍未进入诉讼的“可被采纳的逾期证据”虽然数量较少，但可以“新证据”的形式成为检察监督证据，成为“新证据”的新种类。

第二，证明原判决、裁定认定的基本事实缺乏证据证明的证据。某一基本事实被原审法院所认定，这种认定本身若无证据基础，则需另有证据就此“无证据基础的认定”再作证明。笔者认为，证明“原判决、裁定认定的基本事实缺乏证据证明”的证据既可为直接推翻该基本事实的新证据，也可只是原审卷宗。如果在原审卷宗中未发现相关支持该事实的任何证据材料，自然该事实缺乏证据证明。

第三，证明法院采信的证据有虚假的可能性，原审认定事实的主要证据可能是虚假或伪造的证据。“因为如果不进行必要的调查，检察机关就难以揭露当事人伪造或变造证据的事实。”① 对虚假证据或伪造证据的指明与否定可通过两种证明方式进行，一为直接提出真实证据以否定虚假证据或伪造证据，并进一步将真实证据所认定的事实作为定案的依据，此属结论式证明。二为证明现有不真实证据的虚造或伪造过程，以此将其否定，此属过程式证明。此种证明虽然否定了不真实证据，但无法指明真实证据，案件事实仍处于真伪不明的状态，进而需要通过证明责任的分配实现对法律真实的认定，可能出现与客观真实不一致的情况。

第四，证明法院在原审中应依职权或依申请收集证据但未依法收集的证据。法院应当运用公权力调查证据而未予行使的，破坏了当事人证据收集权能的平衡，此时需要通过检察机关予以维护和恢复，但不能变相地为不履行法定义务或怠于行使权利而招致败诉的一方当事人收集证据，破坏诉讼构造的平等。具体而言，检察机关应具体调查核实当事人不能自行收集证据的客观原因、当事人在原审中曾向法院提出调查取证申请的线索、法院未予调查取证的理由是否正当等事项。需要特别强调的是，此种监督证据可同时作为审判证据供当事人在其后的再审审理中使用，这是由该类证据在功能上的多重性所决定的。但是，对于当事人因超过举证期限未被采纳证据及在诉讼中错失向法院申请调查取证的情形，不允许在诉后纳入检察机关调查核实的范畴。

## 三、对裁判结果、审判行为检察监督中的程序性监督证据

《民事诉讼法》第200条所规定的再审事由包括六项程序性错误，即审判组织的组成不合法或者依法应当回避的审判人员没有回避；无诉讼行为能力人未经法定代理人代为诉讼或者应当参加诉讼

① 李浩：《检察机关依据新证据提出抗诉问题探析》，载《现代法学》2004年第2期。

的当事人，因不能归责于本人或者其诉讼代理人的事由，未参加诉讼；违反法律规定，剥夺当事人辩论权利；未经传票传唤，缺席判决；原判决、裁定遗漏或者超出诉讼请求；据以作出原判决、裁定的法律文书被撤销或者变更的。可见，对种类繁杂的程序性错误，检察机关除对违法审判行为直接进行监督外，还可对存在法定类型程序性错误的裁判结果以再审的方式进行间接监督，但是再审事由的限制使可运用于程序性错误的再审型检察监督呈现有限性。此外，审判行为通常以裁定的形式进行固定，因此对裁定的检察监督中亦蕴含着对程序性错误的间接纠正。

当事人在对裁判结果和审判行为中的程序性错误申请监督的过程中，存在举证困难的情况。程序违法的责任归于法院，但受害者为当事人。鉴于诉讼程序活动的有序性、计划与非计划相结合的推进性及不可逆性，对用于证明法院在原审过程中存在程序性违法的证据在一定情况下实难收集，进而只呈现为当事人的陈述或臆测。当事人不仅难以就法院违反法定程序的事实进行举证，而且因难以向检察机关提供线索使检察机关难以依职权探知。查明庭审行为违法的检察监督证据主要来自庭审笔录、庭审录像、专司程序性活动的民事裁定和本应全面反映案件整体审理情况的民事判决。就庭审笔录而言，当下制作的个人主观性、不规范性、标准缺失性、内容空洞性、事项差异性及效力的不确定性使得对庭审状况的还原存在客观不能。“现行民事诉讼因缺失法定化的庭审笔录制度作为监督、制约庭审的有效手段，导致现实中庭审程序空洞化、虚无化现象的发生，也导致诉讼当事人、利害关系人常常为程序合法与否的事实判断争执不休。”[①] 就庭审录像而言，各级法院在民事审判中对庭审录像的使用普及率及保管主体与被监督主体的统一化使其对庭审状况的还原存在客观不能与主观不能。就民事裁定而言，现行法对口头裁定的允许、裁定范围的有限列举及通知、处分、命令等

① 张卫平：《论庭审笔录的法定化》，载《中外法学》2015 年第 4 期。

非法定诉讼文书的普遍使用使裁定对程序性活动的规制及记载呈现有限性。就民事判决而言，其重在对实体性争议进行分析，目前对诉讼程序的交代不够，对案件审理过程的表述过于简单，审理过程未能通过判决书得到全面、客观的反映，最终尚未能反映案件审理的全貌。此外，对立案、庭前准备程序中程序性错误的调查更趋难度，法院审判活动的不空开、不透明、不客观、不全面的记录以及当事人程序权益保护意识的缺乏使对违法审判行为的检察监督首先便面临证据缺乏的人为困难。

## 第三节 民事检察监督证据的效力

### 一、民事检察监督证据的客观中立性

有观点认为，“对检察机关的调查权必须予以限制，检察机关无限制地行使调查权将导致当事人之间取证手段的不对等，易造成民事诉讼两造的失衡”。[①] 对此笔者持否定观点。民事检察监督证据所欲证明的内容应为民事诉讼中的违法事实，而非诉讼中当事人所争议的案件事实真相。“检察机关不可能事后去全面收集证据和调查案件事实，由于首先接触到的信息是在没有平等对抗的情况一方当事人提供的案件信息，这样很难避免偏听偏信。”[②] 民事检察监督证据的本质属性为证明原审裁判存在错误的证据，而非支持当事人诉讼请求的证据，当然二者在一定情况下会发生重合，某一证据同时具备双重属性。民事检察监督证据的价值是中立的，其可能只对一方当事人有利，也可能对双方当事人都不利，这完全取决于案件的客观情况，不存在破坏当事人之间的诉讼平衡。民事检察监

① 江必新主编：《新民事诉讼法理解适用和实务指南》，法律出版社 2012 年版，第 791 页。

② 张卫平：《民诉法再修改：检察监督问题》，载《法制日报》2011 年 12 月 7 日第 12 版。

督证据本身不代表和支持任何一方当事人，也并非为当事人提供权利救济，绝非对当事人举证能力的补充，更不能替代当事人本应负担的举证责任。民事检察监督证据本不应具有利益性和倾向性，但不可否认“检察院在收集证据的过程中会更多的关注对其抗诉主张有利的证据，会或多或少地带有倾向性，即取证的重心会有所偏移”。[①] 因此，应防止检察机关从法律监督机关演化为一方当事人的诉讼代言人，但不以检察监督证据在实质作用上帮助一方当事人为依据进行狭隘的判断。

## 二、检察机关对所发现的“不利证据”的运用

2011 年最高人民法院、最高人民检察院联合出台的《关于对民事审判活动与行政诉讼实行法律监督的若干意见（试行）》第 13 条规定，对人民检察院依职权调查收集的、包括有利于和不利于监督申请人的证据予以出示，并对当事人提出的问题予以说明。检察机关应重视与监督请求相反的证据，力争在检察监督的受理与审查阶段即完成对相反证据的效力认定与事实证明，避免一味移送至法院后进行二次判断所造成的成本消耗与检察监督权的权威损耗。

在诉权型监督案件的受理阶段，监督请求及监督事由乃一方当事人提出，因此申诉材料具有表象性和主观性，监督申请人为取得监督支持可能弄虚作假，提供与案件真实不符的材料。加之控告检察部门受理的标准仅以当事人所提交的证据能够证明“生效裁判、审判行为和执行行为有存在某种错误的可能”为限，因此被监督申请人在申请再审型检察监督中可进行反向举证。检察机关向被监督申请人了解案件事实时，被监督申请人往往基于个人情绪、畏惧心理、逃避诉讼等原因不予配合。事实上，被监督申请人积极反向举证是抵消监督申请人虚假陈述的直接、高效手段，是维护检察机

① 肖晗：《民事证据收集制度研究》，湖南师范大学出版社 2010 年版，第 124 页。

关中立办案的客观手段。但凡配合检察机关办案的被监督申请人，其在检察机关的受理阶段即可提供相关证据证明原审判决、裁定正确无误，以此对抗监督申请人的申诉主张。监督申请人的正向举证与监督被申请人的反向举证的对峙、检察机关对申诉证据和相反证据的证明力大小的比较将形成类似于审判中的本证与反证的对抗，民事控告部门可根据“高度盖然性”的证明标准进行判断，进而决定是否受理该案。

在监督案件的审查阶段，由于控告检察部门受理案件的标准在于“生效裁判、审判行为和执行行为有可能存在某种错误”，进而民事检察部门在审查核实、调查收集的过程中应立足于寻找有利于监督事由的证据。如果检察机关意外取得与申诉证据相反的证据，即证明监督事由不成立及证明“生效裁判、审判行为和执行行为不存在某种错误”的相反证据，则形成监督申请人的正向举证与检察机关所发现的不利证据的对抗。通过对证明力大小的比较，如果相反证据足以推翻整个监督申请，则检察机关应作出不支持监督申请的决定。如果相反证据仅能推翻监督申请中的部分事项，且监督申请的各个事项可以分离，则检察机关应仅就未被推翻的监督申请事项提起监督，且相反证据不用作为检察监督证据移送法院；如果监督申请的各个事项无法分离，则检察机关应作出支持监督申请的决定，向法院提起检察监督的同时将相反证据一并移送法院。如果相反证据无法推翻监督申请中的任何事项，则检察机关在向法院提起检察监督的同时不用移送相反证据。

## 三、民事检察监督证据因证据种类所产生的质证差异

检察机关对监督证据的判断与法院对检察监督证据的审查和采纳处于对立统一关系。对于人民法院依职权调查收集的证据，“在未经质证之前也只能是一种证据材料，而不能直接成为定案的根据，只不过是这种证据材料比当事人提供的证据材料更有可能成为认定事实根据的证据罢了。在司法实践中，当事人提供的证据否定

了人民法院调查收集的证据的现象并不鲜见”。[①] 此外，如果直接赋予检察监督证据完全的证明力，则形成其与其他诉讼主体所提供的证据在证明力上的强弱差别，破坏了民事诉讼中两造的平等地位。因此，民事检察监督证据并不直接具有证明当事人之间争议的案件事实、推翻原裁判所认定事实的法律效力，只能证明检察机关提出监督的监督点，因此并不当然具有推翻原审裁判或审判行为的证明力，必须经过法院庭审的质证才能成为定案的依据，不具有直接免证的效力，此举亦发挥出“监督监督者”的价值。

如果检察监督证据属于言词证据，则通常表现为相关人员接受检察机关讯问后所制作的调查笔录。根据直接言词原则，民事诉讼中的当事人陈述、证人证言等法定证据诉讼作用的发挥均应要求其向法院进行陈述和提供书面材料，其他机关取得的言词证据因取证主体不适格而无法纳入合法证据。因此但凡是言词类检察监督证据，无论是检察机关依职权取得还是依一方当事人的申请取得，均应由双方当事人进行质证。对于当事人、证人在法庭上的翻供即其对检察机关和法院分别进行两种矛盾陈述的状况，“人证向法庭所作的陈述与向检察机关所作的陈述不一致时，一方当事人虽然不能以检察机关的调查材料作为支持其主张的证据，但是可以之作为对人证质证的依据，并因此影响裁判者对该人证的判断”。[②]

如果检察监督证据属于实物证据，则质证对象因该证据的取得主体不同而呈现差异。对于检察机关依职权获取的实物类检察监督证据，此类检察监督证据虽然对监督申请人一方有利，但不能作为监督申请人提供的证据，应由检察机关以监督者的身份将其作为证明原裁判、审判行为或执行活动违法的证据提出，在法庭的组织下就对方当事人所提出的相关问题进行质证。当前，民事检察官出席

① 谭兵、黄胜春:《论我国民事诉讼中的质证制度》，载《法学评论》1995 年第 3 期。

② 赵信会:《论民事诉讼中检察机关的证据调查权》，载《国家检察官学院学报》2008 年第 5 期。

再审法庭的任务仅是“宣读抗诉书、对人民检察院依职权调查收集的证据予以出示和说明”。对于检察机关依一方当事人申请获取的实物类检察监督证据，应视为该当事人向法庭提交的证据，可由双方当事人直接进行质证。如果出现检察机关取得的证据与当事人自行收集的证据相竞合的情况（相同或被包含），在当事人自行向法院提交该证据后，应率先将该证据认定为由当事人收集的证据。但是，检察机关收集的证据与提出申请的当事人的原本意愿并不相一致，那么其如何就该证据与对方进行质证？“由检察机关出示证据，说明来源，监督申请人表态是否认可，监督申请人不认可的不作为新证据使用；监督申请人认可检察机关出示的证据，由被监督申请人质证，双方经质证认证，都予以认可的，可以作为新证据使用。”① 需要特别强调的是，检察监督证据的质证主体无论是检察机关与对方当事人还是双方当事人之间，都应在庭前完成证据交换程序。如若出席再审法庭的检察人员在宣读抗诉书完毕后才当庭将证据出示并说明和解释该证据的调查收集情况，则形成诉讼突袭，取消了当事人为质证活动所必需的前期准备。

## 四、民事检察监督证据因监督方式所产生的阶段效力差异

对诉讼结果的监督而言，检察机关所实施的监督仅能提起纠错程序，并不能直接形成纠错结果，对原审审判结果是否得当的实质性判断仍由法院通过再审以维持或推翻原裁判的形式完成。在这其中，作为引发再审程序的检察监督方式——抗诉和再审检察建议并不具有相同的程序启动效力。

抗诉案件中的检察监督证据可由法院在再审程序中直接以审判证据的标准进行审查与采纳。就当事人申请再审而言，再审包括再审事由的审查和再审案件的审理两个阶段，第一个阶段在大陆法系

① 张卫平主编：《新民事诉讼法条文精要与适用》，人民法院出版社 2012 年版，第 532 页。

中被称为再审之诉。与之相比，中国特色的检察机关抗诉呈现刚性效力，必然引发再审程序，要求法院必须再审，进而检察机关业已承担生效裁判是否具备再审理由的审查功能。“虽然检察院提出抗诉的，人民法院应当再审，不需要法院对其再审事由进行审查和确认，但并不意味着不需要对再审事由的审查。”[①] 因此，民事检察监督证据的首要任务是使检察机关的监督达到法定标准、满足法定事由，使监督合法有效。这种判断由检察机关自行完成。抗诉提起后，法院在再审程序中对监督证据进行审查，如若通过审查并被采纳，则应转换为审判证据，最终影响诉讼结果；如若未通过审查进而不予采纳，则标志着检察机关之前对监督证据的自行判断存在不当或不充足，这是对监督活动正确性的否定。不可否认的是，检察监督作为人为的主观性判断，确实存在失误或不当的可能，检察监督错误性的存在符合司法规律和认识规律。此外，也体现出抗诉的本质——只是对实体性法律争议的处理建议权，这又是“监督监督者”的有力举措。

由于跟进监督程序的存在，再审检察建议的法律效力为刚柔并济、柔中带刚，法院对再审检察建议的处理先后分为对是否采纳再审检察建议的审查和采纳检察建议后的再审审理。法院对是否采纳再审检察建议的审查属于“事由审查”，需围绕检察机关提出的监督事由进行，因此法院应直接将“是否满足再审启动条件”作为对检察监督证据的判断标准，无须达到绝对的证明标准，以此推动和突出再审审理的实质化，实现民事诉讼中的“以审判为中心”。此处与法院对当事人再审申请的审查类似，应将再审立案标准与再审改判标准区别开来，无须考虑再审改判的概率，只要能够证明生效裁判存在法定的错误类型、符合法定的再审事由就应予以再审立案。在法律事先对“监督事由”进行明确列举的情况下，法院对再审检察建议所指明的监督事由的审查仅为初步判断，包括全部的

① 张卫平：《论民事再审事由审查程序的法定化》，载《法学》2000 年第 2 期。

形式审查和一定程度的实质审查。就形式审查而言，包括客体、期限、管辖等；就一定程度的实质审查而言，包括检察监督证据与监督理由是否具有直接关联性、能否证明监督事由的存在等。当然，上述实质性审查并不必然约束再审程序中的主审法官。由于认识标准的偏差、理解程度的不一致、人为性的判断失误等主观因素的存在，法院对再审检察建议的审查结论可与其后的再审结果呈现相反性，即法院采纳再审检察建议后对案件的再审结果为维持原判，此种现象的存在是正常的，应转变简单依据再审改判率来评判检察监督质量的片面观念。此外，立法应对可能改变原判的实体性监督事由进行风险性规定。例如，将“有新证据、足以推翻原判决、裁定”改为“有新证据，可能推翻原判决的”、将“原判决、裁定认定事实的主要证据是伪造”改为“原判决、裁定认定事实的主要证据可能是伪造”等。但立法可对不影响判决结果的程序性监督事由继续作出现行的肯定表述，以此解决再审检察建议与再审判决之间可能存在的冲突。

# 参考书目

## 一、国内著作类

1. 汤维建:《民事检察法理研究》，中国检察出版社 2014 年版。

2. 汤维建主编:《新民事诉讼法理解与适用》，中国检察出版 2013 年版。

3. 汤维建主编:《新民事诉讼法适用疑难问题新译新解》，中国检察出版社 2013 年版。

4. 最高人民检察院民事行政检察厅编:《〈人民检察院民事诉讼监督规则（试行）〉条文释义及民事诉讼监督法律文书制作》，中国检察出版社 2014 年版。

5. 郑新俭、胡卫列主编:《民事行政检察业务教程》，中国检察出版社 2015 年版。

6.《检察业务热点问题研究》编写组:《检察业务热点问题研究》，中国检察出版社 2009 年版。

7. 白金刚、王新主编:《基层检察实践探究》，中国法制出版社 2009 年版。

8. 陈宝富:《基层检察院实务与思考》，华东师范大学出版社 2007 年版。

9. 龚佳禾等:《法律监督的基本原理》，湖南人民出版社 2012 年版。

10. 韩成军:《中国检察权配置问题研究》，中国检察出版社 2012 年版。

11. 韩大元:《中国检察制度宪法基础研究》，中国检察出版社

2007年版。

12. 何家弘主编:《检察制度比较研究》,中国检察出版社2008年版。

13. 贾志鸿等:《检察院检察权检察官研究》,中国检察出版社2009年版。

14. 江必新、孙祥壮、王朝辉:《新民事诉讼法审判监督程序讲座》,法律出版社2012年版。

15. 江必新主编:《民事诉讼法新制度讲义》,法律出版社2013年版。

16. 江必新主编:《新民事诉讼法理解适用与实务指南》,法律出版社2012年版。

17. 江必新主编:《新民事诉讼法专题讲座》,法律出版社2012年版。

18. 蒋伟亮、张先昌主编:《国家权力结构中的检察监督——多维视野下的法学分析》,中国检察出版社2007年版。

19. 金鑫:《和谐司法视野中的检察改革》,知识产权出版社2009年版。

20. 李菊明:《民事执行检察监督制度研究》,中国政法大学出版社2015年版。

21. 李昕:《俄罗斯民事检察制度研究》,中国检察出版社2012年版。

22. 李新生主编:《民事行政检察工作重点与案件审查实务》,中国检察出版社2012年版。

23. 李忠芳、王开洞主编:《民事检察学》,中国检察出版社1996年版。

24. 连峻峰主编:《法律监督前沿问题研究》,中国民主法制出版社2004年版。

25. 廖永安等:《民事诉讼监督制约机制研究——以法院诉讼行为为研究对象》,湘潭大学出版社2011年版。

26. 刘东平等编著:《民事检察监督制度研究》，中国检察出版社2013年版。

27. 刘建柱主编:《检察实务疑难问题研究》，中国检察出版社2004年版。

28. 刘建柱主编:《检察业务探索——深圳市第十届检察理论研讨会获奖论文集》，中国检察出版社2005年版。

29. 罗昌平:《检察工作发展与机制研究》，中国检察出版社2012年版。

30. 全国人大常委会法制工作委员会民法室编:《民事诉讼法立法背景与观点全集》，法律出版社2012年版。

31. 全国人大常委会法制工作委员会民法室编著:《〈中华人民共和国民事诉讼法〉释解与适用》，人民法院出版社2012年版。

32. 阮荣富:《检察实务探索与思考》，上海社会科学院出版社2006年版。

33. 上海检察官协会编:《当代检察理论研究》，上海交通大学出版社2006年版。

34. 宋朝武主编:《民事诉讼法精解》，中国政法大学出版社2012年版。

35. 孙加瑞:《民事检察制度新论》，中国检察出版社2013年版。

36. 孙加瑞:《执行检察制度新论》，中国检察出版社2013年版。

37. 孙谦、刘立宪:《检察理论研究综述（1989—1999）》，中国检察出版社2000年版。

38. 孙谦:《检察理论研究综述（1999—2009）》，中国检察出版社2009年版。

39. 佟志强:《民事行政检察实务与探索》，学林出版社2005年版。

40. 王莉:《民事诉讼与检察监督》，中国检察出版社2012

年版。

41. 王德岭：《民事检察监督制度研究》，中国法制出版社2006年版。

42. 王文生、徐岱：《检察理论研究精粹》，中国人民公安大学出版社2008年版。

43. 王晓军、孙谦、刘立宪、陈平、张穹、苏德永等编著：《实用检察学》，辽宁人民出版社1988年版。

44. 王学成主编：《法律监督权研究新视野》，中国检察出版社2010年版。

45. 王学成：《民事检察制度研究》，法律出版社2012年版。

46. 吴春莲主编：《检察权的配置与适用》，浙江大学出版社2008年版。

47. 奚晓明主编：《〈中华人民共和国民事诉讼法〉修改条文理解与适用》，人民法院出版社2012年版。

48. 谢鹏程主编：《前苏联检察制度》，中国检察出版社2008年版。

49. 谢佑平：《中国检察监督的政治性与司法性研究》，中国检察出版社2010年版。

50. 徐从锋、孙洪坤、杨开江等：《检察规律与检察民主论》，中国检察出版社2009年版。

51. 徐汉明、蔡虹：《中国民事法律监督程序研究》，知识产权出版社2009年版。

52. 徐燕平主编：《法律监督热点问题研究》，上海交通大学出版社2011年版。

53. 许海峰主编：《法律监督的理论与实证研究》，法律出版社2004年版。

54. 许永俊：《多维视角下的检察权》，法律出版社2007年版。

55. 杨迎泽、学伟宏：《诉讼监督研究：中国检察诉讼监督视角》，法律出版社2012年版。

56. 尹吉、倪培兴：《当代中国检察监督体制研究》，中国检察出版社 2008 年版。

57. 张步洪：《新民事诉讼法讲义：申诉、抗诉与再审》，法律出版社 2012 年版。

58. 张利兆：《法律监督权的配置与运行》，中国人民公安大学出版社 2008 年版。

59. 张卫平主编：《新民事诉讼法条文精要与适用》，人民法院出版社 2012 年版。

60. 张文山、李莉：《东盟国家检察制度研究》，人民出版社 2011 年版。

61. 张显伟、杜承秀、王丽芳：《民事行政诉讼检察监督制度研究》，中国法制出版社 2011 年版。

62. 张志平主编：《法律监督的实践与思考》，上海社会科学院出版社 2008 年版。

63. 甄贞主编：《法律监督机制新探索》，法律出版社 2010 年版。

64. 甄贞：《检察理论探索与机制创新》，法律出版社 2012 年版。

65. 甄贞主编：《民事行政检察监督难点与对策研究》，法律出版社 2009 年版。

66. 甄贞等：《检察制度比较研究》，法律出版社 2010 年版。

67. 中国法学会、最高人民检察院民事行政检察厅编：《民事检察制度热点问题探索——第七届全国民事诉讼法学术研讨会优秀论文选》，中国检察出版社 2004 年版。

68. 庄建南：《强化法律监督与检察权配置》，中国检察出版社 2006 年版。

69. 周其华：《中国检察学》，中国法制出版社 1998 年版。

## 二、学位论文类

（一）博士论文

1. 李强：《民事诉讼中检察机关调查核实权研究》，南京师范大学2016年。

2. 刘京蒙：《民事抗诉制度研究》，中国政法大学2013年。

3. 吴岳翔：《民事检察建议制度研究》，中国政法大学2014年。

4. 吕涛：《检察建议法制化研究》，山东大学2010年。

（二）硕士论文

1. 包强：《检察建议制度若干问题研究》，复旦大学2011年。

2. 常丽：《民事检察建议——从试点到制度构建》，中国政法大学2010年。

3. 常莹：《检察建议在民行检察工作中的实践与完善探究》，山东大学2012年。

4. 高峰：《民事执行检察监督制度研究》，山东大学2006年。

5. 宫雪：《论民事执行救济与执行检察监督之竞合及处理》，华东政法大学2012年。

6. 桂祥：《论检察建议的适用范围》，华东政法大学2010年。

7. 黄翔：《论我国民事执行检察监督制度的构建》，湘潭大学2008年。

8. 李小东：《检察建议的实证考察与法理省思》，上海交通大学2007年。

9. 吕铭：《论民事行政检察建议的适用现状及制度改革》，上海交通大学2011年。

10. 荣海波：《检察建议的问题分析与对策》，中国社会科学院研究生院2012年。

11. 宋家佳：《民事诉讼中的检察机关调查核实权研究》，西南政法大学2014年。

12. 王嘉：《构建我国民事执行检察监督体制的理性探索》，中国政法大学 2007 年。

13. 王莹莹:《基层民事执行检察监督研究》,吉林大学 2016 年。

14. 杨隽:《检察建议立法化研究——从实证主义的角度出发》,西南财经大学 2010 年。

15. 杨丽娜:《论民事执行检察监督方式》,广东财经大学 2016 年。

16. 余利利:《论民事调解书检察监督的法定事由》,吉林大学 2016 年。

17. 朱航新:《再审检察建议研究》,西南政法大学 2011 年。

## 三、学术期刊类

1. 汤维建:《民事检察监督应当把握好六个“度”》,载《人民检察》2015 年 2 期。

2. 汤维建:《尊重规律:民事诉讼法修改后民事检察制度的新发展》,载《人民检察》2014 年第 3 期。

3. 汤维建、徐全兵:《人大对检察机关的监督研究》,载《中国刑事法杂志》2014 年第 1 期。

4. 汤维建:《论民事检察监督制度的完善》,载董开军等主编:《民事诉讼法修改重要问题研究》,厦门大学出版社 2011 年版。

5. 汤维建:《民事诉讼法的全面修改与检察监督》,载《中国法学》2011 年第 3 期。

6. 汤维建:《挑战与应对:民行检察监督制度的新发展》,载《法学家》2010 年第 3 期。

7. 汤维建:《我国民事检察监督模式的定位及完善》,载《国家检察官学院学报》2007 年第 1 期。

8. 汤维建:《检察机关对民事诉讼中的诉中监督研究》,载《民事行政检察监督指导与研究》(第 8 集),中国检察出版社 2009 年版。

9. 汤维建：《民事检察监督的定位》，载《国家检察官学院学报》2013 年第 2 期。

10. 汤维建：《民行检察监督制度发展的新动向》，载《河南社会科学》2011 年第 1 期。

11. 汤维建：《论中国民行检察监督制度的发展规律》，载《政治与法律》2010 年第 4 期。

12. 汤维建、杨子强：《人民检察院组织法修改与民事检察监督》，载《山东警察学院学报》2013 年第 1 期。

13. 常杰、王德良：《民事抗诉法律关系中检察权与审判权的同质性》，载《中国检察官》2016 年第 9 期。

14. 陈桂明：《民事检察监督之存废、定位与方式》，载《法学家》2006 年第 4 期。

15. 陈国庆：《〈人民检察院检察建议工作规定（试行）〉解读》，载《人民检察》2010 年第 1 期。

16. 陈建生：《办理民事申诉案要慎用检察建议》，载《人民检察》1998 年第 1 期。

17. 陈丽玲、诸葛旸：《纠正审判活动违法检察建议之实证分析》，载《中国法学会民事诉讼法学研究会 2012 年年会论文集》。

18. 陈为钢、顾文虎：《检察建议的基本理论问题》，载《法治论丛（上海政法学院学报）》2009 年第 5 期。

19. 陈雪珍：《检察机关民事调查权的分类和界限》，载《中山大学法律评论》2015 年第 4 期。

20. 陈耀武：《再审检察建议的科学运用》，载《中国检察官》2010 年第 3 期。

21. 陈晔、李莉：《民事再审检察建议存在的问题及完善》，载《中国检察官》2015 年第 17 期。

22. 崔晓丽：《制发检察建议过程中存在的问题与应对》，载《法学》2009 年第 3 期。

23. 崔学会、姜婷：《民事诉讼检察监督听证制度及规范化建议》，载《山西省政法管理干部学院学报》2015 年第 2 期。

24. 戴哲宇：《新民事诉讼法下民事调解书的检察监督》，载《中国检察官》2015 年第 7 期。

25. 丁鹏、维英：《论检察建议与法律监督理念创新》，载《内蒙古大学学报（哲学社会科学版）》2010 年第 11 期。

26. 丁志亚、杨黎明：《细微民事行政检察的实践把握》，载《中国检察官》2015 年第 16 期。

27. 范卫国：《民事检察调查核实权运行机制研究》，载《北方法学》2015 年第 5 期。

28. 傅国云：《制度变迁与民事行政检察监督转型》，载《人民检察》2016 年第 11 期。

29. 傅贤国、陈筑郡：《民事检察建议实证研究——基于 GY 市各区县检察实践（2011—2014 年）的分析》，载《河南财经政法大学学报》2015 年第 4 期。

30. 甘伟宏、张绍忠、廖浩：《民事执行检察监督之纠正违法通知书》，载《湖北警官学院学报》2010 年第 4 期。

31. 高洁：《检察建议在民行监督中的应用》，载《人民检察》2000 年第 2 期。

32. 高平：《对民行检察建议规范化的法律思考》，载《人民检察》1997 年第 10 期。

33. 高立新、龚瑞：《民行检察中的再审检察建议》，载《中国检察官》2006 年第 5 期。

34. 高欣欣：《关于适用民事再审检察建议的调研报告——以南京地区 13 个基层检察院适用情况为例》，载《四川警察学院学报》2012 年第 6 期。

35. 高长兴、丁旬、张罗宝：《民事行政检察建议制度初探》，载《山东法学》1994 年第 5 期。

36. 谷佳杰：《民事执行检察监督的当下境遇》，载《当代法学》2015 年第 2 期。

37. 郭锐、翟锐锋：《对虚假民事诉讼的检察监督——以李某某与徐某某民间借贷纠纷案为切入点》，载《中国检察官》2015 年第 12 期。

38. 韩成军：《司法公正权威与检察监督的关系》，载《当代法学》2015 年第 6 期。

39. 韩静茹：《民事检察建议刍议——以与抗诉的关系协调为视角》，载《西南政法大学学报》2013 年第 2 期。

40. 何海根：《检察意见不能等同于检察建议》，载《检察实践》2000 年第 5 期。

41. 侯华生：《民事裁判生效前的检察监督探析》，载《中国检察官》2015 年第 7 期。

42. 胡华军：《论现代民事诉讼结构与检察监督》，载《河北法学》2001 年第 3 期。

43. 胡佳文：《民事诉讼监督中的检察建议——以检察建议与抗诉的关系协调为视角》，载《山西省政法管理干部学院学报》2015 年第 2 期。

44. 扈纪华：《关于民事诉讼中的检察监督问题》，载《河南社会科学》2011 年第 1 期。

45. 黄磊、李珉珂：《论民事行政检察建议的适用现状及制度完善》，载《广西大学学报（哲学社会科学版）》2009 年第 9 期。

46. 黄松有：《检察监督与审判独立》，载《法学研究》2000 年第 4 期。

47. 黄英：《民事行政检察建议适用存在的问题与改进》，载《人民检察》2015 年第 10 期。

48. 江伟：《略论检察监督权在民事诉讼中的行使》，载《人民检察》2005 年第 18 期。

49. 姜伟、杨隽：《检察建议法制化的历史、现实和比较》，载《政治与法律》2010 年第 10 期。

50. 姜昕、王振友：《虚假诉讼民事检察监督刍议》，载《中国检察官》2016 年第 9 期。

51. 蒋琪、秦增光:《新民事诉讼法重大修改之民事抗诉》,载《中国律师》2013 年第 3 期。

52. 蒋玮:《民事执行检察监督节制主义——兼论与民事执行救济体系之协调》,载《甘肃政法学院学报》2016 年第 1 期。

53. 锦州市人民检察院、北镇市人民检察院课题组:《试论检察建议在民事行政检察监督中的地位和作用——建议将民事行政检察监督内容正式纳入〈人民检察院组织法〉》,载《第七届国家高级检察官论坛会议文章》。

54. 匡牧霞、姚广平:《民事执行检察监督制度的完善》,载《中国检察官》2016 年第 17 期。

55. 赖斯诺:《检察建议在司法实践中的应用与规范》,载《中国检察官》2008 年第 5 期。

56. 兰蔚生:《应强化“非标的类”民事裁判执行检察监督》,载《检察日报》2016 年 8 月 1 日。

57. 乐绍光、陈艳、周彬彬:《浙江省检察建议适用情况的调查分析》,载《法治研究》2009 年第 11 期。

58. 李浩:《目的论视域中的民事执行检察监督对象解读》,载《法商研究》2011 年第 2 期。

59. 李红:《修改后民事诉讼法构造下的执行监督程序之完善》,载《第九届国家高级检察官论坛论文集》。

60. 李林:《检察建议参与社会管理合理边界探析》,载《法治论坛》2012 年第 12 期。

61. 李强:《民事再审检察建议制度的立法完善》,载《人民检察》2012 年第 16 期。

62. 李伟、范勇:《对民行“检察建议”监督形式的反思》,载《检察实践》2004 年第 1 期。

63. 李德恩、李江宁、陈祺:《论再审检察建议的制度化》,载《吉首大学学报(社会科学版)》2012 年第 5 期。

64. 李菊明：《民事执行检察监督制度建构新论》，载《法学论坛》2015 年第 2 期。

65. 李瑞兴、孙玉琼：《民事检察建议适用基本问题探讨》，载《中国法学会民事诉讼法学研究会 2012 年年会论文集》。

66. 梁凤娣、顾文虎：《检察建议基本理论问题研究》，载《中国检察官》2009 年第 6 期。

67. 廖中洪：《关于完善〈中华人民共和国民事诉讼法修正案（草案）〉有关“检察建议”规定的若干问题》，载《西南政法大学学报》2012 年第 3 期。

68. 廖中洪：《检察机关介入恶意诉讼之规制》，载《国家检察官学院学报》2015 年第 2 期。

69. 廖中洪：《论检察机关对特定民事活动的有限介入——对完善〈民法典〉编纂的思考》，载《河南财经政法大学学报》2016 年第 3 期。

70. 刘辉：《民事检察监督案件受理问题刍议》，载《中共浙江省委党校学报》2015 年第 2 期。

71. 刘辉：《民事调解监督问题调研》，载《国家检察官学院学报》2014 年第 5 期。

72. 刘光辉：《口头检察建议的适用》，载《人民检察》2003 年第 6 期。

73. 刘军平：《法治文明与立法科学化——立法技术略论》，载《行政与法》2006 年第 4 期。

74. 刘利宁、张俊锋：《再审检察建议若干问题的探索》，载《检察实践》2005 年第 12 期。

75. 刘铁流：《检察机关检察建议实施情况调研》，载《人民检察》2011 年第 2 期。

76. 刘学在：《关于〈民事诉讼法修正案（草案）〉的若干修改建议》，载《公民与法（法学版）》2012 年第 6 期。

77. 刘学在：《民事裁定上诉审程序之检讨》，载《法学评论》

2001 年第 6 期。

78. 罗勇、刘志远：《民事执行程序中实施检察监督的伦理审视》，载《人民论坛》2015 年第 14 期。

79. 吕涛：《检察建议的法理分析》，载《法学论坛》2010 年第 2 期。

80. 马登科：《论民事执行检察监督原则的差异化——兼驳〈人民检察院民事诉讼监督规则（试行）〉执行检察监督目的设置》，载《西南政法大学学报》2015 年第 1 期。

81. 马旭光、刘红利：《提高检察建议预防功能的几点思考》，载《中国检察官》2010 年第 7 期。

82. 买文毅、陈鹏飞：《民事检察调查核实权思考》，载《上海政法学院学报（法治论丛）》2016 年第 2 期。

83. 孟庆平：《民事行政再审检察建议的实践考量》，载《昆明理工大学学报（社会科学版）》2008 年第 9 期。

84. 倪瑞兰：《民事执行检察监督方式研究》，载《法学杂志》2009 年第 9 期。

85. 潘永才：《论民事抗诉过程中法院、检察院的冲突》，载《中共郑州市委党校学报》2003 年第 5 期。

86. 彭志刚：《民事再审检察建议作用机制的博弈论分析》，载《江西社会科学》2015 年第 3 期。

87. 乔修仁：《检察建议附证明材料效果好》，载《人民检察》2000 年第 4 期。

88. 上海市人民检察院：《检察建议实施过程中存在的问题与对策》，载《人民检察》2008 年第 18 期。

89. 邵世星、刘朝娟：《简谈修法后当事人申请民事检察监督的时限》，载《中国检察官》2013 年第 11 期。

90. 邵世星：《民事审判监督程序的定位与结构设计》，载《国家检察官学院学报》2014 年第 1 期。

91. 邵世星：《民事诉讼法修改与民事检察工作应对》，载

《中国检察官》2014 年第 5 期。

92. 邵世星：《民事诉讼类案监督的实务考察和完善建议》，载《人民检察》2015 年第 3 期。

93. 盛宏文、秦蜻：《民事检察监督的新挑战——新修改民事诉讼法解读》，载《中国检察官》2013 年第 3 期。

94. 石萍、李凤琴、崔真：《再审检察建议在民行法律监督中的适用——以 2009 年〈人民检察院检察建议工作规定（试行）〉为视角》，载《天津法学》2010 年第 1 期。

95. 石春雷、王琦：《民事执行检察监督谦抑论》，载《广西社会科学》2016 年第 2 期。

96. 史溢帆：《从法制统一到权利救济：当代中国民事检察监督制度的功能变迁》，载《兰州大学学报（社会科学版）》2016 年第 3 期。

97. 宋朝武：《当代中国民事检察监督的变革方向与路径考量》，载《河南社会科学》2011 年第 1 期。

98. 宋朝武：《对民诉法修正案中调解制度的若干理解》，载《中国审判》2012 年第 6 期。

99. 苏志强：《民事生效裁判检察监督的思维方式》，载《中国检察官》2016 年第 7 期。

100. 孙玉琼、李瑞兴：《从规范到运作：民事检察建议适用的新路径分析》，载《河南警察学院学报》2013 年第 2 期。

101. 唐玉富：《民事执行检察监督制度建构的路径转换》，载《司法改革论评》2016 年第 1 期。

102. 陶娅：《民行检察不宜发检察建议》，载《检察实践》2000 年第 6 期。

103. 田海鑫：《略论新民事诉讼法中的检察建议》，载《中国法学会民事诉讼法学研究会 2012 年年会论文集》。

104. 田力：《关于民事执行检察监督的对象和案件管辖的有关问题》，载《中国检察官》2016 第 21 期。

105. 童建明:《加强诉讼监督需要把握好的若干关系》,载《国家检察官学院学报》2010 年第 5 期。

106. 王斌:《检察建议研究》,载《中国刑事法杂志》2009 年第 11 期。

107. 王立:《检察建议约谈制度研究——以北京市朝阳区人民检察院的实践探索为视角》,载《人民检察》2010 年第 19 期。

108. 王朋:《检察建议的属性与机制保障》,载《人民检察》2011 年第 2 期。

109. 王燕、李莹:《海检院检察建议工作调查报告》,载《国家检察官学院学报》2009 年第 2 期。

110. 王洪祥、张步洪:《关于对〈民事审判活动与行政诉讼实行法律监督的若干意见(试行)〉解读》,载《人民检察》2011 年第 17 期。

111. 王景山、耿宝金:《论我国民事行政检察建议的定位与改革》,载《政法论丛》2006 年第 6 期。

112. 王哲:《"五个明确"破解检察机关民事执行监督难题》,载《中国检察官》2015 年第 9 期。

113. 王晓、任文松:《民事检察建议的问题分析与完善路径——以民事检察建议制度的完善与规范为视角》,载《河南社会科学》2015 年第 1 期。

114. 王彦春、侯毅:《民事再审发回重审检察监督制度的构建》,载《中国检察官》2016 年第 7 期。

115. 王子涵:《检察机关监督民事虚假诉讼的模型设计》,载《中国检察官》2016 年第 1 期。

116. 韦希:《民事行政检察建议有关问题探究》,载《法制与经济》2012 年第 12 期。

117. 吴锋、孔丽丽:《民事再审检察建议的问题与出路》,载《人民检察》2008 年第 14 期。

118. 吴如巧、程权:《新形势下对民事检察监督权的理性思考》，载《探求》2015 年第 2 期。

119. 吴英姿、马亚莉、张雪静、陈飞燕：《民事抗诉实证研究》，载《国家检察官学院学报》2015 年第 4 期。

120. 吴中远：《检察建议权存在的必要性及规范》，载《广西大学学报（哲学社会科学版）》2009 年第 4 期。

121. 夏蔚、范智欣：《论民事执行检察监督的理论基础》，载《政法学刊》2011 年第 3 期。

122. 夏黎阳：《民事行政个案再审检察建议之适用与完善》，载《法学杂志》2005 年第 5 期。

123. 夏黎阳：《民事再审检察建议的运行机制》，载《国家检察官学院学报》2015 年第 3 期。

124. 肖建雄、刘润发：《基层检察机关强化民事执行监督的基本路径》，载《人民检察》2015 年第 10 期。

125. 熊跃敏：《承继与超越：新民事诉讼法检察监督制度解读》，载《国家检察官学院学报》2013 年第 2 期。

126. 熊跃敏：《试论民事执行检察监督的范围》，载《中共浙江省委党校学报》2015 年第 2 期。

127. 杨朝永：《论民事检察监督调查核实权的运行及限制》，载《华北电力大学学报（社会科学版）》2015 年第 3 期。

128. 杨会新：《论我国民事检察权的运行方式与功能承担》，载《法学家》2016 年第 6 期。

129. 杨会新：《民事检察监督中调查权的范围》，载《人民检察》2013 年第 15 期。

130. 杨军、郝连忠：《〈民事诉讼法〉的修改看检察监督体系的完善》，载《中国检察官》2015 年第 17 期。

131. 杨立新：《民事行政诉讼检察监督与司法公正》，载《法学研究》2000 年第 4 期。

132. 杨书文：《检察建议基本问题研究》，载《人民检察》2005 年第 9 期。

133. 俞亮、张驰：《中法民事检察制度比较研究》，载《人民检察》2014年第17期。

134. 袁书广：《浅议民事检察监督中引入听证制度》，载《中国检察官》2016年第17期。

135. 张兵：《关于检察意见的几个问题》，载《警学经纬》1998年第1期。

136. 张新：《对完善检察建议立法的实证思考》，载《河北法学》2010年第11期。

137. 张媛、徐国胜：《再审检察建议：司法公正的"助推器"》，载《人民检察》2006年第6期。

# 附　录

**《民事检察监督的证据审查与判断》授课现场实录**

选自：第八期全国检察系统“修改后《民事诉讼监督规则》专题研修班”

授课时间：2014.12

授课地点：国家检察官学院沙河校区

## 引　言

各位检察官大家好：

非常高兴能有这个机会跟大家就民事检察监督中的证据问题进行交流。相信在座的很多学员都有过长期在刑事检察部门工作的背景，不管公诉也好、侦监也好，大家对刑事证据都有一个比较深刻的认识和清楚的把握。今天我们要谈的是民事证据。大家都知道，民事证据和刑事证据在表面上有很多相似之处，但是在实际运用过程中却存在巨大差异。除此之外，我们经常办理这样一种案件，叫作刑事附带民事诉讼。一把刀，从刑事诉讼的角度来讲，它是一个杀人凶器，但是从民事诉讼的角度来讲，它是一个侵权工具。对这把刀的定位和把握，刑事和民事是截然不同的。刑事附带民事诉讼的存在要求我们对它要有一个较为精准和自然的运用，民事证据和刑事证据的差别是我们今天要重点讲述的，要突出我们民事证据特有的规律和属性。

除此之外，在工作之余我们每个检察官都是社会生活的主体，我们时刻都在从事着大量的民事活动，可以说无论别人怎么对待我们，我们都可以不去起诉，不做原告，但在座的每个人随时都有可能成为民事诉讼的被告。对此，我们从对自身生活权益的把握角度来讲，也需要对民事证据进行一个深刻的理解、学习和把握。

首先来看一下，我们在民事证据法学里面所经常谈到的几个问题，这一点和刑事证据有一定的相同之处，通常要把握证明的主体、对象、证据的种类、证明责任、方法、标准和程序这几个问题，这是民事证据最主要的七个方面。

再看一下法律依据，最主要的法律依据以法典形式存在，首先是《民事诉讼法》。除此之外，民事诉讼中的很多证据规则不单单存在于程序法中，同时也存在于实体法中。《侵权责任法》规定了大量特殊侵权的情形，这里面就涉及证明责任分配的问题，大家都知道在刑事诉讼中证明责任统一交由公诉方承担。而民事不一样，民事诉讼中原告和被告是平等的主体，这里对证明责任的分配与转换，是我们认定查明案件事实的关键之处。《侵权责任法》就规定了很多证明责任的特殊分配，后面我们会为大家逐一介绍。其次，很多司法解释也规定了民事证据的规则，《监督规则》里谈到很多，什么叫基本事实、什么叫缺乏证明力、什么叫没有证据认定、什么叫未经质证。这些问题具体规定在最高人民法院颁布的两部司法解释中：2001 年的《民事证据规则》和 2015 年的《民诉法解释》。除此之外，民诉法在 2007 年的时候进行了一些小改，修改了关于再审程序的部分内容。配合 2007 年民诉法的修改，2008 年最高人民法院曾经就再审程序颁布了一部司法解释。我们现在看到的《监督规则》里的很多内容，不是检察机关的独创，其源自 2008 年司法解释，比如什么叫基本事实、什么叫质证、什么叫缺乏证据。2015 年出台的《民诉法解释》将 2008 年的司法解释中的很多内容进行了调整，这意味着我们这个《监督规则》中很大一部分内容也要面临着重新的修改。检察院的文件与法院的文件相互配套是必然的，但是制定的权力、再审程序和再审事由的认定还是法院的司法解释起到了主要作用。

现在先来看看民事证据在检察监督中的重要性。《民事诉讼法》第208条规定了抗诉和再审检察建议两种监督手段，但是对监督事由，这一条的两款里没有作出明确的规定，监督事由存在于《民事诉讼法》的第200条。第200条规定监督事由分为四类：事实类、法律类、程序类和纪律类。事实类，对于案件事实的认定都是以对证据的运用为基础的，因此涉及案件事实的五点再审事由里出现了很多关于证据的字眼，比如新证据、缺乏证据、主要证据、质证以及法院调查取证等，证据的认定决定了最终对案件事实的认定。《监督规则》里对许多证据问题进行了进一步的细化，又提出了虚假证据、推理、生活经验、缺乏证据等，随后我会进行逐一分析。以“原判决、裁定认定的基本事实缺乏证据”为例给大家作一个特别的说明，若是法院认定了某一项事实，但原判决、裁定所认定的事实没有证据支持，即没有提出证据，这是正向。同时还存在一个逆向，当事人提供了某种证据，但法院无正当理由拒不采纳。从正向和逆向两种思维来判断，即当事人提供了某种证据但法院拒不采纳，和法院认定了某种事实但该事实没有相关的证据予以支持。很多时候我们只看到了正向的而忽略了逆向的，要从正反两个方向对基本事实缺乏证据进行把握。此外，《民事诉讼法》第208条第3款规定了对违法人员审判行为的监督，《监督规则》第99条对这类监督进行了细化，谈到了审理案件适用审判程序错误的，可以对之提起检察建议。审判程序错误本身包括了法院对证据的运用错误，在这个过程中如果存在错误，我们可以以审判人员的违法行为为由，提起检察建议。因此，从理论上归纳民事检察监督中对证据审查的特点有：第一，事后审查。这是必然的，因为监督活动是在审判活动之后进行的。第二，书面审查。检察官所拿到的主要材料是案件的卷宗，要进行书面审查。第三，传来审查。卷宗中所包含的所有证据是法院进行审判之前认定的，很多证据是以复印件的形式存在的，现场已经没有了，都是拍照，证人也找不到了，都是对证人证言的记录，传来性审查也决定了我们对证据的审查有一定的难度。第四，单方审查。前来申请监督的是一方当事人，我们只能跟他进行交流，而另一方当事人现在身在何处、能否找到、是否愿意配合调查，我们都不知道，所以单方审查也给监督工作带来了很大的难度。

因此，在总结民事检察监督中需要对证据把握的五个要点的基础上，我们今天要分层地讲述五个方面，分别是非法证据、证明对象、举证期限、证明标准和证明责任，这是工作中要重点把握的对证据审查的五个环节。

## 民事检察监督中的审查要点之一：非法证据

第一个审查要点是关于民事诉讼中非法证据的问题。但凡作为定案根据的证据一定要强调其合法性，这一点在刑事诉讼中极为突出。为什么现在刑事案件中存在这么多的冤假错案，就是证据的非法性没有得到有效排除。同样，这个问题在民事诉讼中也存在，但民事非法证据与刑事非法证据是存在一定区别的。我们谈到民事合法证据，要求以下几点要合法。第一点，形式合法。第二点，取证的主体合法。谁来收集这些证据、法院能否依职权主动收集证据、检察机关在行使调查核实权的时候能否主动为当事人收集证据，这是涉及收集证据主体的问题。这与刑事诉讼差别很大，刑事诉讼的证据都是由公安机关统一收集的，职务犯罪案件由检察机关相关职能部门进行收集，是公权力收集的一种方式。而在民事诉讼方面，强调的是以当事人的主动收集为主，但是法院在适度的时候进行配合，因此收集主体呈现了多样化。第三点，取证方法合法。当事人自行去取证，很多强制性权力他是没有的。强制性权力没有，那他能不能使用偷拍、偷录的方法进行收集？这些问题是刑事诉讼中没有的。第四点，证据的使用程序合法。但凡证据的使用程序不合法，可归结于法院的违法审判行为，我们可以对之提起检察建议。我们下面再以这四个小点为论题，进行逐一的展开。

第一点，证据的形式合法。《民事诉讼法》2012 年修改了证据种类，现在规定民事证据分为八类，分别为当事人陈述、书证、物证、视听资料、电子数据、证人证言、鉴定意见和勘验笔录。《民事诉讼法》怎样对证据种类进行修改呢，我们来梳理一下。第一点是增加了种类，新增了一种证据形式——电子数据。新增电子数据的时候有人提出异议，质问电子数据和传统的视听资料的区别何在，有人明确表示反对，认为它们没有本质的区别，磁带、录像这种传统的证据形式属于视听资料，现在的短信、邮件、微信、QQ这种伴随着新兴技术的发展所增加的证据种类有必要单独设立成电子证据吗？电子证据和视听资料的区别在哪里，这个界限不明。这是当时很强烈的反对修改意见。第二点是修改了名称，把鉴定结论转化为了鉴定意见。此举强调了法院对鉴定意见的主观判断，不是所有的鉴定结果都能作为定案的根据。现在的民事诉讼中，我亲自经历的一次开庭，原告与被告没有吵，一来就先骂鉴定人。该案请了两个鉴定人来鉴定同一个工程，可是鉴定结果造价相差一千万元。鉴定本身就构成了一种新的争议，把这件事情越整越乱。原告和被告的问题没有解决，反而还和鉴定人闹得不可开交。所以把鉴定结论修改成鉴定意见，强调其在民事诉讼中具有参考性，不是绝对、必然运用的证据材料。第三点是调整了顺位，把当事人陈述列为了所有证据的首位。这是一种意识形态的改变，是一种潜意识的变化。为什么要把当事人陈述列为首位呢？因为要强调当事人在民事诉讼证据中的主要作用和能动作用，强调民事诉讼中证据的收集要以当事人为主，毕竟当事人才是民事证据最主要的提交者。

下面逐一讲解一些疑难的证据形式问题。很多问题是我从法院的一些真实案例中收集来的，这些问题可能没有绝对的对与错、没有绝对的观点。我现在罗列出一些观点，供大家思考。第一个我要讲的是物证的问题。物证是有一定的形式的，物证会随着时间的变化而消失。关于物证如何保存的问题，我们通常会认为物证的消灭是一种客观的变化，比如交通纠纷，拉了一车鱼，撞到了一个路人，鱼必须立刻拉走，事故现场无法保存，不拉走鱼将死掉，那么造成的损失将更大，所以物证的消灭是一个客观的过程。但大家有没有想过有些物证的消失也是我们人为主观的过程呢？两辆车在天安门广场上相撞了，那么现在我们是要保存现场呢还是疏导交通呢？在这儿等着交警来的话，马上要进行国事活动了，能等到现场保存吗？此时物证的消失就是人为主观积极的结果。再如人被打伤了，鲜血直流，那么我们这时是要及时进行包扎呢还是等到所受伤害得到相应认可呢？必定以先行救治保护生命为前提。所以物证的消灭有些时候并不一定是客观的原因造成的，而是我们为了维护相关更大的利益而进行的不得已的主观消灭。这是第一个观点，关于物证的消灭。

下一个，大家看过电视剧《还珠格格》吧。皇上第一次认格格的时候认了小燕子，小燕子凭什么成为了格格？凭什么让皇上相信她的呢？是一把扇子。因为这把扇子上有皇上当年给夏雨荷的题词和印章，这把扇子让皇帝想起了夏雨荷。这把扇子在皇帝认格格的过程中发挥的是哪一类证据形式的证明作用呢？是内容，是扇子上的字和章让皇帝想起了当年的夏雨荷，但凡以图像、文字、内容来证明案情的都称为书证。那么很多人就单纯地把这把扇子认定为了书证，那这把扇子还有没有其他形式的证明作用呢？有没有发生物证的作用？扇子是在小燕子身上发现的，皇上简单地认为谁占有了这把扇子，谁就是扇子的主人，谁就是夏雨荷的女儿，因此这把扇子同时发挥出了物证的作用。很多人往往只看清了它的书证的形式，而忘记它的物证形式。如果当时这把扇子是在紫薇的身上发现的，那么紫薇就很可能顺利地成为了格格，所以这把扇子同时具有物证和书证双重作用。因此我们这里要强调一点，书证是有一定的物质载体的，书证虽然是以文字、图像、符号来证明案件事实的，但是文字、符号、图像一定是要么打印、要么书写、要么印刷在一定的物体之上的。一旦有物体的存在，那么书证就有可能出现和物证的竞合。我们对书证要作一个广义的理解，不仅仅是写在纸上的字，在木简、塑料上，但凡是有意思表示的符号，都可以成为书证的范畴。同样，雕刻也是这样子的，石碑、木盒都可能成为书证。有载体，会出现书证和物证的竞合问题。交通事故中被摔坏的一块指针指向零时三十分的手表，发挥的是什么形式的证据作用？首先，它发挥了一个书证的作用，因为它显示的时间是零时三十分，表明了交通事故发生的时间。其次，它有没有可能发挥物证的作用呢？比如它是在离两车相撞 20 米处被发现的，说明当时撞击的猛烈程度。它用自己所处的位置来证明案件事实，它处在距离两车相撞 20 米处的位置和 50 米处的位置，显然证明了当时撞击程度是不一样的。所以一定要强调书证的物质载体和物证的竞合问题。同样，A 公司和 B 公司是竞争对手，A 公司在报纸上刊登了一篇损害 B 公司名誉权的文章，B 公司在超市买到报纸向法院起诉，说 A 公司毁蔑我，这些报纸的证明作用如何发挥？第一点书证没有问题，因为刊登了对 B 公司进行诬陷的文字。第二点，请注意某超市。报纸在超市买到说明 A 公司对 B 公司的侵权行为已经到了传播领域，大家都已经看到了。如果这个报纸是在印刷厂被发现的，或者是从印刷厂运送到超市的途中被发现的，说明侵权尚未进入传播领域，对 B 公司造成的损害是比较小的。因此，报纸的发现地点必然要决定损害数额赔偿的大小，包括进入超市的时间，是今天上午发现的还是今天晚上发现的，也不一样。因为经过了一天可能很多人都买到了这个报纸，而早上可能买了报纸的人不多。所以这里仍然强调的是报纸所处的位置，对案件事实证明所起的作用，这将直接决定侵权赔偿的数额大小问题。

下一个我们来谈论一下证人的问题。不能够成为证人的主体，首先是不能正确表达意志的人。那精神病人、聋哑人能不能成为证人呢？要视情况而定。这个精神病人是不是间接性精神病人？聋哑人是否懂得手语、能否进行相应的意识交流？这是一个比较常见的基本常识。难就难在民事诉讼里面未成年人作证的问题。平时理论上和法条规定上都很简单，未成年人作证是可以的，只要待证事实与其年龄、智力状况相适应，但是在法院审判中存在这样一种现象，在离婚案件中，未成年子女的证言能否成为夫妻感情破裂的认定证据？现在都是独生子女家庭，就一个小孩、一个爸、一个妈，现在爸妈要离婚，天天吵架，这个家庭内部的事情谁能知道呢？只有这个小孩知道。但这个小孩今年8岁，他的证言能否成为夫妻感情破裂的认定标准呢？这是法院遇到的疑难问题，没有具体的答案。法院也分为两派不同的观点，一派认为可以，另一派认为不可以。假如这个案件认定以后，到了检察机关，我们怎么来判断法院在认定的时候是否得当？什么叫作与未成年人的年龄、智力状况相适应？这个判断本身是有一个自由裁量的范畴的，但凡属于法官自由裁量的事实，我们是否适宜监督呢？这个问题也是仁者见仁、智者见智，需要具体了解该案中的小孩是一个怎样的小孩，没有绝对的答案。

下一个是关于证人和代理人身份竞合的问题。代理人我们都知道，民诉法在修改的时候，对可以进行民事诉讼代理的人员范围进行了修改，取消了普通公民作为代理人的这种情形。现在普通公民若是没有得到相关组织的推荐，他是没有资格随意参加诉讼、成为代理人的。为什么要这样修改呢？就是在之前的案件中，往往会出现证人和代理人相竞合的问题。代理人和证人一旦相竞合，我们应以证人身份优先，为什么呢？因为证人具有不可替代性，知晓案情的只有他一个，但能够成为代理人的人是有很多的，具有可选性。在唯一性和可选性之间，我们要首先保障唯一性。所以证人和代理人身份竞合，我们首先让他作证人。但现在又出现了这样一种情形，他在一审中明明是代理人，但到了二审中他就改头换面成了证人了。对于这样一个证人，在二审里面，我们应当持什么样的态度？有些案件中他是一审原告的律师，二审中就变成被告的律师了。现在他在二审中没有成为律师，而是成为了一个所谓的中立性的证人。那么对这样一种证人所作的证言，我们采取何种态度？第一种观点认为是可以的，因为证人具有不可替代性；第二种观点认为应当被禁止，因为这些证人存在虚假作证的可能。因为他在一审中维护了一方的利益，而二审中作为中立的形象，存在虚假作证的可能，对此类证人应加以禁止。大家认为这两种观点，哪种更合适一些？还有一种中立观点，认为应当视证人在诉讼中的重要性来决定是否对其证言进行采纳。如果该证人对本案具有非常重要的价值和关键作用，那么就应把该案发回一审重审，该公民在一审中实施的代理行为及法律后果归于无效。大家怎么评析这样一种观点？证人在二审中极为重要，发回重审就意味着一审的代理行为无效，这里面的对错是非也不是绝对的，我仅提出来供大家思考和评判。

下一个问题，同一证人在同一诉讼中就同一事实先后提出两份截然相反的证言，周一他说是黑的，周二他又说是白的，那我们以他的先证言为准还是以后证言为准呢？第一种观点，先证言为准，认为他第一次提出证言时可能受的影响是比较小的，他为什么会反悔提出后证言呢？可能是受到某种诱惑，受到某种恐吓，而被迫更改，这是第一种观点。第二种观点，以后证言为准，因为他的诉讼行为，后行为对先行为的更改就意味着后行为对先行为的推翻。大家认为哪种更合情理、合法理呢？单独看都有一定道理，法院每一次商讨时的碰撞都还是很激烈的，这就是我们之前在谈检察监督的时候所提到的同案不同判的原因之一。同一个案子分到不同法官手里面，出现的判决是不一样的，就是因为在对某些事实认定的时候、在实施裁量权的时候，萝卜白菜各有所爱，张法官认为这样判合适，李法官认为那样判合理，没有绝对的对与错，但是这样的案件到了监督者手里，就给我们造成了一个难度，我们的监督尺度该如何把握。这有一个新观点，认为对上述两种证言均不予采纳，因为你矛盾作证，就反映出你的主观心理，要么受到了恐吓，要么受到了引诱。一般来讲，不可能因认识性错误而在短时间内作出截然相反的证言，因此认为在主观心理状态存在下所实施的证言，因不存在客观性而不予采纳。有人还提出这样一个观点，要强制证人出庭作证。关于出庭作证，民诉法 2012 年修改的时候特别加以强调，一般情况下证人必须出庭作证，但也规定了不出庭作证的例外情形。实际上在我们国家，证人作证是民事诉讼里的一个“瓶颈”问题。无论现在怎么保障证人或者要求证人，都很难要求这些证人说实话，真真假假是把握不住的。正如“得到你的人却得不到你的心”，确实无法保证证人在民事诉讼里所说的内容的真实性。强迫他到庭，他到法院来说的一定是真的吗？这也不一定。

说到了中国证人作证的“瓶颈”问题，证人证言的真实性容易受到主客观因素的影响。客观因素有哪些？证人想不清、记不起来了，或者记错了、当时就没看清，这一点还好一些。特别严重顽疾的就是主观因素上存在的欺骗性，无法找到一条合适的有力的途径来弥补和打击证人说谎问题。很多人说要求证人像西方国家一样在法庭上宣誓，其实这在中国能起到的作用是非常非常小的。现在新《民诉法解释》第110条规定，人民法院认为有必要的，可以要求当事人本人到庭，就案件有关事实接受询问。在询问当事人之前，可以要求其签署保证书。但是这种“瓶颈”问题还是很难完全解决，因此证人证言这一项本应当有着非常积极作用的证据，在我们现存的民事诉讼里名存实亡，实际上能发挥的作用微乎其微。当事人申请证人作证，法院一般持准许的态度，但这份证言在最后认定事实时，基本上是被置之不理的。

下一个是关于测谎仪的问题。在民事诉讼中的测谎结论和刑事诉讼一样，依然作为一种辅助证据的类型，而不能直接作为证据使用。因此测谎结论本身在证据形式上属于鉴定意见的范畴，把测谎结论纳入鉴定意见，只能协助进行审查和判断。

下一个是关于《交通事故责任认定书》的证据效力问题。交通事故都要请交警到现场，出具一份交通事故认定书，这份责任书在其后的民事诉讼中具有什么样的证据效力呢？是一定要采纳的吗？还是纳入鉴定意见的范畴？通说观点认为，交警就是一个行政机关，实施了一个具体行政行为，起到了一个保全证据和现场证人观察的作用，那么这个交通事故责任认定书在诉讼中不一定必须被采纳，必要时可传唤该交警出庭质证。大家知道公文书的证明力要远远大于私文书的证明力，那么这种交通事故责任认定书是否应当被纳入公文书的范畴呢？是否要赋予其相对较高的证明力呢？有这样一个案子，交警来了以后，先作了交通事故认定，出具了一份责任认定书，其后发现了当地的摄像头，在诉讼中把当时交通事故的录像调出来了。法庭发现认定书所认定的事实和摄像头里所反映出的现场还原存在一定的差异性。此时应当以遵循摄像头为准，其为更加客观的证据。如果在当地没有摄像头，但出现了两个证人，路人甲和路人乙，他们所谈到的现场场景与事故责任认定书所反映出的截然不同，那么要以哪个为准呢？是以路人甲、路人乙为准还是责任认定书为准？是不是要赋予事故责任认定书相对较高的证明力呢？虽然说责任认定书是鉴定意见的一种，但现在很多法院实际上是百分之百认定的。法院从公安机关拿来后，就以这个责任认定为准，但允许当事人自行提交推翻它的相反证据。现在交通事故责任认定书在法院也是存在很大争议的，认定书是经常存在重大错误的，存在失误、错记的可能。

第二点，证据主体合法问题，即在诉讼里，谁有权力来收集证据。民事诉讼强调当事人的能动性，强调当事人主义模式，当事人是收集证据最主要的主体，但也不排除法院可以在民事诉讼里收集部分证据。法院收集证据包括依职权收集或依申请收集。但凡属于法院应当收集的范畴，而法院拒不收集的，对此行为可以提起检察建议。这是典型的审判人员违法行为：属于法官收集的证据，而法官怠于收集。在这里要总结一下到底哪些证据是属于法院收集的。第一类，法院依职权收集。涉及可能损害国家利益、社会公共利益或他人合法权益的事实，需要法院依职权收集。大家都知道在民事检察工作中，多次提及对国家利益的认定问题，调解书存在损害“两益”，公益诉讼里面很重要的内容就是保护国家利益。在这么多涉及国家利益的问题里，这些国家利益的范畴和外延是否应当一致呢？现在对国家利益界定的标准不一，到底什么是国家利益？我认为，一旦确定了一种标准，那无论在哪一方面都要严格地适用该标准，包括我们这里所谈到的法院依职权调查取证的问题。对国家利益和社会公共利益的界定是一个重大疑难且十分重要的问题。第二类，涉及依职权追加当事人、中止诉讼、终结诉讼、回避等程序性事项。民事诉讼的目的是什么？是解决当事人的实体争议。在解决实体争议的过程中，又产生了很多有争议性的程序性问题，对于这些争议性程序问题，我们要纳入法院依职权调查取证。此外，法院依职权调查取证的范围还包括涉及身份关系的、公益诉讼中的以及当事人有恶意串通损害他人合法权益可能的。第三类，法院依当事人申请调查取证。第一种情形我们经常遇到，相关的证据由国家有关部门保存，当事人及其诉讼代理人无权查阅调取。比如我是原告，我现在要去查被告的账户，我查不了，只能向法院申请调查取证。而法院的审判不公、有意保护一方很重要的一个方面就是拒绝当事人所申请的调查取证，对申请置之不理，或假装去调查然后再给一个零结果，调查了但没取得任何证据。这是法院经常出现的有意偏袒一方当事人的违法性行为——拒不调查、拒不接受申请。第二种，涉及国家秘密、商业秘密、个人隐私的材料，这需要法院依当事人申请去调查取证。第三种给了一个兜底条款，是一个很宏观的、由法院自行判断的事由。但凡当事人及其诉讼代理人因客观原因不能自行收集的其他证据，都可以向法院申请调查取证，这样的情形就很多了，就为我们的监督提供了裁量权。实施检察监督的时候，我们作为监督者，如果认为法院应当调查取证而法院不调查取证的，那么这可以成为我们的监督要点，制发检察建议，提出一个关键性的证据。

第三点，证据的收集手段合法。这是一个重要的问题。在刑事诉讼中，对刑讯逼供的打击要求得很严格，那民事诉讼中证据的收集要怎么体现出合法性呢？大家来看，谷歌眼镜——谷歌公司 4 月的最新产品，实际上是在眼镜上加了一个摄像头，随时与网络连接，你看到的每一处地方都可以立即上传到网络。谷歌公司的这个产品一经推出，记者就随机采访了很多街上的路人，怎样看待这样的产品大规模地被推广？是否会在我们的生活中体现出危害性？很多民众表示反对，觉得太可怕了，简直是无孔不入，我们的生活随时都可能处于被监控的状态。再看360软件，360软件有很多“狠”功能，比如说手机遗失功能，一旦手机遗失的话，可以迅速上网，打开密码，你的手机就可以自动地定位，你就可以查到自己的手机处于何处。这样的软件已经很民间化了，尤其是三星的手机，据说特别的好用。我是怎么知道这款软件的呢？有一回我去老乡家吃饭，是个女老乡，她老公就一直还没回来，等了很久下班还没回来。她说上网去查一下，把我吓一跳！我问：你还能跟踪你老公的路线啊？她说在老公手机里偷偷安了一个360软件，一查说现在还在回家路上，估计还有20分钟。果然20分钟之后老公就进门了。这是我的一个亲身经历，我这才知道有这么一个软件，拥有这么强大的功能。以往，公安机关、我们检察机关的自侦部门都拥有这样一个技术手段，来实施手机定位。但现在已经完全的民众化，我们任何一个人都可以通过手机进行这样一个定位。那么从民事诉讼的角度来讲，会对我们的生活造成什么样的影响呢？1995年最高人民法院曾经出台了一部司法解释，规定在民事诉讼中但凡未经当事人同意而私自录制其谈话的，一律不能作为证据使用。因此偷拍、偷录所得证据不能够作为合法证据。但是到了2001年，《证据规则》又进行了一次调整和修改，规定只要以侵害他人合法权益或者违反法律禁止性规定非法取得的证据，就不能作为认定案件事实的依据。也就是说，没有侵害他人合法权益，或没有违反法律禁止性规定的证据，都能够作为案件事实的依据。如此一来扩大了民事合法证据的范畴，偷拍、偷录不一定意味着损害他人合法权益。2015年新《民诉法解释》第106条又作了全新规定：对以严重侵害他人合法权益、违反法律禁止性规定或者严重违背公序良俗的方法形成或者获取的证据，不得作为认定案件事实的根据。分析上述规定的变化，1995年的司法解释不加区分地把所有私自录制的证据予以排除，2015年的司法解释缩小了非法证据的范畴，而这种缩小具有进步性。为什么我们对刑事非法证据的排除这么严格，因为在刑事诉讼里证据的收集主体是国家的公权力机关，而在民事诉讼里是普通的民事主体，在民事诉讼里原告和被告的诉讼地位是平等的。综上，私自录制的谈话、视频和照片，只要不严重侵害他人合法权益、不违反法律禁止性规定或者不是以严重违背公序良俗的方法形成或者获取的，就可以作为合法证据使用，民事非法证据的限定已经非常狭窄了，并非单单是以收集手段作为衡量标准。所以，私人侦探在一定范围是允许的。

那么这里面就涉及一个什么叫作偷拍偷录所涉及他人权益的问题。根据公共场合无隐私的原则，但凡你在公共场所拍到的一切，都不认定为损害他人的合法权益。在现在的新闻节目中，记者偷拍偷录违法商家的现象已经很多了。记者偷拍偷录已经成为常见的采访和报道的方法，而且这种方法所带来的社会效果还挺不错，有助于维护社会的管理秩序，这已经较为普遍。现在民事案件里经常涉及偷拍偷录丈夫与第三者同居的问题，这也是私人侦探广泛存在的原因。有很多人提出，对这种情形的偷拍偷录，怎么叫不损害隐私权呢——这种偷拍偷录已经侵害了丈夫和第三者的隐私权。我们认为，这里面存在一个法益比较的问题，得到的和失去的到底哪个多。配偶一方实施偷拍偷录是为了维护自身合法权益，而被偷拍者虽然说行为遭到了暴露，但其本身有对夫妻感情不忠诚和对他人婚姻关系破坏的元素，因此两种法益相比较，其所谓的隐私损害要小于其对自身婚姻关系的不忠诚和对他人婚姻关系的破坏。因此在司法实践中，对此类证据在一定程度上是认可的。但要求偷拍者不能随意地将录像公之于众，仅作为诉讼证据予以使用，即仅提交法庭而已，不能无限度地曝光，不能进行无限度的名誉毁损。雷政富事件大家很熟悉吧。该事件我们大多都是从刑事案件的角度来看，今天我们从民事案件的角度来看一下。假如这张网络上流传的图像被雷政富的老婆看到后大发雷霆，要和雷政富离婚，那这份从网上得来的图像影片，能否作为离婚案件的依据呢？这不是偷拍的吗？到底什么叫作证据的收集？从雷政富老婆的角度来讲，她收集证据的过程是什么？是她在偷录偷拍吗？她收集证据的过程实际上只是从网上点击下载的过程，这一定要区分开来，下载才是她收集证据的手段。偷拍的主体和证据收集的主体可能会出现一定的分离。下面再看看以营利为目的、商业性的偷拍。这是指文章和姚笛事件，他俩也被偷拍偷录了。他们偷拍偷录的实施者是谁呢？既不是当事人中的任何一人，也不是家属，一说是某周刊的娱乐记者，一说是当事人所在的娱乐公司。娱乐记者为什么要偷拍偷录呢？他的目的是什么呢？他既不是婚姻关系的当事人，也不是双方的亲属，他是为了杂志的畅销，夺人眼球，获得经济效益这样一个目的。娱乐公司为什么要偷拍偷录呢？逾越道德是艺人与公司自动解约的合同条款之一。对此类型的偷拍偷录怎么认定呢？对于这样一种偷拍偷录我们原则上是不予支持的，是禁止的，毕竟是以营利为目的的，获取盈利的手段是不正当的。这并不是为了保护婚姻关系，而是为了挣钱。

第四点，证据的使用程序合法。所有证据要在法庭上进行质证，未经质证的证据不得作为定案的依据。那对于法院收集的证据是否需要质证呢？法院收集的证据包括了依职权和依申请两种，两种证据的质证是一样的吗？我们来看一下。法院依当事人申请所收集的证据被视为提出申请的当事人一方所提供的证据，对于这类证据要进行必然的质证，因为证据具有关联性是当事人主张的，当事人是认为这个证据与事实具有关联性才申请的，质证重点在于这个证据的关联性问题。对于法院依职权所收集的证据，当事人可能并不知情，对于这类证据在庭审的时候无须质证，但必须当庭进行出示，听取当事人意见，对相关的调查收集情况予以说明。质证和出示说明是存在本质上的区别的，质证是需要双方当事人辩驳和认证的，而出示说明是法院单方面的展示行为。

## 民事检察监督中的审查要点之二：证明对象

第二个审查要点是证明对象。第一，民事诉讼证明对象的种类。第一点，实体事实。当事人为什么会打官司？因为我们的实体权利义务发生了争议或者受到了侵害。因此，实体事实肯定要证明。第二点，程序事实。我们在解决实体争议的过程中必然要进行一定的活动，这个活动被称为诉讼活动，那么在诉讼活动的进行中，又产生了很多程序性的争议，对程序性的争议所提出的相关事实，需要提出证据予以证明。第三点，外国的法律和法规。部分涉外案件需要根据外国的法律进行裁判，外国的法律是怎么来的？是当事人提供的。因此对于外国法律法规而言，其本身也构成了一种证明的对象。

我们要特别谈到的是对行为人主观心理状态的证明。很多客观事实证明虽然有难度，但它的表现形式是比较直接和直观的。对人的心理状态的证明更具难度，比如调解监督，认为调解书违反了自愿原则，那什么叫作违反自愿原则呢？我也亲自参加过一些调解，假如我是法官，我脾气、心情不太好，在调解过程中大声吼了一句，事后当事人就说态度凶残，把他吓着了，被迫签订了调解协议，这是当事人对违反自愿调解原则的主张。因此，这种故意、过失、非自愿、胁迫及重大误解等主观心理状态应当如何证明，成为了证明中的一道难题。“知人知面不知心”，对表面的东西还好证明，但对内心深处的东西证明还是比较复杂的，个人情绪、个人心理状态是最难证明的。所以对人的主观心理状态很难提供直接证据，甚至不能提供直接证据予以证明。但是需要对心理状态进行证明的时候怎么办？只能够通过心理状态的形成条件和客观反应进行间接证明。比如他说话的时候很紧张，眼睛不敢正视我，是不是他在说谎？这就是一种证明。中国古代有“五声听狱讼”，判案的时候要观察他的眼神、看他的反应、看他表达的流利程度，认为这些因素都可以证明当时的主观心理状态。因此对主观心理状态只能以客观证明的形式进行，这就对主观心理证明造成了一定难度，往往成为当事人加以利用的工具。像我刚才说的一样，明明是自愿调解，事后他却说受到了胁迫、非自愿，因为当时法官声音大了，吼他了、吓着他了。像这种情况放在监督者手里，要怎么去认定当事人这样一个表达和观点呢？恐怕也是有一定的难度的。

下一个问题是免证事实，无须当事人提供证据证明的事实。下列事实存在的时候，即视为自然成立，不用提供证据单独证明，我们称为免证事实。免证的效力具有相对性，一般来讲，此类事实的出现和存在就不用证明了，但是如果有相反证据足以推翻的话，就要恢复它的证明性。我提出了某项事实，这项事实是免证事实，我就不用再单独提供证据予以证明了，我们视为它自然地成立。但是如果对方提供了相反的证据推翻了免证事实，此时就要恢复证明责任，我需要重新提供证据证明，如果证明不能，就说明该事实不成立。

免证事实的种类有以下几种：

第一，众所周知的事实。但是可不可能一件事情全世界每个人都知道呢？是不可能的。因此众所周知要限制在一定范围之内，这个事实是我们今天参与诉讼的所有人——原告、被告、第三人、证人以及法官、检察官都知道的事实，才可以构成免证事实。比如北京奥运会 2008 年在北京举行，这样一项事实，在一定范围之内可以相对作为免证事实。国家检察官学院在北京市昌平区，恐怕在大家今天到来之前，这个事实在在座各位之间还尚不能成为免证事实，但今天大家都已经来了，都已经报到了，这个事实就可以上升为免证事实了，这就体现了免证事实要在一定的范围、一定的时间和一定的空间之内。马航 MH370 失联的问题，也可以成为一个免证事实，影响颇为广泛。

第二，自然规律及定理。自然规律和定理可以成为免证事实，不需要当事人再提供证据予以证明，比如圆的半径都是相同的、太阳东升西落、勾三股四弦五，都是常见的自然规律和定理。

第三，推定的事实。这个就带来了一定的难度了。但凡推定都存在两个事实，前事实和后事实。前事实根据了一定的法律规定或者是生活规则会得出后事实的结论，这就是推定。我们来看一些案例，合同的存在与合同履行的关系，怎么来推定？现在需要我提供证据来证明合同的存在，我提不出来。但是合同已经被履行了，这就能推定出合同已经存在，不存在为什么要履行呢？这是生活经验，通常存在是履行的前提。既然已经履行，那就视为该合同存在，这是一种生活经验上的推定。还有收条和收款的关系。是先收款再打收条，还是先打收条再收款？一方承认出具收条，但未主张实际收款，出具一张收条不收钱，有这样的人吗？按照通常的生活经验，这是不符合商业规律的。但凡出条就是打了钱，这是一种推定。还有一种推定，也是我们《证据规则》和《民诉法解释》里特别强调的：我有证据证明你持有某项证据而拒不提供，那这说明什么？本案的某项证据被你所持有，但你就是不交出来，说明你害怕这样的证据曝光。为什么怕曝光呢？因为该证据可能对你不利，这是一种推定。我有证据证明你持有某项证据而拒不提供，就可以推定该项证据对你不利。还有借条通常怎么写的？是内容再加上姓名和时间，那在姓名和时间底下又加了一条内容，这样的借条内容怎么认定呢？借条的通常写法是正文内容在前，接下来是姓名，然后是时间。那现在时间之下又加了一行内容，这符合交易习惯和借条的写法吗？这是不符合的。所以这种借条我们认为姓名之下的内容是擅自添加。这是我们通常的推定，推定属于免证的范畴，但是允许你提供相反的证据予以推翻。如果你提供不了相反的证据，就视为这种推定是自然成立的，因为这种规定是符合通常的交易习惯的。看下一个案例：现在只有一张借条，其他什么都没有，而且双方对签名的真实性也不存在异议。借条写的是昨天向甲借款 10 万元，今日向甲借款 20 万元，大家觉得借条有没有什么问题？内容不符合我们通常的生活习惯、交易习惯。为什么今天来记载昨天的事情，存在这样一个问题。该借条持有方存在对其账款下的欠款凭据擅自添加的可能，当时借条是被甲拿着的，而且只有一份，通常不可能在同一份欠款凭证上分两次书写，这种做法与日常的生活习惯严重不符，所以认定这个凭证有被篡改的可能。再看另外一种，乙提供了一份材料，“我从乙处拿了人民币1000元整”，甲提出“拿了1000元”的意思是乙向我还了1000元。大家如何看待？甲的意思是这份材料是还款凭证，怎么运用我们的生活判断或商业习惯来推定这个欠条呢？我们来看一下分歧，这个“拿”到底是什么意思？是借款凭证还是还款凭证呢？甲主张的是还款凭证，乙主张是借款凭证。问题的关键是在谁的手里持有该份材料。刚刚说到，是乙提供的，在乙的手里面持有的，说明明显是借款凭证，而不是还款凭证。

第四，预决的事实。什么叫预决呢？是法院的生效裁判或仲裁机构生效的裁决所认定的事实。这是什么意思？同一事实可能出现在法院对两个案件的审判中，但凡前案所认定的某项事实，后案怎么办？后案需要再次审理查明吗？不需要了，直接免证，直接拿出来用就可以了。为什么要实施这样的免证呢？一来是提高效率，降低成本；二来可以防止同一事实被两份判决分别处理出现相互矛盾的认定，防止矛盾判决的存在。因此我们设定了预决免证的效力，该事实在后案中再出现的时候就无须审查，而直接以先案的认定为标准。但若是先案判决整体或先案判决中的该事实被推翻了，那我们就要恢复在后案中对该事实的证明责任，那这里就涉及对“相反证据”的界定问题。事实在前案中被推翻，是前案判决整体的被推翻呢，还是前案中只将该事实进行推翻？前案的判决整体被推翻了，可能是因为很多理由，譬如仅是因为一个程序问题被推翻的，那么并没有说前案对该事实认定是错误的，那么此时该事实还需要在后案中进行证明吗？这里是说一个点和一个面的问题。前案的判决是面，里面包含了很多的点，我们所需要的事实是其中的一个点，那么这一个点单独被推翻导致后案恢复证明责任，还是前案整个面都被推翻后案才需要恢复证明责任呢？这里面法官的认定也是不一样的，是宽严的区分问题。有的人认为只要这个点被推翻就需要恢复，有的人认为必须整个面被推翻才需要恢复。再看一下我们现在的判决书的构造。当前我国的判决书通常是这样的一个写法，包括以下几点：当事人基本情况、原告诉称、被告辩称、经本院查明、本院认为、依某某法规定判决如下、期限和法院署名。出现在前判决中的哪部分的事实才具有对后案的预决力呢？客观来说，咱们国家判决书的构造、写法是不科学的。它有一个重合交叉，但是在其既已成为模板、在目前对判决书的构造尚未进行整体地修改的情况下，来看一下建设性的意见。“本院查明”说的是事实问题，“本院认为”说的是法律问题，而“判决如下”是将事实和法律结合来处理的最终结论。因此这三部分所出现的相关事实认定，都会对后案产生免证的效力。

第五，为公证文书所证明的事实。现在还没有开展对公证机构的检察监督，那公证机构到底是一个什么性质的单位呢？它所从事的是法律证明这个功能毋庸置疑。目前我国在性质上把它界定为一个事业单位，那事业单位的公益属性和商业盈利的目的会不会发生冲突呢？必然是有一定冲突的。前两天有一个记者来采访我，问2014年最高人民法院的第八号工作案例规定的什么？之前但凡老人办遗嘱的时候，遗嘱都需要公证，公证之后，老人不在了，我们才可以拿遗嘱进行房产登记之后再办理产权过户手续。那么遗嘱都必须要公证是谁规定的？《物权法》规定了吗？《继承法》规定了吗？那现在为什么所有的房产登记机关规定遗嘱必须要进行公证呢？如果不公证的话就不给办。这根据的是司法部、建设部的一个规范性文件《关于房产登记管理中加强公证的联合通知》，这个文件里说到了遗嘱要办理公证，才能办理产权登记手续。那么现在最高人民法院的第八号公告里面就以案例的形式明确指出该规范文件与《物权法》、《继承法》相冲突，于法无据，这就意味着以后我们办理遗产继承所发生的不动产转移的时候，不需要强制公证。这是回归公证本身的性质问题，它是一个司法证明机构，是一个事业单位，而不是一个纯粹的营利性商业机构。

第六，自认的事实。自认，简言之是对己不利事实的承认。在诉讼里面，我们都是在维护自身的权益，我们尽可能为自己说话，我为我说话，你为你说话，咱们两边的话必然会因为利益的冲突导致一定的碰撞。对不利于自己的事实的一种承认，称为自认。第一种，形式有明示和默示的。很容易理解，明示，你说我不好，我承认，面带微笑。默示呢？你说我不好，我不反驳，我置之不理，我也没有表情，这称为默示的自认。现在我们要谈到的是沉默权的问题。刑事诉讼里面经常有沉默权这个用语，民事诉讼里面有没有这样的情形呢？通常也是存在的。第一点，拒绝陈述。你说我不好，你提出了某项对我不利的事实，我不表态，不说话。第二点，放弃辩论。法庭辩论阶段让我发言，我也不说。第三点更为厉害，缺席判决。拒绝参加诉讼，我直接不来，经传唤无正当理由拒不到庭或未经法庭许可而中途退庭。这三种情况我们都直接称为民事诉讼上的沉默权。不对涉及我自身利益，特别是不利利益的相关事实进行表态，我不说话，甚至人都不来。第二种，不置可否。什么意思呢？不说是，也不说不是。第三种，自认的分类，是本人自认和代理人自认。当事人本人和代理人如果意见发生冲突的时候，一般以谁为准？以当事人为准，当事人是诉讼的主体，代理人是花钱请来维护当事人利益的。那么当事人委托代理人参加诉讼的，当事人如果不在场，代理人的承认视为当事人的承认。那如果当事人和代理人同时在场，代理人作出某种表态以后，当事人不作否认表示的视为当事人的默认。我的律师帮我说了一句话，我并没有否定我的律师的发言，就是我对我律师的发言表示认可。第四种，诉讼代理人的特别授权问题。是不是我的律师享有我在诉讼中的所有权利呢？民诉法如何规定的？民诉法规定代理权的授予分为一般授权和特别授权，特别授权包含的内容：增加、变更诉讼请求、进行和解、提起反诉和上诉，上述权利交由代理人行使需要当事人特别授权。当事人没有特别授权的时候，我们通常视为一般授权。但凡是一般授权，无权进行上诉、和解，增加、变更、放弃诉讼请求。

下一个问题，未成年当事人所作的自认是否具有法律效力。一个小孩所作的自认是否具有法律效力呢？判断标准还是年龄、智力状态吗？很多时候，但凡遇到这种情形，我们的法官都是在纠结地判断他的年龄、智力状态有没有与事实相吻合。实际上这种判断是徒劳无功的，他的出发点不正确。但凡是未成年人都不具有诉讼行为能力，他在法庭上都无权进行任何的诉讼活动。那他的活动谁来代理完成呢？需要其法定代理人。比如李天一，法官向李天一提出的问题应该谁来回答？是他的母亲来回答，而不是我们所纠缠的他的年龄和智力状态是否与这个问题相匹配。讨论的标准是诉讼行为能力，而不是年龄和智力状态。

下一个问题，自认的发生时间。民事诉讼包含了五大阶段：立案、庭前准备、开庭审理、合议评议、裁判。其中立案又包含了起诉和受理两个环节。起诉是原告单方向法院提出诉讼请求的行为。那么在起诉阶段是否会发生自认呢？起诉里面没有被告，只有原告自己。我会说我自己的不好吗？起诉状是我自己写的，那我通常会主动写不利于我的事实吗？像乒乓球比赛中的发球一样，发球是唯一没有对方参与的单方行为。发球有没有可能存在失误的行为呢？也有。这意味着我们在起诉的时候有没有自认呢？也是会发生的。它的本意是不想自认，但是由于个别的表达不当，言不由衷地发生了自认。所以对起诉状的判断，一定要注意，起诉状里面也可能出现自认。因此，自认分为可预见性的和不可预见性的。起诉状所包含的自认在理论上就是典型的不可预见性自认。原告本身没有想说自己的不好，但是由于对案件事实整体的把握、由于用词表达的不当，不小心说出了自己的不好，造成了自己在其后的诉讼中的被动，这类自认称为不可预见性自认。举个例子，原告说被告借我五万块钱，但是被告截至2013年12月只还了我两万元。“只还我两万”是什么意思？原告的本意是指出被告还欠其三万块钱，但对于“两万已还”的事实被告还需要证明吗？不需要证明了。这就是一个典型的不可预见性自认。原告在阐述中并没有想形成这样子的效果，但是对诉讼策略的整体把握不佳，前后容易出现自相矛盾的结论。

再看一下，当事人为达成调解协议和和解目的所作出的妥协，能否认定为自认？比如判决之前先来调解，调解方便快捷，我让步，我十万不要了，就要八万。我说要八万对方还不同意，八万是我的底线了，八万都不行那就调解不成了。现在调解失败转为审判，那么此前我所作的减去两万的让步，在审判阶段会成为我自认的一个表述吗？这一点《证据规则》和《民诉法解释》都明确规定了，这种妥协视为让步，而不视为自认。在调解时候作出的相关妥协，不影响调解失败后的裁判，不得在其后的诉讼中作为对其不利的证据。大家都知道人民调解协议书，民诉法在 2012 年修改中新增了一个什么程序？人民调解协议确认程序。人民调解本身属于一个民间调解，没有法律上的强制执行效力。那么现在我们可以拿着调解书去法院申请确认，但凡确认就具备与判决书相同的法律效力。但是我达成人民调解协议后，并没有去申请确认，而直接去起诉，在诉讼中我把人民调解协议摆出来，大家认为人民调解协议书是否具有证据效力呢？是否具有自认的效力呢？这是我亲眼看见的我家一个亲戚经历的案子。他在人民调解协议书上签了字，签了字调解员跟他说，你去法院起诉，这份调解书就具有证据效力了，对方当事人就必须按照人民调解协议书所确定的内容来履行。人民调解员对法律的误解和误读将误导当事人。假如我这个亲戚现在去起诉的话，听信了调解员的告知，拿出了证据，如果这个证据没有被认定，诉讼不利的后果该由谁承担呢？

### 民事检察监督中的审查要点之三：举证期限

第三个审查要点，是在现实中一片混乱、需要我们去重点监督的一个问题——举证期限，即当事人什么时候提交证据的问题。大家都看过这个节目吧——《舌尖上的中国》，里面有这样一个很有趣的现象：中国有很多的食材在几百年前不是产于国内本土的，它是从域外来的，从美洲、非洲来的。这些食材在现在的生活中依旧广泛存在，如何辨别它们呢？但凡它的名字里带有“胡”、“番”、“西”、“洋”或以“海”开头的，它都是来源于域外的食材。比如“胡”，胡萝卜；“番”，番茄；“西”，西红柿、西瓜、西葫芦。大家看到没有，番茄和西红柿是相对应的，说明这个说法是有一定道理的。“洋”，洋葱，洋芋也是。但什么是以“海”开头的呢？不是说海带这种来源于海里的“海”，这里我们说的不是海产品。大家知道，我们这个“海”是来自四川的辣椒，四川叫海椒，辣椒在四川保存它最原始的名字海椒。为什么我要讲这样一个小段子呢？下面我们要谈的这个举证期限是一个完全从西方引进的诉讼制度。它是要求我们为当事人提出一个提交证据的期限，当事人逾期不提交证据的话，要承担相应的不利的法律后果。那么这种制度设定的目的在于什么呢？是重在保护当事人的程序权利，重在维护程序性正义而非实体性正义。大家认为这样的制度目前能与我们国家普遍民众的法律素养和社会心理融合吗？在我们国家有存在的土壤吗？某案中最为关键的一个证据，价值500万元，就因为我少交了一天你就不要了，我就败诉了，500万元就没有了。大家觉得普通民众现在能接受这样的法律制度吗？这个制度是什么时候建立的呢，是2001年通过《证据规则》建立的。之后进行了试用，结果发现在我们国家是一塌糊涂，完全没有实施的土壤。因此从2001年到2012年修法后这么多年来，这种制度实际上是处于休眠的状态，没法适用。但是2012年民诉法修改的时候，却将这项制度正式地写进了法律。但立法者也看到了之前的实施状况，作了一个中国国情式的适度调整。现行法规定，逾期举证的，并不一定要“一刀切”，并不是全部地不予采纳。首先，逾期举证的，责令其说明理由，看你的理由正不正当。若你的理由不正当的，或是拒绝说明，是直接不用了吗？并不是，它是可以不予采纳，但不予采纳并不是唯一的法律后果，同此相伴的法律后果是对于涉及案件基本事实的证据，采纳但予以训诫、罚款。这意味着逾期举证了，证据在一定情况下依旧可以用，但是会对你实施训诫或者罚款。大家想一下，首先，训诫。在中国司法实践中，当事人畏惧吗？其次，罚款。应该怎么罚，民诉法没有规定，2015 年司法解释也没有具体细化。是以诉讼标的额为罚款标准呢还是以逾期提交的天数为标准呢？伴随着新司法解释的出台及该制度的整体构建完毕，如果全国各级法院要严格实施举证期限制度的话，那举证期限将是我们监督工作的重点之一。大家知道，举证期限对当事人的实体性权益是有损害的，法院要保证适用主体的平等性，我对原告实施了期限，对被告也要统一实施。该案中要么全部适用，要么全部不适用。最可怕的一点是法官偏袒当事人，偏袒原告时就让被告用，偏袒被告时就让原告用，适用的平等性是我们对于逾期举证制度提起检察监督的要点之一。除了适用的平等性，还有释明的平等性。因为当事人对举证期限制度非常陌生，我们在使用该制度之前，在起诉、受理之后，应当首先明确告知当事人从现在开始多少日内你们必须要提交证据，如若不提交将会有什么样的不利后果。对当事人进行详细的介绍和说明，理论上称为释明。但是这种释明也要把握平等性，法院不能只向原告释明而不向被告释明，之后就统一适用了，这同样会造成不公正的审判。因此对举证期限的适用平等性和释明平等性将成为我们监督工作的两大新问题。

### 民事检察监督中的审查要点之四：证明标准

第四个审查要点，关于证明标准的问题。刑事诉讼的证明标准理论上称为排除一切合理怀疑，像我们通常说的“要事实清楚，证据确实充分”，这提出了一个相当严格的要求，是刑事诉讼中证明标准的要点。那在民事诉讼中是什么样子呢？民事诉讼不要求百分之百绝对，我们称为高度的盖然性。盖然性是一个舶来词，最初来源于日本。它的意思是可能性，要求一般情况如此、大多情况如此。同一个事实，原告提出一个肯定证据，被告提出一个否定证据，我们就要对两项证据的证明力进行判断，看谁的更大。是五十对五十，还是八十对二十，还是六十对四十。对可能性比较高、证明力比较大的证据予以采纳，这就是我们所说的民事诉讼中的证明标准。此外，新《民诉法解释》第109条特别规定，对于对欺诈、胁迫、恶意串通、口头遗嘱或者赠与事实的证明，实行高度盖然性的特殊证明标准。刚刚在课间，就有一个学员提出，他们那儿原告被告都提出了证据，但两项证据都不能证明这起案件的事实，那怎么办？这个时候要实施证明责任的分配，诉讼是原告提起的，原告对诉讼请求所依据的事实承担最基本的证明责任。原告现在证明不了，那不利后果是由证明的承担方原告来承担，自然判决原告败诉。证明标准中的这一点法律人士非常明确，但是普通民众很难理解。我们最后裁判时所依据的事实是什么事实？是法律事实，是相对事实，而不是绝对事实。在诉讼里是要用证据说话的，但凡是通过证据证明的，法律事实最多等于客观事实，而通常是小于客观事实，或者远远小于客观事实的。我们只能在证据所能证明的法律事实范围内保护你的权利。有的时候我们自由心证，当事人还有很多冤屈，还有很多苦楚，但是由于你缺乏证据证明，我们对你的保护不能上升到你所主张的全部，这是法律有限保护的本质问题。但是当事人往往不理解，他认为发生的一切事情、他所经历的一切事情，都应当还原到起初的状态，都应当进行保护，而由此产生了很多节外生枝的新状态和行为，所以在这一点上我们对当事人的劝说和说服是非常重要的。

先来看看优先采信证明力较强的证据。物证、档案、鉴定意见、勘验笔录的证明力通常要大于书证、视听资料、证人证言，为什么呢？言词证据往往有主观因素较多的问题，容易失真，它的证明力的效力较低。书证通常因为文字表达的多样性和模糊性造成理解困难。刚刚谈到的“拿了五万块钱”是什么意思？是借了还是还了？这说明书证由于人的主观因素的存在、文字模糊性的存在，很难保证它具有较强的证明力。下一个，欠条、借条、收条，三者有什么区别？很多人都不会注意这个问题，一张白条，前两个字，我们先在正中间写它的名称。我们来看一下，借条是什么原因？说明法律关系是固定的，存在借贷法律关系。为什么钱会从你那儿到了我这儿呢？是因为借贷法律关系的存在。这是到了诉讼里面，它的诉讼标的是固定的。而欠条呢？欠条只说明了我欠你的钱，但未说明我为什么会欠你钱。欠钱的原因很多，可能是借了你的钱没有还，可能是我把你打伤后需要赔偿你的钱没有给，都有可能形成欠。因此，欠不是欠条产生法律关系的原因，它只是对某欠条表面现象的一种描述。收条只表明我们之间发生过给付和收取的事实，为什么我要收你的钱，原因是看不出来的，欠只是产生收条的可能性之一。因此，借条的法律关系的认定就很明确，就是略式的借贷合同，而收条、欠条要进一步证明欠和收所产生的根本原因。

国家机关、社会团体依职权制作的公文书证的效力要大于普通书证，公文书证效力大于私文书证。因为在公文书证的制作过程中，有国家公权力的介入，我们认为这是有保障的。但是，对公文书证如何界定，是我们要讨论的一个问题。它在定义上面很容易理解，国家机关、事业单位制作并存档的工作文书，我们称为公文书证。居委会出具的文件是不是公文书证呢？国家机关有四级，中央、省、市和县。居委会被《宪法》称为基层性群众自治组织，在农村相对应的是村委会，它们不属于公文书的适用范围吗？它所出具的一切文书都不属于公文书的范围吗？我个人认为，它出具的文书有什么样的效力与法律法规所赋予其的职能是密切相关的。看一下，民诉法规定了一点，说的是宣告失踪、宣告死亡里面需要出具一个下落不明的证明，证明应当由谁来完成呢？因此，居委会所出具的下落不明的证明材料在宣告失踪、宣告死亡的案件里面，可以发挥公文书证的法律效力。还有，民诉法修改了以后，诉讼代理的范围由普通公民转换为由当事人所在社区推荐的公民。当事人所在社区推荐，这样的任务同样交给了居委会。我不知道在地方上情况如何，在北京，北京相对来说比较发达，居委会的遍布和它的职能有很多，而且居委会的老大妈都相当认真负责，说你想去当代理人，先得过居委会这一关，北京流动人口比较多，北京的居委会还真发挥了群众基础性组织的作用。确实，像北京奥运会，还有很多大型活动，它们在其中起到了很多作用。下一点，当事人所在单位出具的书面材料。单位分为公有和私有。如果是检察机关的工作人员，则检察院出具的，效力如何？大家知道，民生银行总行是一个大行，但是民生银行的本质属性是民营企业，这是不是就意味着民生银行总行所出具的效力要低于检察院所出具的证明呢？某些国有企业、事业单位里面的管理也是很混乱的，有没有为职工开虚假证明的情形？恐怕也是存在的。所以说，如果这么严格地界定公文书证的效力明显大于私文书证，公文书证是由国家性质的单位所出具的，恐怕就是一概而论了。下一个，人民调解协议书。刚才我们有谈到人民调解协议书所证明的相关的事实。刚刚我们课间交流的时候谈到这个问题，很多法院将其作为证据使用，认为它是一种公文书证。人民调解书的制作主体是人民调解组织，人民调解组织现在一般不属于司法行政机关，但他们认为由他们所出具的协议书在诉讼里面是有很高的法律效力的，可视为公文书证。从本质上来讲，从调解的角度来讲，其是一个诉讼外的调解，对当事人是没有任何的强制约束力的，而且调解的本质是让大家协商、各让一步，但不能以在特定场合所持的观点、所表的态在利益相争的诉讼法庭上作为相关依据，两个事物的属性是截然相反的。

下一个证明大小的比较，这个比较好理解，原始证据的证明力通常大于传来证据。传来证据是指通过复制、复写、模拟所形成的，并非是原物和原件。首先，复写纸、复写件的证明效力。现在大概只有在开发票的时候，开手写发票的同时还存在一个复写件的问题。把复写件认定为一个原始证据还是传来证据，关键不在于手写部分是原件还是复印件，关键是章是怎么盖的。章是盖在首页，二页和三页的章是用复写纸形成的，还是说二页和三页虽然文字是复写，但是章是鲜章。关键在于这个地方，鲜章的使用问题。鲜章搭配复写文字我们视为原件。下一个，传真的问题。传真的本质是什么呢？我们称为远程复印，因为传真后原件还在我手上，你收到的是复印件。但是大家发现没有，传真可能是受技术条件的限制吧，通常它的清晰度是比较差的，因此传真通常很难作为鉴定的检材。传真件本身就太模糊，鉴定不出来。此外，我们在将传真件作为证据使用的时候，还涉及为什么会给你发传真、传真号从哪儿来等问题，如果这类问题可以通过相关证据予以证明的话，会起到一个补强证明的作用。

直接证据的证明力大于间接证据。大家知道，直接证据多表现为言词证据，比如说当事人陈述、证人证言，容易受到提供者主客观因素的影响而发生失真。而间接证据呢，虽然间接证据通常表现为实物证据，属于哑巴证据、不说话证据，但是第一它客观性比较强，第二通常间接证据的种类繁多，这些间接证据合在一起，就是“1+1>2”的法律效力，会形成一个证据链。证据链的证明效果往往是比较良好的。但是对于证据链的运用，往往要依赖于判断者的主观认定因素。看这样一个案例，案情很简单，借钱不还，书面合同和借据没有，只存在三项间接证据，大家来判断一下，这三项间接证据加在一起，能否作为起到证明作用的证据链？第一项，在原告主张的借款期日之前，被告的工作日记里面有一项内容是准备向原告还款。第二项，在原告主张被告借款的期日，被告的手机短信收到了银行的五万元汇款，我们现在是无折无卡服务，辨别不了这五万元是谁汇的，但确实那一天，收到了五万元汇款。第三项间接证据，是被告曾向原告发过一条短信，说“如果你再借给我五万块钱，我就可以做成一笔大买卖”。这个“再”字很关键。大家觉得这三项间接证据能否作为定案的依据、能否构成证据链呢？一部日记，两条短信。一条短信银行发来的，不知道谁汇的钱；第二条短信对方说如果再借五万块钱，他就能做成一笔大买卖。我想在座的各位也持肯定和否定两种意见吧。对于间接证据链的证明作用，更要发挥裁判者的主观能动性，发挥他的自由裁量权。可能大家的观点不同，不一定完全一样，这也是很正常的。

下一个问题，存在利害关系的证人作的有利证言要小于其他普通证人的证言。在古代，有“亲亲得相首匿”的制度，对子女犯罪、配偶犯罪、父母犯罪或者是夫妻犯罪进行隐瞒是可以免罪的。这是我们古代很重要的一个司法原则。那我们如何看待存在利害关系的证人所作的不利证言呢？司法解释规定了有利证言，那如何看待不利证言呢？我们又以《还珠格格》的剧情作为一个小例子。紫薇已经被皇帝认为格格了，本来是一个平安太平的生活。有一天紫薇的舅公舅婆从老家济南赶来了，紫薇兴高采烈地表达对舅公舅婆的热爱。没想到舅公舅婆却说“紫薇你不是夏雨荷亲生的”，说了很多对皇帝和紫薇关系极为不利的证言。皇帝怎么认定的呢？既然是你的亲戚说的，而且是这么要好的亲戚说的，那必然他们说的是真话，那就对紫薇进行了一系列折磨和奚落。最后查明的案件事实是容嬷嬷从中作梗，是容嬷嬷花钱收买了紫薇的舅公舅婆，怂恿紫薇的舅公舅婆说谎。因此我们这里谈到的问题是对于存在利害关系的证人所作的不利证言。但凡是亲戚就一定好吗？但凡是亲戚就一定会说有利于我的话吗？恐怕也是不一定的。因此我们对存在利害关系的证人所作的不利证言通常也要予以一定的审查，这样的判断往往容易被忽略。

## 民事检察监督中的审查要点之五：证明责任

第五个审查要点是关于证明责任的问题。证明责任的分配，这一点也给大家介绍了很多了，分为一般原则与特殊原则。一般原则是“谁主张，谁举证”，简言之就是你提出一项事实，对该事实的成立承担举证责任；你主张一项权利，就要对该权利的存在承担举证责任；你主张某项事实和权利的消灭，那就对消灭的事实承担责任；你主张的某一项事实发生了变更，那你就要对变更承担证明责任。如果你的主张你证明不了，那你就要承担举证不能的后果。如果涉及诉讼请求的话，那你有可能败诉。法律要件的识别标准可以根据实体法条文的结构进行分析，该条文即达成相应法律效果的权利根据要件，属于请求原因；但随即阻碍或消灭已经成立的权利关系的权利障碍要件，属于抗辩事实，包括“但……除外”“……另有规定的除外”“除……以外”“……不适用前款规定”等。一般规定即达成相应法律效果的权利根据要件，属于请求原因，多在条文的前方；特别规定即阻碍或消灭已经成立的权利关系的权利障碍要件，属于抗辩事实，多在条文的后方。此外，从本证和反证关联性的角度上分析，原告提出了某项事实，其用证据予以证明，这是他负有证明责任的一种表现，是他的基本义务。那被告对于原告所提出的这样一个事实，能否提供相反证据予以证明呢？是可以的。那被告对这项事实不证明呢？也是可以的。被告对于原告所提出的事实是否予以证明属于被告的权利范畴，可以行使也可以不行使。原告对自己提出的事实予以证明属于他的义务，必须证明，证明不了就视为不成立。这是证明责任的一般规则。此外，证明责任也存在特殊的分配，我们称为证明责任的倒置，即按照证明规则，本应由原告提供的证据现在分配给被告来承担。下面我们要逐一进行介绍。

证明责任分配的一般原则为“谁主张，谁举证”。我们来看一个案子，大家对它还有印象吗？2006 年轰动全国的案件，南京彭宇案。但凡刑事案件轰动全国很容易，但是大家知道民事案件在全国有影响的还真不多，这例则是典型的在全国造成影响的民事案件。这个案子其实很简单，老太太上公交车，彭宇下车，就相撞了。老太太就被撞倒受伤了。这彭宇心还挺好的，就把这个老太太送到医院去了。没想到事后老太太起诉彭宇，说我被撞倒是你彭宇造成的，那你彭宇就要承担赔偿责任。两方就纠缠不清，谁也不能证明谁。老太太说你把我撞倒但没有证据，彭宇说我没有撞倒你但也没有合适的证据，那最后法院怎么判的呢？法院判彭宇承担一定的赔偿责任。为什么要承担呢？是因为你把老太太送到医院了，说明你做贼心虚。这是怎样的一种裁判方法？大家怎么看待法院对这个案子的判断呢？这里面就严重忽略了证明责任分配的问题。诉讼是老太太提起的，赔偿是老太太主张的，老太太证明彭宇对她的伤害，是其本应承担的证明责任。她承担不了，就要承担败诉的法律后果。而彭宇对于老太太提出的损害，他所承担的反证是他的一种基本权利。他可以证明也可以不证明。彭宇反证不了，也不影响老太太对本证的承担。本案按照民诉法应当判决老太太败诉。在本案中，法官没有运用证明责任的基本规则，来了一个推定的原则，而且这个推定也是不合乎情理的，完全否定了见义勇为这种值得鼓励的行为。

2015 年《最高人民法院关于审理民间借贷案件适用法律若干问题的规定》对民间借贷案件中的证明责任进行了特别规定，大家要注意理解和把握。首先，原告仅依据借据、收据、欠条等债权凭证提起民间借贷诉讼，被告抗辩已经偿还借款的，被告应当对其主张提供证据证明。被告提供相应证据证明其主张后，原告仍应就借贷关系的成立承担举证证明责任。其次，原告仅依据借据、收据、欠条等债权凭证提起民间借贷诉讼，被告抗辩借贷行为尚未实际发生并能作出合理说明的，人民法院应当结合借贷金额、款项交付、当事人的经济能力、当地或者当事人之间的交易方式、交易习惯、当事人财产变动情况以及证人证言等事实和因素，综合判断查证借贷事实是否发生。最后，原告仅依据金融机构的转账凭证提起民间借贷诉讼，被告抗辩转账系偿还双方之前借款或其他债务的，被告应当对其主张提供证据证明。被告提供相应证据证明其主张后，原告仍应就借贷关系的成立承担举证证明责任。

下一个问题，也是证明责任的分配，即关于书证上的签名和盖章真实性的问题。拿一个书证来，争议的焦点是这字是谁签的。鉴定是最为有效和快捷的一个方式。但鉴定的启动责任由谁来承担呢？大家知道，鉴定的启动责任分配给谁，谁就要承担申请鉴定费。原告提出一个合同，签着被告名字，被告说这个名字不是我签的。现在起诉到法院，法院说现在签字的真实性判断不了的话，就去鉴定。谁来对鉴定负启动责任？来看一下两种观点，两种观点的差别在于本案的待证事实到底是什么？第一种观点，由原告承担，原告是书证的提供者。为什么呢？因为我提出这个合同，我应当对合同的真实性提供证明，对合同真实性的证明就包括了合同所有内容的真实性，当然涉及签名的真实性。合同是我提出的，那么意味着我要对包括签名在内的书证整体承担证明责任。这种观点把待证事实、所需证明的事实设置为了书证本身这么一个范围比较宽泛的待证事实。第二种观点，认为真实性由被告承担。为什么呢？是因为既然你起诉我，我否定这个签名，那我就要对这个签名的否定承担证明责任。因为“签名是假的”这个陈述是我被告提出的，那么被告就要提供相应的证明责任。实际上这种证明责任是把待证事实归结为了签名本身。大家发现没有，对待证事实的不同界定导致了证明责任的不同分配。如果把待证事实视为书证的全体，那么应由提供该书证的原告进行证明；如果仅把待证事实视为签名，那么应由否认该签名的一方即被告来承担相应的证明责任。大家对上述两种观点如何看待？有观点认为应当由真实性的否定方即被告来承担，理由是可以有效地防范违背诚信、恶意拖延诉讼。如果分配给原告承担的话，被告随便提个异议，原告就得进行证明，如此被告的异议是随意提出的，且就是为了拖延诉讼而提出的，这是一种我们讨论出的观点。第三种观点认为，签章的真实性属于证据事实而非要件事实，不属于当事人证明责任的范围，应由法院审查核实。因此双方当事人基于胜诉的考虑，都可以申请鉴定。如果经过鉴定，要件事实真伪不明，和谁申请鉴定无关，均由负有证明责任的当事人承担不利后果。当然上述观点没有绝对性，大家可以各抒己见。

下面我们要谈一下证明责任分配的特殊规则问题。原告提出了某项诉讼请求，构成该诉讼请求的事实要件无需原告全部承担，部分要件事实由被告来承担，若被告证明不了，则要承担败诉的后果，我们称之为证明责任的倒置。大家知道，但凡涉及证明责任倒置的案件，全部是侵权案件，我们称之为特殊侵权。这类案件最早规定在2001年的《证据规定》里面，后来2008年的《侵权责任法》进行了扩充和修改，现在要以《侵权责任法》为标准。通常我们说的侵权一般存在四个要件，加害行为、损害结果、因果关系和主观心理状态。比如说我现在提出你把我打伤了，是你把我打的、我花了多少医药费、你打我和我花了医药费之间存在因果关系，以及你是故意的这四个要件，都是由我来主动承担证明责任的，这是一般侵权的证明责任分配原则。特殊分配的时候，并不是所有的要件都可以进行倒置，大家看到，损害结果这个要件无论在哪一种特殊侵权里面都自始没有发生倒置。因此在特殊侵权案件里面并不是所有的要件都倒置，只是部分要件倒置。但是损害结果这个要件，自始没有发生倒置。此外，在不同类型的特殊侵权案件中，需要倒置的具体要件是不尽相同的。现在我们来看几个。第一个是产品缺陷致人损害，发生倒置的由被告承担证明的要点是哪一点呢？是法定的免责事由。仅将法定的免责事由这个方面分配给了被告承担，其他要件仍由原告继续承担。下一个，共同危险行为致人损害。这类案件里面，把因果关系转移给了被告承担，被告证明因果关系的不存在。下一个，医疗行为致人损害，这是争议比较大的。在医疗行为里面，被告医疗机构所要承担的证明责任分别是因果关系的不存在和不存在医疗过错问题。鉴于时间关系，我就不一一列举了。这类案件背后为什么要转移？转移背后的法理何在？出于时间关系我就不具体论述了。

此外，新《民诉法解释》关于证明责任的一大重要变化在于取消了之前《证据规则》中所赋予的法官对证明责任分配的自由裁量权，旨在防止法官滥用权力，意在实现证明责任分配的统一。但是，目前法律对证明责任倒置的明确规定是有限的，实体性纠纷的多样性和新型发展决定了证明责任倒置的存在空间是巨大的。对法官自由裁量权的限制和成文法的滞后性将发生冲突，所以我个人认为新《民诉法解释》对自由裁量权的取消虽有积极的意义，但由此产生的负面效应也是难免的。

## 总 结

最后我们总结一下，通过今天的这个讲授，梳理了我们今后在检察监督工作中重要的但不限于此的审查要点，包括非法证据、证明对象、举证期限、证明标准和证明责任五个方面。当然，上述介绍由于时间关系，一是比较简略，不够全面；二是其中很多问题涉及审判实务中的疑难之处，一时尚无定论。希望大家听完我的介绍，能有自己更为深入的理解和独到的看法，借此抛砖引玉。不足之处请批评指正，谢谢大家！

# 致　谢

幕　缓缓地降了
人　渐渐地散了
千把个掌声在空荡里回响
千把个宁静在热烈后低吟
人生的戏一出出
逝去的日子一幕幕
幕落了
生命的轨迹却永不停息
幕落了
我们的故事却刚要开始
幕　缓缓地降了
人渐渐地散了
多少个日子我曾伫立舞台
多少个人生在舞台上演出

——蔡琴 1982 年原唱作品《闭幕曲》
（作词：许乃胜　作曲：苏来）

# 自　勉

真荒唐　真荒唐
去设计未来的每一刻
去设计如何说如何做
累死才发现没人听你的
顺应着　顺应着
风向不是你能设计的
也许航线不是笔直的
但最后总能到达的
快快乐乐顺应着生活
时时刻刻明白你想要的
从从容容谁也不强迫
笑着走着忽然和你爱的撞上了

——蔡琴 2001 年原唱作品《顺应着》
（作词：李麒　作曲：詹航）